危险货物道路运输培训丛书

危险货物品名表及安全卡实用大全

本书编写组 ◎编

内容提要

本书主要内容包括《危险货物品名表》(GB 12268—2012)、《危险货物有限数量及包装要求》(GB 28644.2—2012)、《危险货物例外数量及包装要求》(GB 28644.1—2012)中的相关知识,并且以光盘的形式附带了常用的"道路危险货物运输安全卡"。

本书适合危险货物道路运输管理人员及相关从业人员参考和使用。

图书在版编目(CIP)数据

危险货物品名表及安全卡实用大全/《危险货物品名表及安全卡实用大全》编委会编. —北京:人民交通出版社股份有限公司, 2015.6

ISBN 978-7-114-12272-9

Ⅰ.①危… Ⅱ.①危… Ⅲ.①公路运输-危险货物运输-安全管理 Ⅳ.①U492.8

中国版本图书馆 CIP 数据核字(2014)第 117496 号

Weixian Huowu Pinmingbiao ji Anquanka Shiyong Daquan

书　　名: 危险货物品名表及安全卡实用大全
著 作 者: 本书编写组
责任编辑: 刘　博　钟　伟
出版发行: 人民交通出版社股份有限公司
地　　址: (100011)北京市朝阳区安定门外外馆斜街3号
网　　址: http://www.ccpress.com.cn
销售电话: (010)59757973
总 经 销: 人民交通出版社股份有限公司发行部
经　　销: 各地新华书店
印　　刷: 北京鑫正大印刷有限公司
开　　本: 787×1092　1/16
印　　张: 17.75
字　　数: 397千
版　　次: 2015年6月　第1版
印　　次: 2015年6月　第1次印刷
书　　号: ISBN 978-7-114-12272-9
定　　价: 120.00元

前言 PREFACE

危险货物道路运输的政策性、专业性很强，为了确保运输安全，涉及危险货物道路运输的管理人员，应加强对有关专业知识的学习。为解决在实际工作中，危险货物道路运输业相关工作人员普遍反映的《危险货物品名表》(GB 12268—2012)、《危险货物例外数量及包装要求》(GB 28644.1—2012)、《危险货物有限数量及包装要求》(GB 28644.2—2012)使用不便，尤其是在实际工作中需要了解的有关危险货物联合国编号、名称和说明、类别或项别、包装类别、特殊规定、有限数量、例外数量等内容很难一并进行查询等问题，我们依据联合国《关于危险货物运输的建议书 规章范本》(文中简称《规章范本》)第3部分：危险货物一览表，编写了本书。另外，本书以光盘的形式附带了常用的“道路运输危险货物安全卡”，主要内容包括危险货物的危险性、储运要求、泄漏处理、急救、灭火方法等，相关工作人员可以根据所运危险货物直接打印“道路运输危险货物安全卡”，解决了危险货物道路运输企业自行制作安全卡的困难。

本书第一章为实用危险货物品名表索引，第二章为实用危险货物品名表，分为11栏，每栏的具体说明如下：

第1栏 “联合国编号”——危险货物编号，是根据联合国分类制度给危险货物划定的系列编号，即UN号。

第2栏 “名称和说明”——危险货物的中文正式名称和附加中文说明。

第3栏 “公路运输别名”——在公路运输中，经常使用的名称。

第4栏 “铁路运输别名”——在铁路运输中，经常使用的名称。

第5栏 “中国编号”——原《危险货物品名表》(GB 12268—2005)中的编号，即CN号。

第6栏 “类别或项别”——危险货物的主要危险性，按《危险货物分类和品名编号》(GB 6944)确定。

第7栏 “包装类别”——按照联合国包装类别给危险货物划定的包装类别号码，用Ⅰ、Ⅱ、Ⅲ表示。

第8栏 “特殊规定”—— 与物品或物质有关的任何特殊规定，其适用于允许用于特定物质或物品的所有包装类别。适用于某些物品或物质的特殊规定见附录1。

第9栏 “有限数量”——对按照《危险货物有限数量

及包装要求》(GB 28644.2—2012)准许运输的有限数量危险货物,规定了每个内容器或物品所装的最大数量。危险货物有限数量包装等要求见附录2。

第10栏 “例外数量”——对按照《危险货物例外数量及包装要求》(GB 28644.1—2012)准许运输的例外数量危险货物,列出了例外数量编码,规定了每个内容器和外容器可以运输的危险货物的最大数量。危险货物例外数量包装等要求见附录3。

第11栏 “对应安全卡页码”——危险货物的危险性、储运要求、泄漏处理、急救、灭火方法等内容在本书所附光盘《道路危险货物运输安全卡汇编》上的对应页码,便于相关工作人员查询。

本书由严季担任主编,由范敏、张强担任副主编,参加本书编写的还有刘浩学、晏远春、杨开贵、沈民、韩冰、陈晖、胡娟娟、郭旻、刘昱彤、董胜武、曾嘉、尤冬梅、张宇、刘林烨、王浩、刘辉、张静源、胡海平、孔方桂、李弢、沈小燕。

编 者

2015 年 4 月

目 录
CONTENTS

第一章　实用危险货物品名表索引

实用危险货物品名表索引

名称和说明	类别或项别	联合国编号
“维斯塔”蜡火柴(涂蜡火柴)	4.1	1945
1,1,1,2－四氟乙烷(制冷气体 R134a)	2.2	3159
1,1,1－三氟乙烷(制冷气体 R143a)	2.1	2035
1,1,1－三氯乙烷	6.1	2831
1,1,2,2－四氯乙烷	6.1	1702
1,1－二氟乙烷(制冷气体 R152a)	2.1	1030
1,1－二氟乙烯(制冷气体 R1132a)	2.1	1959
1,1－二甲氧基乙烷	3	2377
1,1 二氯－1－硝基乙烷	6.1	2650
1,1－二氯乙烷	3	2362
1,2,3,6－四氢吡啶	3	2410
1,2,3,6－四氢化苯甲醛	3	2498
1,2 丁撑氧,稳定的	3	3022
1,2－二－(二甲氨基)乙烷	3	2372
1,2－二甲氧基乙烷	3	2252
1,2－二氯－1,1,2,2－四氟乙烷(制冷气体 R114)	2.2	1958

续上表

名称和说明	类别或项别	联合国编号
1,2－二氯丙烷	3	1279
1,2－二氯乙烯	3	1150
1,2 二溴－3－丁酮	6.1	2648
1,2－环氧－3－乙氧基丙烷	3	2752
1,2－乙二胺(乙撑二胺)	8	1604
1,3,5－三甲基苯	3	2325
1,3－二甲基丁胺	3	2379
1,3－二氯－2－丙醇	6.1	2750
1,3 二氯丙酮	6.1	2649
1,4－丁炔二醇	6.1	2716
1,5,9－环十二碳三烯	6.1	2518
1,6－二异氰酸正己酯(己撑二异氰酸酯)	6.1	2281
1H－四唑	1.1D	0504
1－己烯	3	2370
1－甲基哌啶	3	2399
1－甲氧基－2－丙醇	3	3092

续上表

	名称和说明	类别或项别	联合国编号
	1－氯－1,1－二氟乙烷(制冷气体 R142b)	2.1	2517
	1－氯－1,2,2,2－四氟乙烷(制冷气体 R124)	2.2	1021
	1－氯－2,2,2－三氟乙烷(制冷气体 R133a)	2.2	1983
	1－氯丙烷	3	1278
	1－羟基苯丙三唑,无水的,干的或湿的,按质量含水小于20%	1.3C	0508
	1－羟基苯并三唑水合物	4.1	3474
	1－戊醇	8	2705
	1－戊烯(正戊烯)	3	1108
	1－溴－3－甲基丁烷	3	2341
	1－溴－3－氯丙烷	6.1	2688
	1－溴丁烷	3	1126
	1－乙基哌啶	3	2386
	2－(2－氨基乙氧基)乙醇	8	3055
	2,2′－二氯二乙醚	6.1	1916
	2,2 二甲基丙烷	2.1	2044
	2,3－二甲基丁烷	3	2457
	2,3－二氢吡喃	3	2376
	2,4－甲苯二胺,固态	6.1	1709
	2,4－甲苯二胺溶液	6.1	3418

续上表

	名称和说明	类别或项别	联合国编号
	2,4－戊二酮	3	2310
	2－氨基－4,6－二硝基酚,湿的,按质量含水不低于20%	4.1	3317
	2－氨基－4－氯苯酚	6.1	2673
	2－氨基－5－二乙氨基戊烷	6.1	2946
	2－丙烯酸二甲氨基乙酯	6.1	3302
	2－碘丁烷	3	2390
	2－二甲氨基甲基丙烯酸乙酯	6.1	2522
	2－二甲氨基乙醇	8	2051
	2－二甲氨基乙腈	3	2378
	2－二乙氨基乙醇	8	2686
	2－甲基－1－丁烯	3	2459
	2－甲基－2－丁烯	3	2460
	2－甲基－2 庚硫醇	6.1	3023
	2－甲基－2－戊醇	3	2560
	2－甲基－5－乙基吡啶	6.1	2300
	2－甲基丁醛	3	3371
	2－甲基呋喃	3	2301
	2－氯吡啶	6.1	2822
	2－氯丙酸	8	2511
	2－氯丙酸甲酯	3	2933
	2－氯丙酸乙酯	3	2935

续上表

名称和说明	类别或项别	联合国编号
2－氯丙酸异丙酯	3	2934
2－氯丙烷	3	2356
2－氯丙烯	3	2456
2－氯乙醇	6.1	1135
2－氯乙醛	6.1	2232
2－三氟甲基苯胺	6.1	2942
2－溴－2－硝基丙烷－1,3－二醇	4.1	3241
2－溴丁烷	3	2339
2－溴戊烷	3	2343
2－溴乙基乙基醚	3	2340
2－乙基苯胺	6.1	2273
2－乙基丁醇	3	2275
2－乙基丁醛	3	1178
2－乙基己胺	3	2276
3,3′－亚氨基二丙胺(三丙撑三胺)	8	2269
3,3－二乙氧基丙烯	3	2374
3－二乙氨基丙胺	3	2684
3－甲基－1－丁烯	3	2561
3－甲基－2－丁酮	3	2397
3－氯－1,2－丙三醇	6.1	2689
3－氯－1,2－环氧丙烷(表氯醇)	6.1	2023
3－氯－1－丙醇	6.1	2849

续上表

名称和说明	类别或项别	联合国编号
3－三氟甲基苯胺	6.1	2948
3－硝基－4－氯三氟甲基苯	6.1	2307
3－溴丙炔	3	2345
4,4′－二氨基二苯基甲烷	6.1	2651
4－甲基吗啉(*N*－甲基吗啉)	3	2535
4－甲氧基－4－甲基－2－戊酮	3	2293
4－硫杂戊醛	6.1	2785
4－硝基苯肼,按质量含水不低于30%	4.1	3376
5－甲基－2－己酮	3	2302
5－巯基四唑－1－乙酸	1.4C	0448
5－叔丁基－2,4,6－三硝基间二甲苯(二甲苯麝香)	4.1	2956
5－硝基苯并三唑	1.1D	0385
9－磷杂二环壬烷(环辛二烯膦)	4.2	2940
A型爆破炸药	1.1D	0081
B型爆破炸药	1.1D	0082
B型爆破炸药(B型爆炸剂)	1.5D	0331
B类生物物质	6.2	3373
B型自反固体,控制温度的	4.1	3232
B型自反液体,控制温度的	4.1	3231
B型自反应固体	4.1	3222
B型自反应液体	4.1	3221
C型爆破炸药	1.1D	0083

续上表

	名称和说明	类别或项别	联合国编号
	C 型自反固体,控制温度的	4.1	3234
	C 型自反液体,控制温度的	4.1	3233
	C 型自反应固体	4.1	3224
	C 型自反应液体	4.1	3223
	D 型爆破炸药	1.1D	0084
	D 型自反固体,控制温度的	4.1	3236
	D 型自反液体,控制温度的	4.1	3235
	D 型自反应固体	4.1	3226
	D 型自反应液体	4.1	3225
	E 型爆破炸药	1.1D	0241
	E 型爆破炸药(E 型爆炸剂)	1.5D	0332
	E 型自反固体,控制温度的	4.1	3238
	E 型自反液体,控制温度的	4.1	3237
	E 型自反应固体	4.1	3228
	E 型自反应液体	4.1	3227
	F 型自反固体,控制温度的	4.1	3240
	F 型自反液体,控制温度的	4.1	3239
	F 型自反应固体	4.1	3230
	F 型自反应液体	4.1	3229
	Ⅲ类低比活度放射性物质(LSA - Ⅲ),非易裂变的或例外易裂变的	7	3322
	Ⅲ类低比活度放射性物质(LSA - Ⅲ),易裂变	7	3325

续上表

	名称和说明	类别或项别	联合国编号
	Ⅱ类低比活度放射性物质(LSA - Ⅱ),非易裂变的或例外易裂变的	7	3321
	Ⅱ类低比活度放射性物质(LSA - Ⅱ),易裂变的	7	3324
	Ⅰ类低比活度放射性物质(LSA - Ⅰ),非易裂变的或例外的易裂变的	7	2912
	N,*N* - 二甲基苯胺	6.1	2253
	N,*N* - 二甲基环已胺	8	2264
	N,*N* - 二甲基甲酰胺	3	2265
	N,*N* - 二乙基苯胺	6.1	2432
	N,*N* - 二乙基乙撑二胺	8	2685
	N - 氨乙基哌嗪	8	2815
	N - 丁基苯胺	6.1	2738
	N - 二甲基丙胺	3	2266
	N - 甲基苯胺	6.1	2294
	N - 甲基丁胺	3	2945
	N - 乙基 - *N* - 苄基苯胺	6.1	2274
	N - 乙基苯胺	6.1	2272
	N - 乙基甲苯胺	6.1	2754
	N - 正丁基咪唑	6.1	2690
	α - 甲基苄基醇,液态	6.1	2937
	α - 甲基戊醛	3	2367
	α - 蒎烯	3	2368

续上表

	名称和说明	类别或项别	联合国编号
	α－萘胺	6.1	2077
	β－萘胺，固态	6.1	1650
	β－萘胺溶液	6.1	3411
	吖啶	6.1	2713
A	安全导火索	1.4S	0105
A	安全火柴（册式、卡式或盒上划燃）	4.1	1944
A	氨基苯酚（邻、间、对）	6.1	2512
A	氨基苯乙醚	6.1	2311
A	氨基吡啶（邻、间、对）	6.1	2671
A	氨基磺酸	8	2967
A	氨基碱金属	4.3	1390
A	氨溶液，水溶液在15℃时的相对密度为0.880至0.975，含氨量不低于10%，但不超过35%	8	2672
A	氨溶液，水溶液在15℃时的相对密度小于0.880，含氨量不低于35%，但不超过50%	2.2	2073
A	氨溶液*，水溶液在15℃时相对密度小于0.880，含氨量高于50%	2.3	3318
A	胺，易燃，腐蚀性，未另作规定的或聚胺，易燃，腐蚀性，未另作规定的	3	2733
A	奥克托利特炸药（奥克托尔炸药），干的，或湿的，按质量含水低于15%	1.1D	0266
A	奥克托纳	1.1D	0496

续上表

	名称和说明	类别或项别	联合国编号
B	八氟－2－丁烯（制冷气体R1318）	2.2	2422
B	八氟丙烷（制冷气体R218）	2.2	2424
B	八氟环丁烷（制冷气体RC318）	2.2	1976
B	巴豆炔	3	1144
B	白磷发烟弹药，带有起爆装置、发射剂或推进剂	1.2H	0245
B	白磷发烟弹药，带有起爆装置、发射剂或推进剂	1.3H	0246
B	白磷或黄磷，干的，或浸在水中或溶液中	4.2	1381
B	白磷燃烧弹药，带有起爆装置、发射剂或推进剂	1.2H	0243
B	白磷燃烧弹药，带有起爆装置、发射剂或推进剂	1.3H	0244
B	白石棉（温石棉，阳起石，直闪石，透闪石）	9	2590
B	爆破炸药	1.1D	0048
B	爆炸式电缆切割器	1.4S	0070
B	爆炸式铆钉	1.4S	0174
B	爆炸式声测装置	1.2F	0204
B	爆炸式声测装置	1.1F	0296
B	爆炸式声测装置	1.1D	0374
B	爆炸式声测装置	1.2D	0375
B	爆炸式释放装置	1.4S	0173
B	爆炸式铁路轨道信号器	1.1G	0192
B	爆炸式铁路轨道信号器	1.4S	0193
B	爆炸式铁路轨道信号器	1.3G	0492
B	爆炸式铁路轨道信号器	1.4G	0493

续上表

	名称和说明	类别或项别	联合国编号
B	爆炸式压裂装置,不带雷管,油井用	1.1D	0099
	爆炸性物品,未另作规定的	1.4S	0349
	爆炸性物品,未另作规定的	1.4B	0350
	爆炸性物品,未另作规定的	1.4C	0351
	爆炸性物品,未另作规定的	1.4D	0352
	爆炸性物品,未另作规定的	1.4G	0353
	爆炸性物品,未另作规定的	1.1L	0354
	爆炸性物品,未另作规定的	1.2L	0355
	爆炸性物品,未另作规定的	1.3 L	0356
	爆炸性物品,未另作规定的	1.1C	0462
	爆炸性物品,未另作规定的	1.1D	0463
	爆炸性物品,未另作规定的	1.1E	0464
	爆炸性物品,未另作规定的	1.1F	0465
	爆炸性物品,未另作规定的	1.2C	0466
	爆炸性物品,未另作规定的	1.2D	0467
	爆炸性物品,未另作规定的	1.2E	0468
	爆炸性物品,未另作规定的	1.2F	0469
	爆炸性物品,未另作规定的	1.3C	0470
	爆炸性物品,未另作规定的	1.4E	0471
	爆炸性物品,未另作规定的	1.4F	0472
	爆炸性物质,未另作规定的	1.1L	0357
	爆炸性物质,未另作规定的	1.2L	0358

续上表

	名称和说明	类别或项别	联合国编号
B	爆炸性物质,未另作规定的	1.3L	0359
	爆炸性物质,未另作规定的	1.1A	0473
	爆炸性物质,未另作规定的	1.1C	0474
	爆炸性物质,未另作规定的	1.1D	0475
	爆炸性物质,未另作规定的	1.1G	0476
	爆炸性物质,未另作规定的	1.3C	0477
	爆炸性物质,未另作规定的	1.3G	0478
	爆炸性物质,未另作规定的	1.4C	0479
	爆炸性物质,未另作规定的	1.4D	0480
	爆炸性物质,未另作规定的	1.4S	0481
	爆炸性物质,未另作规定的	1.4G	0485
	爆炸性物质样品,引爆炸药除外		0190
	钡	4.3	1400
	钡化合物,未另作规定的	6.1	1564
	苯	3	1114
	苯胺	6.1	1547
	苯二胺(邻、间、对)	6.1	1673
	苯酚溶液	6.1	2821
	苯汞化合物,未另作规定的	6.1	2026
	苯磺酰氯	8	2225
	苯基二氯化磷	8	2798
	苯基硫代磷酰二氯	8	2799

续上表

	名称和说明	类别或项别	联合国编号
B	苯基三氯硅烷	8	1804
	苯甲醛	9	1990
	苯甲酸汞	6.1	1631
	苯肼	6.1	2572
	苯醌	6.1	2587
	苯硫酚	6.1	2337
	苯酰甲基溴	6.1	2645
	苯酰氯	8	1736
	苯乙烯单体,稳定的	3	2055
	苯乙酰氯	8	2577
	吡啶	3	1282
	吡咯烷	3	1922
	蓖麻籽或蓖麻粉或蓖麻油渣或蓖麻片	9	2969
	苄基碘	6.1	2653
	苄基二甲胺	8	2619
	苄基氯	6.1	1738
	苄基溴	6.1	1737
	苄腈	6.1	2224
	表溴醇	6.1	2558
	冰醋酸,或乙酸溶液,按质量含酸高于80%	8	2789
	冰片(龙脑)	4.1	1312
	丙胺	3	1277

续上表

	名称和说明	类别或项别	联合国编号
B	丙二腈	6.1	2647
	丙二烯,稳定的	2.1	2200
	丙基三氯硅烷	8	1816
	丙腈	3	2404
	丙邻二胺(1,2-二氨基丙烷)	8	2258
	丙硫醇	3	2402
	丙氯醇	6.1	2611
	丙醛	3	1275
	丙酸,按质量含酸不低于10%,但不超过90%	8	1848
	丙酸,按质量含酸不低于9%	8	3463
	丙酸丁酯	3	1914
	丙酸酐	8	2496
	丙酸甲酯	3	1248
	丙酸乙酯	3	1195
	丙酸异丙酯	3	2409
	丙酸异丁酯	3	2394
	丙酮	3	1090
	丙酮合氰化氢,稳定的	6.1	1541
	丙酮油	3	1091
	丙烷	2.1	1978
	丙烯	2.1	1077
	丙烯腈,稳定的	3	1093

续上表

	名称和说明	类别或项别	联合国编号
B	丙烯醛，稳定的	6.1	1092
	丙烯酸，稳定的	8	2218
	丙烯酸丁酯，稳定的	3	2348
	丙烯酸甲酯，稳定的	3	1919
	丙烯酸乙酯，稳定的	3	1917
	丙烯酸异丁酯，稳定的	3	2527
	丙烯酰胺，固态	6.1	2074
	丙烯酰胺溶液	6.1	3426
	丙烯亚胺，稳定的	3	1921
	丙酰氯	3	1815
	补助性爆炸装药	1.1D	0060
	不饱和油类处理的纸，未完全干的（包括复写纸）	4.2	1379
	不对称二甲肼	6.1	1163
C	草酸乙酯	6.1	2525
	测试用弹药	1.4G	0363
	超氧化钾	5.1	2466
	超氧化钠	5.1	2547
	潮湿棉花	4.2	1365
	车用汽油或汽油	3	1203
	充氨溶液化肥，含有游离氨	2.2	1043
	醇化物乙醇溶液，未另作规定的	3	3274
	醇类，未另作规定的	3	1987

续上表

	名称和说明	类别或项别	联合国编号
C	醇类，易燃，毒性，未另作规定的	3	1986
	磁化材料	9	2807
	次氯酸钡，含有效氯大于22%	5.1	2741
	次氯酸钙，干的，腐蚀性，或次氯酸钙混合物，干的，腐蚀性，含有效氯高于39%（有效氧8.8%）	5.1	3485
	次氯酸钙，干的，或次氯酸钙混合物，干的，含有效氯高于39%（有效氧8.8%）	5.1	1748
	次氯酸钙混合物，干的，腐蚀性，含有效氯不低于10%，但不超过39%	5.1	3486
	次氯酸钙混合物，干的，含有效氯不低于10%，但不超过39%	5.1	2208
	次氯酸锂，干的，或次氯酸锂混合物	5.1	1471
	次氯酸叔丁酯	4.2	3255
	次氯酸盐溶液	8	1791
	粗制萘或精制萘	4.1	1334
	醋酸铅（乙酸铅）	6.1	1616
	催泪弹药，带有起爆装置、发射剂或推进剂	1.2G	0018
	催泪弹药，带有起爆装置、发射剂或推进剂	1.3G	0019
	催泪弹药，带有起爆装置、发射剂或推进剂	1.4G	0301
	催泪弹药，非爆炸性，不带起爆装置或发射剂，没有引信	6.1	2017
	催泪性毒气筒	6.1	1700

续上表

	名称和说明	类别或项别	联合国编号
D	打火机或打火机加油器,装有易燃气体	2.1	1057
	代森锰,稳定的,或代森锰制剂,稳定的,加防自热稳定剂	4.3	2968
	代森锰或代森锰制剂,代森锰含量不低于60%	4.2	2210
	带有雷管的助爆管	1.1B	0225
	带有雷管的助爆器	1.2B	0268
	单体丙烯酸甲酯,稳定的	3	1247
	弹药曳光剂	1.3G	0212
	弹药曳光剂	1.4G	0306
	弹药用雷管	1.1B	0073
	弹药用雷管	1.2B	0364
	弹药用雷管	1.4B	0365
	弹药用雷管	1.4S	0366
	氮化锂	4.3	2806
	导爆索(信管),包金属的	1.2D	0102
	导爆索(信管),包金属的	1.1D	0290
	导爆索,软的	1.1D	0065
	导爆索,软的	1.4D	0289
	地雷或水雷,带有爆炸装药	1.1F	0136
	地雷或水雷,带有爆炸装药	1.1D	0137
	地雷或水雷,带有爆炸装药	1.2D	0138
	地雷或水雷,带有爆炸装药	1.2F	0294

续上表

	名称和说明	类别或项别	联合国编号
D	地面照明弹	1.3G	0092
	地面照明弹	1.1G	0418
	地面照明弹	1.2G	0419
	碲化合物,未另作规定的	6.1	3284
	点火管,包金属的	1.4G	0103
	点火器	1.1G	0121
	点火器	1.2G	0314
	点火器	1.3G	0315
	点火器	1.4G	0325
	点火器	1.4S	0454
	点火引信	1.3G	0316
	点火引信	1.4G	0317
	点火引信	1.4S	0368
	点燃导火索	1.4G	0066
	碘	8	3495
	碘丙烷	3	2392
	碘化汞	6.1	1638
	碘化汞钾	6.1	1643
	碘甲基丙烷	3	2391
	电池供电车辆或电池供电设备	9	3171
	电引爆雷管,爆破用	1.1B	0030
	电引爆雷管,爆破用	1.4B	0255

续上表

	名称和说明	类别或项别	联合国编号
D	电引爆雷管,爆破用	1.4S	0456
	叠氮化钡,干的,或湿的,按质量含水低于50%	1.1A	0224
	叠氮化钡,湿的,按质量含水不低于50%	4.1	1571
	叠氮化钠	6.1	1687
	叠氮化铅,湿的,按质量含水或乙醇和水的混合物不低于20%	1.1A	0129
	丁醇	3	1120
	丁二酮	3	2346
	丁二烯,稳定的或丁二烯和碳氢混合物,稳定的,含丁二烯高于40%	2.1	1010
	丁基苯	3	2709
	丁基甲苯	6.1	2667
	丁基三氯硅烷	8	1747
	丁间醇醛	6.1	2839
	丁腈	3	2411
	丁硫醇	3	2347
	丁醛	3	1129
	丁醛肟	3	2840
	丁酸	8	2820
	丁酸酐	8	2739
	丁酸甲酯	3	1237
	丁酸戊酯	3	2620

续上表

	名称和说明	类别或项别	联合国编号
D	丁酸乙烯酯,稳定的	3	2838
	丁酸乙酯	3	1180
	丁酸异丙酯	3	2405
	丁烷	2.1	1011
	丁烯	2.1	1012
	丁烯醛或巴豆醛,稳定的	6.1	1143
	丁烯酸(巴豆酸)	8	2823
	丁烯酸,液态	8	3472
	丁烯酸乙酯	3	1862
	丁酰氯	3	2353
	动力装置用弹药筒	1.3C	0275
	动力装置用弹药筒	1.4C	0276
	动力装置用弹药筒	1.4S	0323
	动力装置用弹药筒	1.2C	0381
	动物或植物或合成的纤维或纤维织品,未另作规定的,含油	4.2	1373
	动物纤维,或植物纤维,烧过的、湿的或潮的	4.2	1372
	毒性弹药,带有起爆装置、发射剂或推进剂	1.2K	0020
	毒性弹药,带有起爆装置、发射剂或推进剂	1.3K	0021
	毒性弹药,非爆炸性,不带起爆装置或发射剂,没有引信	6.1	2016
	毒性固体,氧化性,未另作规定的	6.1	3086

续上表

	名称和说明	类别或项别	联合国编号
D	毒性固体,遇水反应,未另作规定的	6.1	3125
	毒性固体,自热性,未另作规定的	6.1	3124
	毒性液体,氧化性,未另作规定的	6.1	3122
	毒性液体,遇水反应,未另作规定的	6.1	3123
	对氨苯基胂酸钠	6.1	2473
	对称二甲肼	6.1	2382
	对称二氯二甲醚	6.1	2249
	对二硝基二甲基苯胺	4.2	1369
	对环境有害的固态物质,未另作规定的	9	3077
	对环境有害的液态物质,未另作规定的	9	3082
	多钒酸铵	6.1	2861
	多硫化铵溶液	8	2818
	多氯联苯,液态	9	2315
E	二氨基镁	4.2	2004
	二苯胺氯胂	6.1	1698
	二苯基二氯硅烷	8	1769
	二苯甲基溴	8	1770
	二苄基二氯硅烷	8	2434
	二丙胺	3	2383
	二丙酮	3	2710
	二丁氨基乙醇	6.1	2873
	二丁醚	3	1149

续上表

	名称和说明	类别或项别	联合国编号
E	二噁烷	3	1165
	二氟化氢铵溶液	8	2817
	二氟化氢钾溶液	8	3421
	二氟化氢钠	8	2439
	二氟甲烷(制冷气体 R32)	2.1	3252
	二氟氯甲烷(制冷气体 R22)	2.2	1018
	二氟氯甲烷和五氟氯乙烷混合物,有固定沸点,前者约占 49%(制冷气体 R502)	2.2	1973
	二氟氯溴甲烷(制冷气体 R12B1)	2.2	1974
	二氟氢化物溶液,未另作规定的	8	3471
	二甘醇二硝酸酯,减敏的,按质量含有不低于 25% 不挥发、不溶于水的减敏剂	1.1D	0075
	二环(2.2.1)庚 - 2,5 - 二烯,稳定的(2,5 - 降冰片二烯,稳定的)	3	2251
	二环己胺	8	2565
	二甲胺基甲酰氯	8	2262
	二甲胺水溶液	3	1160
	二甲苯	3	1307
	二甲苯酚,固态	6.1	2261
	二甲二硫	3	2381
	二甲基二恶烷	3	2707
	二甲基二氯硅烷	3	1162

续上表

	名称和说明	类别或项别	联合国编号
E	二甲基二乙氧基硅烷	3	2380
	二甲基环己烷	3	2263
	二甲基硫代磷酰氯	6.1	2267
	二甲硫	3	1164
	二甲马钱子碱(番木鳖碱)	6.1	1570
	二甲醚	2.1	1033
	二聚丙烯醛,稳定的	3	2607
	二聚环戊二烯(双茂)	3	2048
	二聚戊烯	3	2052
	二聚异丁烯异构物	3	2050
	二苦硫,干的,或湿的,按质量含水低于10%	1.1D	0401
	二苦硫,湿的,按质量含水不低于10%	4.1	2852
	二磷化三镁	4.3	2011
	二硫代焦磷酸四乙酯	6.1	1704
	二硫化钛	4.2	3174
	二硫化碳	3	1131
	二硫化硒	6.1	2657
	二氯苯基三氯硅烷	8	1766
	二氯丙烯	3	2047
	二氯二氟甲烷(制冷气体R12)	2.2	1028
	二氯二氟甲烷和二氟乙烷的共沸混合物,含二氯二氟甲烷约74%(制冷气体R500)	2.1	2602

续上表

	名称和说明	类别或项别	联合国编号
E	二氯氟甲烷(制冷气体R21)	2.2	1029
	二氯硅烷	2.3	2189
	二氯化苯胩	6.1	1672
	二氯化乙烯	3	1184
	二氯甲基苯	6.1	1886
	二氯甲烷	6.1	1593
	二氯戊烷	3	1152
	二氯氧化硒	8	2879
	二氯乙酸	8	1764
	二氯乙酸甲酯	6.1	2299
	二氯乙酰氯	8	1765
	二氯异丙醚	6.1	2490
	二氯异氰脲酸,干的,或二氯异氰脲酸盐	5.1	2465
	二氢化镁	4.3	2010
	二水合三氟化硼	8	2851
	二烯丙基胺	3	2359
	二烯丙基醚	3	2360
	二硝基苯胺	6.1	1596
	二硝基苯酚,干的,或湿的,按质量含水低于15%	1.1D	0076
	二硝基苯酚,湿的,按质量含水不低于15%	4.1	1320
	二硝基苯酚的碱金属盐,干的,或湿的,按质量含水低于15%	1.3C	0077

续上表

	名称和说明	类别或项别	联合国编号
E	二硝基苯酚溶液	6.1	1599
	二硝基苯酚盐,湿的,按质量含水不低于15%	4.1	1321
	二硝基甘脲(DINGU)	1.1D	0489
	二硝基间苯二酚,干的,或湿的,按质量含水低于15%	1.1D	0078
	二硝基间苯二酚,湿的,按质量含水不低于15%	4.1	1322
	二硝基邻甲苯酚钠,干的,或湿的,按质量含水低于15%	1.3C	0234
	二硝基邻甲苯酚钠,湿的,按质量含水不低于10%	4.1	3369
	二硝基邻甲苯酚钠,湿的,按质量含水不低于15%	4.1	1348
	二硝基邻甲酚	6.1	1598
	二硝基邻甲酚铵,固态	6.1	1843
	二硝基邻甲酚铵溶液	6.1	3424
	二硝基重氮苯酚,湿的,按质量含水或乙醇和水的混合物不低于40%	1.1A	0074
	二溴二氟甲烷	9	1941
	二溴化乙烯(乙撑二溴)	6.1	1605
	二溴甲烷	6.1	2664
	二溴氯丙烷	6.1	2872
	二亚硝基苯	1.3C	0406
	二氧化硫	2.3	1079
	二氧化硫脲	4.2	3341

续上表

	名称和说明	类别或项别	联合国编号
E	二氧化铅	5.1	1872
	二氧化碳	2.2	1013
	二氧戊环	3	1166
	二乙胺	3	1154
	二乙撑三胺	8	2079
	二乙基苯	3	2049
	二乙基二氯硅烷	8	1767
	二乙基硫代磷酰氯	8	2751
	二乙硫醚(二乙硫)	3	2375
	二乙醚(乙醚)	3	1155
	二乙酮	3	1156
	二乙烯基醚,稳定的	3	1167
	二乙氧基甲烷	3	2373
	二异丙胺	3	1158
	二异丙醚	3	1159
	二异丁胺	3	2361
	二异丁酮	3	1157
	二异氰酸异佛尔酮酯	6.1	2290
	二正丙醚	3	2384
	二正丁胺	8	2248
	二正戊胺	3	2841

续上表

	名称和说明	类别或项别	联合国编号
F	发动机、内燃机或易燃气体动力车辆，或易燃液体动力车辆，或燃料电池、易燃液体动力发动机，或燃料电池、易燃气体动力车辆，或燃料电池、易燃液体动力车辆	9	3166
	发动机燃料抗爆剂，易燃	6.1	3483
	发动机燃料抗爆剂混合物	6.1	1649
	发火钡合金	4.2	1854
	发火钙金属或发火钙合金	4.2	1855
	发火金属，未另作规定，或发火合金，未另作规定的	4.2	1383
	发火物品	1.2L	0380
	发烟弹药，带有或不带起爆装置、发射剂或推进剂	1.2G	0015
	发烟弹药，带有或不带起爆装置、发射剂或推进剂	1.3G	0016
	发烟弹药，带有或不带起爆装置、发射剂或推进剂	1.4G	0303
	发烟硫酸	8	1831
	发烟信号器	1.1G	0196
	发烟信号器	1.4G	0197
	发烟信号器	1.2G	0313
	发烟信号器	1.3G	0487
	发烟信号器	1.4S	0507
	钒化合物，未另作规定的	6.1	3285
	钒酸铵钠	6.1	2863
	反丁烯二酰氯（富马酰氯）	8	1780

续上表

	名称和说明	类别或项别	联合国编号
F	放射性表面污染物体（SCO－Ⅰ或SCO－Ⅱ），易裂变的	7	3326
	放射性表面污染物体（SCO－Ⅰ或SCO－Ⅱ），非易裂变的或例外的易裂变的	7	2913
	放射性物质A型货包，非特殊形式的非易裂变的或非特殊形式的例外易裂变的	7	2915
	放射性物质A型货包，特殊形式的，易裂变的	7	3333
	放射性物质A型货包，特殊形式的非易裂变的或特殊形式的例外的易裂变的	7	3332
	放射性物质A型货包，易裂变的，非特殊形式的	7	3327
	放射性物质B（M）型货包，非易裂变的或例外的易裂变的	7	2917
	放射性物质B（M）型货包，易裂变的	47	3329
	放射性物质B（U）型货包，非易裂变的或例外的易裂变的	7	2916
	放射性物质B（U）型货包，易裂变的	7	3328
	放射性物质C型货包，非易裂变的或例外易裂变的	7	3323
	放射性物质C型货包，易裂变的	7	3330
	放射性物质例外货包　含有放射性物质的仪器或物品	7	2911
	放射性物质例外货包　天然铀或贫化铀或天然钍的制品	7	2909

续上表

	名称和说明	类别或项别	联合国编号
F	放射性物质例外货包　有限的放射性物质	7	2910
	放射性物质例外货包　运输放射性物质的空包装	7	2908
	放射性物质六氟化铀，非易裂变的或例外的易裂变的	7	2978
	放射性物质六氟化铀，易裂变	7	2977
	芳香族硝基衍生物的爆燃性金属盐，未另作规定的	1.3C	0132
	飞行器液压动力装置燃料箱（装有无水肼和甲肼混合液）（M86 号燃料）	3	3165
	非常不敏感爆炸性物质，未另作规定的	1.5D	0482
	非电引爆雷管，爆破用	1.1B	0029
	非电引爆雷管，爆破用	1.4B	0267
	非电引爆雷管，爆破用	1.4S	0455
	非电引爆雷管组件，爆破用	1.1B	0360
	非电引爆雷管组件，爆破用	1.4B	0361
	非电引爆雷管组件，爆破用	1.4S	0500
	非晶形硅粉	4.1	1346
	非晶形磷	4.1	1338
	非起爆导火索	1.3G	0101
	非自动膨胀式救生设备，装备中含有危险物品	9	3072
	废橡胶或回收橡胶，粉末或颗粒，粒径不超过840μm，橡胶含量超过45%	4.1	1345
	废氧化铁或废海绵状铁，从提纯煤气获得的	4.2	1376

续上表

	名称和说明	类别或项别	联合国编号
F	呋喃	3	2389
	氟苯	3	2387
	氟苯胺	6.1	2941
	氟代甲苯	3	2388
	氟硅酸	8	1778
	氟硅酸铵	6.1	2854
	氟硅酸钾	6.1	2655
	氟硅酸镁	6.1	2853
	氟硅酸钠	6.1	2674
	氟硅酸锌	6.1	2855
	氟硅酸盐（酯），未另作规定的	6.1	2856
	氟化铵	6.1	2505
	氟化高氯酰（高氯酰氟）	2.3	3083
	氟化铬溶液	8	1757
	氟化钾，固态	6.1	1812
	氟化钾溶液	6.1	3422
	氟化钠，固态	6.1	1690
	氟化钠溶液	6.1	3415
	氟磺酸	8	1777
	氟磷酸（六氟磷酸）	8	1782
	氟硼酸	8	1775
	氟乙酸	6.1	2642

续上表

	名称和说明	类别或项别	联合国编号
F	氟乙酸钾	6.1	2628
	氟乙酸钠	6.1	2629
	腐蚀生固体,毒性,未另作规定的	8	2923
	腐蚀性固体,未另作规定的	8	1759
	腐蚀性固体,氧化性,未另作规定的	8	3084
	腐蚀性固体,易燃,未另作规定的	8	2921
	腐蚀性固体,遇水反应,未另作规定的	8	3096
	腐蚀性固体,自热性,未另作规定的	8	3095
	腐蚀性液体,毒性,未另作规定的	8	2922
	腐蚀性液体,未另作规定的	8	1760
	腐蚀性液体,氧化性,未另作规定的	8	3093
	腐蚀性液体,易燃,未另作规定的	8	2920
	腐蚀性液体,遇水反应,未另作规定的	8	3094
	腐蚀性液体,自热性,未另作规定的	8	3301
G	钙	4.3	1401
	钙锰硅合金	4.3	2844
	干草,禾秆或碎稻草和稻壳	4.1	1327
	干锆粉	4.2	2008
	干蓄电池,含有固态氢氧化钾,蓄电	8	3028
	甘露糖醇六硝酸酯(硝化甘露醇),湿的,按质量含水或乙醇和水的混合物不低于40%	1.1D	0133
	感染性物质,对人感染	6.2	2814

续上表

	名称和说明	类别或项别	联合国编号
G	感染性物质,只对动物感染	6.2	2900
	高氯酸,按质量含酸不超过50%	8	1802
	高氯酸,按质量含酸不低于50%,但不超过72%	5.1	1873
	高氯酸铵	1.1D	0402
	高氯酸铵	5.1	1442
	高氯酸钡,固态	5.1	1447
	高氯酸钡溶液	5.1	3406
	高氯酸钙	5.1	1455
	高氯酸钾	5.1	1489
	高氯酸镁	5.1	1475
	高氯酸钠	5.1	1502
	高氯酸铅,固态	5.1	1470
	高氯酸铅溶液	5.1	3408
	高氯酸锶	5.1	1508
	高锰酸钡	5.1	1448
	高锰酸钙	5.1	1456
	高锰酸钾	5.1	1490
	高锰酸钠	5.1	1503
	高锰酸锌	5.1	1515
	高温固体,未另作规定的,温度等于或高于240℃	9	3258
	高温液体,未另作规定的,温度等于或高于100℃、低于其闪点(包括熔融金属、熔融盐类等)	9	3257

续上表

	名称和说明	类别或项别	联合国编号
G	高温液体，易燃，未另作规定的，闪点高于60℃，温度等于或高于其闪点	3	3256
	锆，悬浮在易燃液体中	3	1308
	锆粉，湿的，含水不低于25%(所含水量过量水应看得出来)(a)机械方法生产的，粒径小于53μm；(b)化学方法生产的，粒径小于840μm	4.1	1358
	锆金属，干的，成卷线材、精整金属薄板、带材(厚度18μm～254μm)	4.1	2858
	锆金属，干的，精整薄板、带材或成卷线材	4.2	2009
	锆金属碎屑	4.2	1932
	镉化合物	6.1	2570
	铬硫酸	8	2240
	铬酸溶液	8	1755
	庚烷	3	1206
	汞	8	2809
	固态B型有机过氧化物	5.2	3102
	固态B型有机过氧化物，控制温度的	5.2	3112
	固态C型有机过氧化物	5.2	3104
	固态C型有机过氧化物，控制温度的	5.2	3114
	固态D型有机过氧化物	5.2	3106
	固态D型有机过氧化物，控制温度的	5.2	3116
	固态E型有机过氧化物	5.2	3108

续上表

	名称和说明	类别或项别	联合国编号
G	固态E型有机过氧化物，控制温度的	5.2	3118
	固态F型有机过氧化物	5.2	3110
	固态F型有机过氧化物，控制温度的	5.2	3120
	固态*N*－乙苄基甲苯胺	6.1	3460
	固态α－甲基苄基醇	6.1	3438
	固态氨基甲酸酯农药，毒性	6.1	2757
	固态胺，腐蚀性，未另作规定的或固态聚胺，腐蚀性，未另作规定的	8	3259
	固态苯酚	6.1	1671
	固态苯氧基乙酸衍生物农药，毒性	6.1	3345
	固态催泪性毒气物质，未另作规定的	6.1	3448
	固态点火剂，含易燃液体	4.1	2623
	固态毒素，从生物体提取，未另作规定的	6.1	3462
	固态多卤联苯或固态多卤三联苯	9	3152
	固态多氯联苯	9	3432
	固态二苯氯胂	6.1	3450
	固态二氟化氢铵	8	1727
	固态二氟化氢钾	8	1811
	固态二氟氢化物，未另作规定的	8	1740
	固态二甲基苯胺	6.1	3452
	固态二氯苯胺	6.1	3442
	固态二硝基苯	6.1	3443

续上表

	名称和说明	类别或项别	联合国编号
G	固态二硝基甲苯	6.1	3454
	固态二硝基氯苯	6.1	3441
	固态二氧化碳(干冰)	9	1845
	固态氟化铬	8	1756
	固态汞化合物,未另作规定的	6.1	2025
	固态汞基农药,毒性	6.1	2777
	固态含砷农药,毒性	6.1	2759
	固态季戊四醇四硝酸酯(季戊四醇 四硝酸酯 季戊炸药)混合物,减敏的,未另作规定的,按质量含季戊四硝酸酯不低于10%,但不超过20%	4.1	3344
	固态甲苯胺	6.1	3451
	固态甲苄基溴(二甲苯基溴)	6.1	3417
	固态甲酚	6.1	3455
	固态钾金属合金	4.3	3403
	固态钾钠合金	4.3	3404
	固态减敏爆炸物,未另作规定的	4.1	3380
	固态碱金属汞齐	4.3	3401
	固态碱土金属汞齐	4.3	3402
	固态腈类,毒性,未另作规定的	6.1	3439
	固态联吡啶农药,毒性	6.1	2781
	固态磷酸	8	3453
	固态硫代氨基甲酸酯农药,毒性	6.1	2771

续上表

	名称和说明	类别或项别	联合国编号
G	固态硫酸烟碱	6.1	3445
	固态六亚甲基二胺(己撑二胺)	8	2280
	固态铝酸钠	8	2812
	固态氯苯胺	6.1	2018
	固态氯苯酚	6.1	2020
	固态氯苯酚盐或固态苯酚盐	8	2905
	固态氯苯甲基氯	6.1	3427
	固态氯铂酸	8	2507
	固态氯甲酚	6.1	3437
	固态氯乙酸	6.1	1751
	固态拟除虫菊酯农药,毒性	6.1	3349
	固态农药,毒性,未另作规定的	6.1	2588
	固态氢氧化钾	8	1813
	固态氢氧化钠	8	1823
	固态氢氧化四甲铵	8	3423
	固态氰亚铜酸钠	6.1	2316
	固态取代硝基苯酚农药,毒性	6.1	2779
	固态染料,毒性,未另作规定的或固态染料中间产品,毒性,未另作规定的	6.1	3143
	固态染料,腐蚀性,未另作规定的或固态染料中间产品,腐蚀性,未另作规定的	8	3147
	固态三氟化硼合丙酸	8	3420

续上表

	名称和说明	类别或项别	联合国编号
G	固态三氟化硼合乙酸	8	3419
	固态三嗪农药,毒性	6.1	2763
	固态砷化合物,未另作规定的无机物,包括:砷酸盐,未另作规定的;亚砷酸盐,未另作规定的;硫化砷,未另作规定的	6.1	1557
	固态砷酸	6.1	1554
	固态砷酸钙和亚砷酸钙混合物	6.1	1574
	固态生物碱,未另作规定的,或固态生物碱盐类,未另作规定的	6.1	1544
	固态水合六氟丙酮	6.1	3436
	固态羰基金属,未另作规定的	6.1	3466
	固态铜基农药,毒性	6.1	2775
	固态推进剂	1.1C	0498
	固态推进剂	1.3C	0499
	固态推进剂	1.4C	0501
	固态烷基苯酚,未另作规定的(包括 C_2 ~ C_{12} 的同系物)	8	2430
	固态烷基磺酸或固态芳基磺酸,含游离硫酸不超过5%	8	2585
	固态烷基磺酸或固态芳基磺酸,含游离硫酸高于5%	8	2583
	固态无机氰化物,未另作规定的	6.1	1588
	固态无机锑化合物,未另作规定的	6.1	1549

续上表

	名称和说明	类别或项别	联合国编号
G	固态香豆素衍生物农药,毒性	6.1	3027
	固态消毒剂,毒性,未另作规定的	6.1	1601
	固态硝化甘油混合物,减敏的,未另作规定的,按质量含硝化甘油不低于2%,但不超过10%	4.1	3319
	固态硝基苯溴	6.1	3459
	固态硝基二甲苯	6.1	3447
	固态硝基茴香醚	6.1	3458
	固态硝基甲苯	6.1	3446
	固态硝基氯甲苯	6.1	3457
	固态硝基三氟甲苯	6.1	3431
	固态溴苄基氰	6.1	3449
	固态溴乙酸	8	3425
	固态亚砷酸钠	6.1	2027
	固态亚硝基硫酸	8	3456
	固态烟碱化合物,未另作规定的,或固态烟碱制剂,未另作规定的	6.1	1655
	固态盐酸烟碱	6.1	3444
	固态异氰酸3-氯-4-甲基苯酯	6.1	3428
	固态有机金属化合物,毒性,未另作规定的	6.1	3467
	固态有机金属物质,发火	4.2	3391
	固态有机金属物质,发火,遇水反应	4.2	3393
	固态有机金属物质,遇水反应	4.3	3395

续上表

	名称和说明	类别或项别	联合国编号
G	固态有机金属物质,遇水反应,易燃	4.3	3396
	固态有机金属物质,遇水反应,自热性	4.3	3397
	固态有机金属物质,自热性	4.2	3400
	固态有机磷化合物,毒性,未另作规定的	6.1	3464
	固态有机磷农药,毒性	6.1	2783
	固态有机氯农药,毒性	6.1	2761
	固态有机砷化合物,未另作规定的	6.1	3465
	固态有机锡化合物,未另作规定的	6.1	3146
	固态有机锡农药,毒性	6.1	2786
	管状起爆器	1.3G	0319
	管状起爆器	1.4G	0320
	管状起爆器	1.4S	0376
	光气	2.3	1076
	硅化钙	4.3	1405
	硅化镁	4.3	2624
	硅锂合金	4.3	1417
	硅铝粉,无涂层的	4.3	1398
	硅铝铁合金粉	4.3	1395
	硅酸四乙酯	3	1292
	硅铁,含硅不低于30%,但不超过90%	4.3	1408
	硅烷		2203
	癸硼烷(十硼烷)	4.1	1868

续上表

	名称和说明	类别或项别	联合国编号
G	过硫酸铵	5.1	1444
	过硫酸钾	5.1	1492
	过硫酸钠	5.1	1505
	过硼酸钠一水合物	5.1	3377
	过氧化钡	5.1	1449
	过氧化钙	5.1	1457
	过氧化钾	5.1	1491
	过氧化锂	5.1	1472
	过氧化镁	5.1	1476
	过氧化钠	5.1	1504
	过氧化氢,稳定的或过氧化氢水溶液,稳定的,过氧化氢含量大于60%	5.1	2015
	过氧化氢和过乙酸混合物,含酸(类)、水和不超过5%的过氧乙酸,稳定的	5.1	3149
	过氧化氢脲	5.1	1511
	过氧化氢水溶液,过氧化氢含量不低于20%,但不超过60%(必要时加稳定剂)	5.1	2014
	过氧化氢水溶液、过氧化氢含量不低于8%,但不高于20%(必要时加稳定剂)	5.1	2984
	过氧化锶	5.1	1509
	过氧化碳酸钠水合物	5.1	3378
	过氧化锌	5.1	1516

续上表

	名称和说明	类别或项别	联合国编号
H	铪粉,干的	4.2	2545
	铪粉,湿的,含水不低于25%(所含过量水必须看得出来)(a)机械方法生产的,粒径小于53μm;(b)化学方法生产的,粒径小于840μm	4.1	1326
	含腐蚀性液体的固体,未另作规定的	8	3244
	含酒精硝化纤维素(按质量含乙醇不低于25%,按干重含氮不超过12.6%)	4.1	2556
	含硫原油,易燃,毒性	3	3494
	含钠电池组或含钠电池	4.3	3292
	含水硝化纤维素(按质量含水不低于25%)	4.1	2555
	含易燃液体的固体,未另作规定的	4.1	3175
	含油废棉	4.2	1364
	含油碎布	4.2	1856
	含有毒性液体的固体,未另作规定的	6.1	3243
	含有三硝基苯和六硝基芪的三硝基甲苯(梯恩梯)混合物	1.1D	0389
	航空燃料,涡轮发动机用	3	1863
	核酸汞	6.1	1639
	黑火药(火药),颗粒状或粉状	1.1D	0027
	黑克索利特炸药(HEXOTOL),干的,或湿的,按质量含水低于15%	1.1D	0118
	黑色金属的镗屑、刨屑、旋屑、切屑、易自热	4.2	2793

续上表

	名称和说明	类别或项别	联合国编号
H	黑沙托纳炸药	1.1D	0393
	化学品箱或急救箱	9	3316
	化学氧气发生器	5.1	3356
	化学样品,毒性	6.1	3315
	环丙烷	2.1	1027
	环丁烷	2.1	2601
	环庚三烯	3	2603
	环庚烷	3	2241
	环庚烯	3	2242
	环己胺	8	2357
	环己基三氯硅烷	8	1763
	环己烯	3	2256
	环己烯基三氯硅烷	8	1762
	环六亚甲基四胺	4.1	1328
	环三亚甲基三硝胺(旋风炸药,黑索金,RDX),湿的,按质量含水不低于15%	1.1D	0072
	环三亚甲基三硝胺(旋风炸药;黑索金;RDX),减敏的	1.1D	0483
	环三亚甲基三硝胺(旋风炸药;黑索金;RDX)与环四亚甲基四硝胺(HMX;奥克托金炸药)的混合物,湿的,按质量含水不低于15%;或环三亚甲基三硝胺(旋风炸药;黑索金;RDX)与环四亚甲基四硝胺(HMX;奥克托金炸药)的混合物,减敏的,按质量含减敏剂不低于10%	1.1D	0391

续上表

	名称和说明	类别或项别	联合国编号
H	环四亚甲基四硝胺(HMX,奥克托金炸药),湿的,按质量含水不低于15%	1.1D	0226
	环四亚甲基四硝胺(奥克托金炸药,HMX),减敏的	1.1D	0484
	环烷酸钴粉	4.1	2001
	环戊醇	3	2244
	环戊酮	3	2245
	环戊烷	3	1146
	环戊烯	3	2246
	环辛二烯	3	2520
	环辛四烯	3	2358
	环氧化乙烷和二氧化碳混合物,含环氧乙烷不超过9%	2.2	1952
	环氧乙烷,或含氮环氧乙烷,在50℃时最高总压力为1MPa(10bar)	2.3	1040
	环氧乙烷和二氯二氟甲烷混合物,含环氧乙烷不超过12.5%	2.2	3070
	环氧乙烷和二氧化碳混合物,含环氧乙烷不超过87%	2.3	3300
	环氧乙烷和二氧化碳混合物,环氧乙烷含量不低于9%,但不超过87%	2.1	1041
	环氧乙烷和四氟氯乙烷混合物,含环氧乙烷不超过8.8%	2.2	3297

续上表

	名称和说明	类别或项别	联合国编号
H	环氧乙烷和四氟乙烷混合物,含环氧乙烷不超过5.6%	2.2	3299
	环氧乙烷和五氟氯乙烷混合物,含环氧乙烷不超过7.9%	2.2	3298
	环氧乙烷和氧化丙烯混合物,含环氧乙烷不不超过30%	3	2983
	环己硫醇	3	3054
	环己酮	3	1915
	环己烷	3	1145
	黄原酸盐	4.2	3342
	茴香胺	6.1	2431
	茴香醚	3	2222
	茴香酰氯	8	1729
	活性碳	4.2	1362
	火柴,“可随处划燃”	4.1	1331
	火箭,带有爆炸装药	1.1F	0180
	火箭,带有爆炸装药	1.1E	0181
	火箭,带有爆炸装药	1.2E	0182
	火箭,带有爆炸装药	1.2F	0295
	火箭,带有惰性弹头	1.3C	0183
	火箭,带有惰性弹头	1.2C	0502
	火箭,带有发射剂	1.2C	0436

续上表

	名称和说明	类别或项别	联合国编号
H	火箭，带有发射剂	1.3C	0437
	火箭，带有发射剂	1.4C	0438
	火箭弹头，带有爆炸装药	1.1D	0286
	火箭弹头，带有爆炸装药	1.2D	0287
	火箭弹头，带有爆炸装药	1.1F	0369
	火箭弹头，带有起爆装置或发射剂	1.4D	0370
	火箭弹头，带有起爆装置或发射剂	1.4F	0371
	火箭发动机	1.3C	0186
	火箭发动机	1.1C	0280
	火箭发动机	1.2C	0281
	火箭发动机，装有双组分液体燃料，带有或不带发射剂	1.3L	0250
	火箭发动机，装有双组分液体燃料，带有或不带发射剂	1.2L	0322
	火炮发射药	1.3C	0242
	火炮发射药	1.1C	0279
	火炮发射药	1.2C	0414
	火药，无烟	1.4C	0509
	火药系部件，未另作规定的	1.2B	0382
	火药系部件，未另作规定的	1.4B	0383
	火药系部件，未另作规定的	1.4S	0384
	火药系部件，未另作规定的	1.1B	0461

续上表

	名称和说明	类别或项别	联合国编号
J	机器中的危险货物或仪器中的危险货物	9	3363
	极端不敏感爆炸性物品	1.6N	0486
	己醇	3	2282
	己二腈	6.1	2205
	己二烯	3	2458
	己基三氯硅烷	8	1784
	己酸	8	2829
	己醛	3	1207
	己烷	3	1208
	季戊四醇四硝酸酯（季戊炸药），按质量含蜡不低于7%	1.1D	0411
	季戊四醇四硝酸酯（季戊炸药），湿的，按质量含水不低于25%，或季戊四醇四硝酸酯（季戊炸药）减敏的，按质量含有不低于15%的减敏剂	1.1D	0150
	镓	8	2803
	甲胺水溶液	3	1235
	甲苯	3	1294
	甲苯二异氰酸酯	6.1	2078
	甲苯基酸（甲苯酚）	6.1	2022
	甲苄基溴（二甲苯基溴），液态	6.1	1701
	甲醇	3	1230
	甲醇钠	4.2	1431

续上表

	名称和说明	类别或项别	联合国编号
J	甲醇钠的乙醇溶液	3	1289
	甲代烯丙醇	3	2614
	甲磺酰氯	6.1	3246
	甲基苯基二氯硅烷	8	2437
	甲基吡啶(皮考啉)	3	2313
	甲基丙基醚(甲丙醚)	3	2612
	甲基丙基酮	3	1249
	甲基丙烯腈,稳定的	6.1	3079
	甲基丙烯醛,稳定的	3	2396
	甲基丙烯酸,稳定的	8	2531
	甲基丙烯酸乙酯,稳定的	3	2277
	甲基丙烯酸异丁酯,稳定的	3	2283
	甲基丙烯酸正丁酯,稳定的	3	2227
	甲基碘	6.1	2644
	甲基丁基醚(甲丁醚)	3	2350
	甲基二氯硅烷	4.3	1242
	甲基氟(制冷所体 R41)	2.1	2454
	甲基环己酮	3	2297
	甲基环己烷	3	2296
	甲基环戊烷	3	2298
	甲基环乙醇,易燃	3	2617
	甲基肼	6.1	1244

续上表

	名称和说明	类别或项别	联合国编号
J	甲基氯(制冷气体 R40)	2.1	1063
	甲基氯苯胺,固态	6.1	2239
	甲基氯硅烷	2.3	2534
	甲基氯和二氯甲烷混合物	2.1	1912
	甲基氯甲基醚	6.1	1239
	甲基三氯硅烷	3	1250
	甲基叔丁基醚	3	2398
	甲基四氢呋喃	3	2536
	甲基戊二烯	3	2461
	甲基烯丙基氯	3	2554
	甲基溴,含有不大于2%的三氯硝基甲烷	2.3	1062
	甲基乙炔和丙二烯混合物,稳定的	2.1	1060
	甲基乙烯基酮,稳定的	6.1	1251
	甲基异丙烯基酮,稳定的	3	1246
	甲基异丁基甲醇	3	2053
	甲基异丁基酮	3	1245
	甲硫醇	2.3	1064
	甲醛溶液,甲醛含量不低于25%	8	2209
	甲醛溶液,易燃	3	1198
	甲醛缩二甲醇(甲缩醛)	3	1234
	甲酸,按质量含酸不低于10%,但不超过85%	8	3412
	甲酸,按质量含酸不低于5%,但低于10%	8	3412

续上表

	名称和说明	类别或项别	联合国编号
J	甲酸,按质量含酸高于85%	8	1779
	甲酸丙酯	3	1281
	甲酸甲酯	3	1243
	甲酸戊酯	3	1109
	甲酸烯丙酯	3	2336
	甲酸乙酯	3	1190
	甲酸异丁酯	3	2393
	甲酸正丁酯	3	1128
	甲乙醚	2.1	1039
	钾	4.3	2257
	钾金属合金,液态	4.3	1420
	钾钠合金,液态	4.3	1422
	间苯二酚	6.1	2876
	减敏硝化甘油,按质量含有不低于40%不挥发、不溶于水的减敏剂	1.1D	0143
	碱金属分散体,易燃,或碱土金属分散体,易燃	4.3	3482
	碱金属分散体或碱土金属分散体	4.3	1391
	碱金属汞齐,液态	4.3	1389
	碱石灰,含氢氧化钠高于4%	8	1907
	碱土金属醇化物,未另作规定的	4.2	3205
	碱土金属醇化物,自热性,腐蚀性,未另作规定的	4.2	3206
	碱土金属汞齐,液态	4.3	1392

续上表

	名称和说明	类别或项别	联合国编号
J	碱土金属合金,未另作规定的	4.3	1393
	碱性电池液	8	2797
	胶片,以硝化纤维素为基料,涂有明胶的,碎胶片除外	4.1	1324
	焦硫酰二氯	8	1817
	金属催化剂,干的	4.2	2881
	金属催化剂,湿的,含有可见的过量液体	4.2	1378
	金属粉,易燃,未另作规定的	4.1	3089
	金属氢储存系统中的氢或装在设备上的金属氢储存系统所含的氢,或与设备包装在一起的金属氢储存系统所含的氢	2.1	3468
	金属氢化物,易燃,未另作规定的	4.1	3182
	金属氢化物,遇水反应,未另作规定的	4.3	1409
	金属物质,遇水反应,未另作规定的	4.3	3208
	金属物质,遇水反应,自热性,未另作规定的	4.3	3209
	经基因修改的微生物或经基因修改的生物体	9	3245
	腈类,毒性,液态,未另作规定的	6.1	3276
	腈类,毒性,易燃,未另作规定的	6.1	3275
	腈类,易燃,毒性,未另作规定的	3	3273
	肼水溶液,按质量含肼不超过37%	6.1	3293
	肼水溶液,按质量含肼高于37%	8	2030
	肼水溶液,易燃,按质量含肼超过37%	8	3484

续上表

	名称和说明	类别或项别	联合国编号
J	酒石酸烟碱	6.1	1659
	酒石酸氧锑钾	6.1	1551
	救生设备,自动膨胀式	9	2990
	聚苯乙烯珠粒料,可膨胀,会放出易燃气体	9	2211
	聚能装药,不带雷管	1.1D	0059
	聚能装药,不带雷管	1.2D	0439
	聚能装药,不带雷管	1.4D	0440
	聚能装药,不带雷管	1.4S	0441
	聚乙醛	4.1	1332
	聚酯树脂器材	3	3269
K	卡可基酸(二甲次砷酸)	6.1	1572
	卡可酸钠(二甲胂酸钠)	6.1	1688
	糠胺	3	2526
	糠醇	6.1	2874
	糠醛	6.1	1199
	苛性碱液体,未另作规定的	8	1719
	颗粒状海绵钛或海绵钛粉末	4.1	2878
	颗粒状镁,涂层的,粒径不小于149μm	4.3	2950
	可燃空弹壳,无起爆器	1.4C	0446
	可燃空弹壳,无起爆器	1.3C	0447
	可溶铅化合物,未另作规定的	6.1	2291
	空弹药筒壳,带有起爆器	1.4S	0055

续上表

	名称和说明	类别或项别	联合国编号
K	空弹药筒壳,带有起爆器	1.4C	0379
	空投照明弹	1.3G	0093
	空投照明弹	1.4G	0403
	空投照明弹	1.4S	0404
	空投照明弹	1.1G	0420
	空投照明弹	1.2G	0421
	空运受管制的固体,未另作规定的	9	3335
	空运受管制的液体,未另作规定的	9	3334
	苦氨酸锆,湿的苦,按质量含水不低于20%	4.1	1517
	苦氨酸钠,湿的,按质量含水不低于20%	4.1	1349
	苦胺酸锆,干的,或湿的,按质量含水低于20%	1.3C	0236
	苦胺酸钠,干的,或湿的,按质量含水低于20%	1.3C	0235
	苦味酸铵,干的,或湿的,按质量含水低于10%	1.1D	0004
	苦味酸铵,湿的,按质量含水不低于10%	4.1	1310
	苦味酸银,湿的,按质量含水不低于30%	4.1	1347
	块状火药(糊状火药),湿的,按质量含水不低于25%	1.3C	0159
	块状火药(糊状火药),湿的,按质量含乙醇不低于17%	1.1C	0433
	喹啉	6.1	2656
L	蓝石棉(青石棉)或棕石棉(铁石棉)	9	2212
	雷酸汞,湿的,按质量含水或乙醇和水的混合物不低于20%	1.1A	0135
	冷冻液态氮	2.2	1977

续上表

	名称和说明	类别或项别	联合国编号
L	冷冻液态二氧化碳	2.2	2187
	冷冻液态氦	2.2	1963
	冷冻液态化氢	2.3	2186
	冷冻液态甲烷或甲烷含量高的冷冻液态天然气	2.1	1972
	冷冻液态氪	2.2	1970
	冷冻液态空气	2.2	1003
	冷冻液态氖	2.2	1913
	冷冻液态气体，未另作规定的	2.2	3158
	冷冻液态气体，氧化性，未另作规定的	2.2	3311
	冷冻液态气体，易燃，未另作规定的	2.1	3312
	冷冻液态氢	2.1	1966
	冷冻液态三氟甲烷	2.2	3136
	冷冻液态氙	2.2	2591
	冷冻液态氩	2.2	1951
	冷冻液态氧	2.2	1073
	冷冻液态氧化亚氮	2.2	2201
	冷冻液态乙烷	2.1	1961
	冷冻液态乙烯	2.1	1038
	冷冻液态乙烯、乙炔和丙烯混合物，含乙烯至少71.5%，乙炔不超过22.5%，丙烯不超过6%	2.1	3138
	锂	4.3	1415
	锂电池组（包括锂合金电池组）	9	3090

续上表

	名称和说明	类别或项别	联合国编号
L	锂硅铁	4.3	2830
	锂离子电池（包括聚合物锂离子电池）	9	3480
	连二亚硫酸钙（亚硫酸氢钙）	4.2	1923
	连二亚硫酸钾（亚硫酸氢钾）	4.2	1929
	连二亚硫酸钠	4.2	1384
	连二亚硫酸锌（亚硫酸氢锌）	9	1931
	联苯胺	6.1	1885
	练习用弹药	1.4G	0362
	练习用弹药	1.3G	0488
	练习用手榴弹或枪榴弹	1.4S	0110
	练习用手榴弹或枪榴弹	1.3G	0318
	练习用手榴弹或枪榴弹	1.2G	0372
	练习用手榴弹或枪榴弹	1.4G	0452
	邻苯二甲酸酐，含马来酸酐大于0.05%	8	2214
	邻二氯苯	6.1	1591
	磷化钙	4.3	1360
	磷化钾	4.3	2012
	磷化铝	4.3	1397
	磷化铝镁	4.3	1419
	磷化铝农药	6.1	3048
	磷化钠	4.3	1432
	磷化氢（膦）	2.3	2199

续上表

	名称和说明	类别或项别	联合国编号
L	磷化锶	4.3	2013
	磷化锡	4.3	1433
	磷化锌	4.3	1714
	磷酸二氢丁酯	8	1718
	磷酸溶液	8	1805
	磷酸三甲苯酯,含邻位异构物高于3%	6.1	2574
	硫	4.1	1350
	硫代磷酰氯	8	1837
	硫代乳酸	6.1	2936
	硫代乙酸	3	2436
	硫甘醇	6.1	2966
	硫光气	6.1	2474
	硫化铵溶液	8	2683
	硫化氢	2.3	1053
	硫化羰	2.3	2204
	硫氰酸汞	6.1	1646
	硫酸,含酸不超过51%,或酸性电池液	8	2796
	硫酸,含酸高于51%	8	1830
	硫酸二甲酯	6.1	1595
	硫酸二乙酯	6.1	1594
	硫酸废液	8	1832
	硫酸汞	6.1	1645

续上表

	名称和说明	类别或项别	联合国编号
L	硫酸胲	8	2865
	硫酸铅,含游离酸高于3%	8	1794
	硫酸氢钾	8	2509
	硫酸氢烷	8	2506
	硫酸氢盐水溶液	8	2837
	硫酸烟碱溶液	6.1	1658
	硫酸氧钒	6.1	2931
	硫酰氟	2.3	2191
	硫酰氯	6.1	1834
	六氟丙酮	2.3	2420
	六氟丙烯(制冷气体R1216)	2.2	1858
	六氟化碲	2.3	2195
	六氟化硫	2.2	1080
	六氟化钨	2.3	2196
	六氟化硒	2.3	2194
	六氟乙烷(制冷气体R116)	2.2	2193
	六氯苯	6.1	2729
	六氯丙酮	6.1	2661
	六氯丁二烯	6.1	2279
	六氯酚	6.1	2875
	六氯环戊二烯	6.1	2646
	六硝基二苯胺(二苦胺;六硝炸药)	1.1D	0079

续上表

	名称和说明	类别或项别	联合国编号
L	六硝基芪	1.1D	0392
	六亚甲基胺	3	2493
	六亚甲基二胺溶液	8	1783
	铝粉,无涂层的	4.3	1396
	铝粉,有涂层的	4.1	1309
	铝熔炼副产品或铝再熔副产品	4.3	3170
	铝酸钠溶液	8	1819
	氯	2.3	1017
	氯苯	3	1134
	氯苯基三氯硅烷	8	1753
	氯苯甲基氯,液态	6.1	2235
	氯丙酮,稳定的	6.1	1695
	氯代茴香胺	6.1	2233
	氯丁二烯,稳定的	3	1991
	氯丁烷	3	1127
	氯仿(三氯甲烷)	6.1	1888
	氯硅烷,毒性,腐蚀性,未另作规定的	6.1	3361
	氯硅烷,毒性,腐蚀性,易燃,未另作规定的	6.1	3362
	氯硅烷,腐蚀性,未另作规定的	8	2987
	氯硅烷,腐蚀性,易燃,未另作规定的	8	2986
	氯硅烷,易燃,腐蚀性,未另作规定的	3	2985
	氯硅烷,遇水反应,易燃,腐蚀性,未另作规定的	4.3	2988

续上表

	名称和说明	类别或项别	联合国编号
L	氯化汞	6.1	1624
	氯化汞铵	6.1	1630
	氯化硫	8	1828
	氯化铝溶液	8	2581
	氯化氰,稳定的	2.3	1589
	氯化铁溶液	8	2582
	氯化铜	8	2802
	氯化锌溶液	8	1840
	氯化溴	2.3	2901
	氯化亚硝酰	2.3	1069
	氯磺酸(含或不含三氧化硫)	8	1754
	氯甲苯	3	2238
	氯甲酚溶液	6.1	2669
	氯甲基乙基醚	3	2354
	氯甲酸-2-乙基已酯	6.1	2748
	氯甲酸苯酯	6.1	2746
	氯甲酸苄酯	8	1739
	氯甲酸环丁酯	6.1	2744
	氯甲酸甲酯	6.1	1238
	氯甲酸氯甲酯	6.1	2745
	氯甲酸叔丁基环已酯	6.1	2747
	氯甲酸烯丙酯	6.1	1722

续上表

	名称和说明	类别或项别	联合国编号
L	氯甲酸乙酯	6.1	1182
	氯甲酸异丙酯	6.1	2407
	氯甲酸正丙酯	6.1	2740
	氯甲酸正丁酯	6.1	2743
	氯甲酸酯,毒性,腐蚀性,未另作规定的	6.1	3277
	氯甲酸酯,毒性,腐蚀性,易燃,未另作规定的	6.1	2742
	氯硫代甲酸乙酯	8	2826
	氯酸钡,固态	5.1	1445
	氯酸钡溶液	5.1	3405
	氯酸钙	5.1	1452
	氯酸钙水溶液	5.1	2429
	氯酸钾	5.1	1485
	氯酸钾水溶液	5.1	2427
	氯酸镁	5.1	2723
	氯酸钠	5.1	1495
	氯酸钠水溶液	5.1	2428
	氯酸水溶液 ,含氯酸不超过 10%	5.1	2626
	氯酸锶	5.1	1506
	氯酸铊	5.1	2573
	氯酸铜	5.1	2721
	氯酸锌	5.1	1513
	氯酸盐和氯化镁混合物,固态	5.1	1459

续上表

	名称和说明	类别或项别	联合国编号
L	氯酸盐和氯化镁混合物溶液	5.1	3407
	氯酸盐和硼酸盐混合物	5.1	1458
	氯氧化铬	8	1758
	氯乙腈	6.1	2668
	氯乙酸甲酯	6.1	2295
	氯乙酸钠	6.1	2659
	氯乙酸溶液	6.1	1750
	氯乙酸乙烯酯	6.1	2589
	氯乙酸乙酯	6.1	1181
	氯乙酸异丙酯	3	2947
	氯乙酰苯,固态	6.1	1697
	氯乙酰氯	6.1	1752
	伦敦紫	6.1	1621
M	马来酸酐	8	2215
	马钱子碱或马钱子碱盐	6.1	1692
	吗啉	8	2054
	帽型起爆器	1.4S	0044
	帽型起爆器	1.1B	0377
	帽型起爆器	1.4B	0378
	煤焦油馏出物,易燃	3	1136
	煤油	3	1223
	镁粉或镁合金粉	4.3	1418

续上表

	名称和说明	类别或项别	联合国编号
M	镁金属或镁合金，丸状、旋屑或带状，含镁高于50%	4.1	1869
	醚类，未另作规定的	3	3271
	脒基亚硝氨脒基四氮烯（四氮烯），湿的，按质量含水或乙醇和水的混合物不低于30%	1.1A	0114
	脒基亚硝氨亚脒基肼，湿的，按质量含水不低于30%	1.1A	0113
	灭火器，装有压缩或液化气体	2.2	1044
	灭火器起动剂，腐蚀性液体	8	1774
	模塑化合物，呈揉塑团、薄片或挤压出的绳索状，会放出易燃蒸气	9	3314
N	钠	4.3	1428
	耐风火柴	4.1	2254
	萘硫脲	6.1	1651
	萘脲	6.1	1652
	黏合剂，含易燃液体	3	1133
O	偶氮甲酰胺	4.1	3242
P	哌啶	8	2401
	哌嗪	8	2579
	抛绳用火箭	1.2G	0238
	抛绳用火箭	1.3C	0240
	抛绳用火箭	1.4G	0453
	喷妥炸药，干的，或湿的，按质量含水低于15%	1.1D	0151
	硼氢化钾	4.3	1870

续上表

	名称和说明	类别或项别	联合国编号
P	硼氢化锂	4.3	1413
	硼氢化钠	4.3	1426
	硼氢化钠和氢氧化钠溶液，按质量含硼氢化钠的不超过12%，含氢氧化钠不超过40%	8	3320
	硼酸三甲酯	3	2416
	硼酸三烯丙酯	6.1	2609
	硼酸三异丙酯	3	2616
	硼酸乙酯	3	1176
	铍粉	6.1	1567
	铍化合物，未另作规定的	6.1	1566
	偏钒酸铵	6.1	2859
	偏钒酸钾	6.1	2864
	葡萄糖酸汞	6.1	1637
Q	七氟丙烷（制冷气体R227）	2.2	3296
	七硫化四磷，不含黄磷和白磷	4.1	1339
	起爆引信	1.1B	0106
	起爆引信	1.2B	0107
	起爆引信	1.4B	0257
	起爆引信	1.4S	0367
	起爆引信，带有保险装置	1.1D	0408
	起爆引信，带有保险装置	1.2D	0409
	起爆引信，带有保险装置	1.4D	0410

续上表

	名称和说明	类别或项别	联合国编号
Q	起爆装置,爆炸性	1.1D	0043
	气袋充气器,或气袋模件,或安全带预拉装置	1.4G	0503
	气袋充气器,或气袋模件,或安全带预拉装置	9	3268
	气体杀虫剂,毒性,未另作规定的	2.3	1967
	气体杀虫剂,毒性,易燃,未另作规定的	2.3	3355
	气体杀虫剂,未另作规定的	2.2	1968
	气体杀虫剂,易燃,未另作规定的	2.1	3354
	气雾剂	2	1950
	气压或液压物品(含有非易燃气体)	2.2	3164
	氢碘酸	8	1787
	氢氟酸,含氟化氢不超过60%	8	1790
	氢氟酸,含氟化氢高于60%	8	1790
	氢氟酸和硫酸混合物	8	1786
	氢化钙	4.3	1404
	氢化锆	4.1	1437
	氢化锂	4.3	1414
	氢化铝	4.3	2463
	氢化铝锂	4.3	1410
	氢化铝锂的醚溶液	4.3	1411
	氢化铝钠	4.3	2835
	氢化钠	4.3	1427
	氢化钛	4.1	1871

续上表

	名称和说明	类别或项别	联合国编号
Q	氢硫化钠,含结晶水不低于25%	8	2949
	氢硫化钠,含结晶水低于25%	4.2	2318
	氢氯酸	8	1789
	氢硼化铝	4.2	2870
	氢氰酸水溶液(氰化氢水溶液),含氰化氢不超过20%	6.1	1613
	氢溴酸	8	1788
	氢氧化苯汞	6.1	1894
	氢氧化钾溶液	8	1814
	氢氧化锂	8	2680
	氢氧化锂溶液	8	2679
	氢氧化钠溶液	8	1824
	氢氧化铷	8	2678
	氢氧化铷溶液	8	2677
	氢氧化铯	8	2682
	氢氧化铯溶液	8	2681
	氢氧化四甲铵溶液	8	1835
	氰	2.3	1026
	氰氨化钙,含碳化钙高于0.1%	4.3	1403
	氰化钡	6.1	1565
	氰化钙	6.1	1575
	氰化汞	6.1	1636

续上表

	名称和说明	类别或项别	联合国编号
Q	氰化汞钾	6.1	1626
	氰化钾,固态	6.1	1680
	氰化钾溶液	6.1	3413
	氰化钠,固态	6.1	1689
	氰化钠溶液	6.1	3414
	氰化镍	6.1	1653
	氰化铅	6.1	1620
	氰化氢,稳定的,含水低于3%	6.1	1051
	氰化氢,稳定的,含水低于3%,被多孔惰性材料吸收	6.1	1614
	氰化氢酒精溶液,含 氰化氢不超过45%	6.1	3294
	氰化铜	6.1	1587
	氰化物溶液,未另作规定的	6.1	1935
	氰化锌	6.1	1713
	氰化银	6.1	1684
	氰尿酰氯	8	2670
	氰亚铜酸钾	6.1	1679
	氰亚铜酸钠溶液	6.1	2317
	氰氧化汞,减敏的	6.1	1642
	巯基乙酸	8	1940
	全氟(甲基乙烯基醚)	2.1	3153
	全氟(乙基乙烯基醚)	2.1	3154
	全氯甲硫醇	6.1	1670

续上表

	名称和说明	类别或项别	联合国编号
Q	醛类,未另作规定的	3	1989
	醛类,易燃,毒性,未另作规定的	3	1988
R	燃料电池盒或装在设备中的燃料电池盒,或与设备包装在一起的燃料电池盒,含腐蚀性物质	8	3477
	燃料电池盒或装在设备中的燃料电池盒,或与设备包装在一起的燃料电池盒,含液化可燃气体	2.1	3478
	燃料电池盒或装在设备中的燃料电池盒,或与设备包装在一起的燃料电池盒,含易燃液体	3	3473
	燃料电池盒或装在设备中的燃料电池盒,或与设备包装在一起的燃料电池盒,含遇水反应物质	4.3	3476
	燃料电池盒或装在设备中的燃料电池盒,或与设备包装在一起的燃料电池盒,含在金属氢中贮存的氢	2.1	3479
	燃烧弹药,带有或不带起爆装置、发射剂或推进剂	1.2G	0009
	燃烧弹药,带有或不带起爆装置、发射剂或推进剂	1.3G	0010
	燃烧弹药,带有或不带起爆装置、发射剂或推进剂	1.4G	0300
	燃烧弹药,液体或胶体,带有起爆装置、发射剂或推进剂	1.3J	0247
	壬基三氯硅烷	8	1799
	壬烷	3	1920
	溶解乙炔	2.1	1001
	溶凝固态氢化锂	4.3	2805
	熔融苯酚	6.1	2312

续上表

	名称和说明	类别或项别	联合国编号
R	熔融萘	4.1	2304
	熔凝树脂酸钙	4.1	1314
	熔融白磷	4.2	2447
	熔融二硝基甲苯	6.1	1600
	熔融硫磺	4.1	2448
	熔融氯乙酸	6.1	3250
	熔融马来酸酐	8	2215
	熔融三溴氧化磷	8	2576
	柔软线状聚能装药	1.4D	0237
	柔软线状聚能装药	1.1D	0288
	铷	4.3	1423
	乳酸锑	6.1	1550
	乳酸乙酯	3	1192
	弱效应导爆索(信管),包金属的	1.4D	0104
S	噻吩	3	2414
	赛璐珞,块、棒、卷、片、管等,碎屑除外	4.1	2000
	赛璐珞、碎屑	4.2	2002
	三丙胺	3	2260
	三丁胺	6.1	2542
	三丁基磷烷	4.2	3254
	三氟化氮	2.2	2451
	三氟化氯	2.3	1749

续上表

	名称和说明	类别或项别	联合国编号
S	三氟化硼	2.3	1008
	三氟化硼合丙酸,液态	8	1743
	三氟化硼合二甲醚	4.3	2965
	三氟化硼合二乙醚	8	2604
	三氟化硼合乙酸,液态	8	1742
	三氟化溴	5.1	1746
	三氟甲苯	3	2338
	三氟甲基氯苯	3	2234
	三氟甲烷(制冷气体 R23)	2.2	1984
	三氟氯甲烷(制冷气体 R13)	2.2	1022
	三氟氯甲烷和三氟甲烷的共沸混合物,含三氟氯甲烷约60%(制冷气体 R503)	2.2	2599
	三氟氯乙烯,稳定的	2.3	1082
	三氟乙酸	8	2699
	三氟乙酰氯	2.3	3057
	三甲胺水溶液,按质量含三甲胺不大于50%	3	1297
	三甲基环己胺	8	2326
	三甲基六亚甲基二胺	8	2327
	三甲基六亚甲基二异氰酸酯	6.1	2328
	三甲基氯硅烷	3	1298
	三甲基乙酰氯	6.1	2438
	三聚丙烯	3	2057

续上表

	名称和说明	类别或项别	联合国编号
S	三聚异丁烯	3	2324
	三硫化二磷，不含黄磷和白磷	4.1	1343
	三硫化四磷，不含黄磷和白磷	4.1	1341
	三硫基苯酚，湿的，按质量含水不低于30%	4.1	1344
	三氯丁烯	6.1	2322
	三氯硅烷	4.3	1295
	三氯化钒	8	2475
	三氯化磷	6.1	1809
	三氯化硼	2.3	1741
	三氯化砷	6.1	1560
	三氯化钛，发火的或三氯化钛混合物，发火的	4.2	2441
	三氯化钛混合物	8	2869
	三氯化锑	8	1733
	三氯甲苯	8	2226
	三氯硝基甲烷(氯化苦)	6.1	1580
	三氯硝基甲烷和甲基氯混合物	2.3	1582
	三氯硝基甲烷和甲基溴混合物，含三氯硝基甲烷高于2%	2.3	1581
	三氯硝基甲烷混合物，未另作规定的	6.1	1583
	三氯氧化钒	8	2443
	三氯氧化磷(磷酰氯)	6.1	1810
	三氯乙酸	8	1839

续上表

	名称和说明	类别或项别	联合国编号
S	三氯乙酸甲酯	6.1	2533
	三氯乙酸溶液	8	2564
	三氯乙烯	6.1	1710
	三氯乙酰氯	8	2442
	三氯异氰脲酸，干的	5.1	2468
	三烯丙胺	3	2610
	三硝基苯，干的，或湿的，按质量含水低于30%	1.1D	0214
	三硝基苯，湿的，按质量含水不低于10%	4.1	3367
	三硝基苯，湿的，按质量含水不低于30%	4.1	1354
	三硝基苯胺(苦基胺)	1.1D	0153
	三硝基苯酚(苦味酸)，干的，或湿的，按质量含水低于30%	1.1D	0154
	三硝基苯酚(苦味酸)，湿的，按质量含水不低于10%	4.1	3364
	三硝基苯磺酸	1.1D	0386
	三硝基苯基甲硝胺(特屈儿炸药)	1.1D	0208
	三硝基苯甲醚	1.1D	0213
	三硝基苯甲酸，干的，或湿的，按质量含水低于30%	1.1D	0215
	三硝基苯甲酸，湿的，按质量含水不低于10%	4.1	3368
	三硝基苯甲酸，湿的，按质量含水不低于30%	4.1	1355
	三硝基苯乙醚	1.1D	0218
	三硝基甲苯(梯恩梯)，干的，或湿的，按质量含水低于30%	1.1D	0209

续上表

	名称和说明	类别或项别	联合国编号
S	三硝基甲苯(梯恩梯),湿的,按质量含水不低于10%	4.1	3366
	三硝基甲苯(梯恩梯)和三硝基苯混合物或三硝基甲苯(梯恩梯)和六硝基芪混合物	1.1D	0388
	三硝基甲苯,湿的,按质量含水不低于30%	4.1	1356
	三硝基间苯二酚(收敛酸),干的,或湿的,按质量含水或乙醇和水的混合物低于20%	1.1D	0219
	三硝基间苯二酚(收敛酸),湿的,按质量含水或乙醇和水的混合物不低于20%	1.1D	0394
	三硝基间甲苯酚	1.1D	0216
	三硝基氯苯(苦基氯)	1.1D	0155
	三硝基氯苯(苦基氯),湿的,按质量含水不低于10%	4.1	3365
	三硝基萘	1.1D	0217
	三硝基芴酮	1.1D	0387
	三溴化磷	8	1808
	三溴化硼	8	2692
	三溴氧化磷	8	1939
	三亚乙基四胺	8	2259
	三氧硅酸二钠	8	3253
	三氧化二氮	2.3	2421
	三氧化二磷	8	2578

续上表

	名称和说明	类别或项别	联合国编号
S	三氧化二砷	6.1	1561
	三氧化硫,稳定的	8	1829
	三乙胺	3	1296
	伞花烃	3	2046
	铯	4.3	1407
	闪光弹药筒	1.1G	0049
	闪光弹药筒	1.3G	0050
	闪光粉	1.1G	0094
	闪光粉	1.3G	0305
	商品爆炸装药,不带雷管	1.1D	0442
	商品爆炸装药,不带雷管	1.2D	0443
	商品爆炸装药,不带雷管	1.4D	0444
	商品爆炸装药,不带雷管	1.4S	0445
	射弹,带起爆装置或发射剂	1.2D	0346
	射弹,带起爆装置或发射剂	1.4D	0347
	射弹,带有爆炸装药	1.1F	0167
	射弹,带有爆炸装药	1.1D	0168
	射弹,带有爆炸装药	1.2D	0169
	射弹,带有爆炸装药	1.2F	0324
	射弹,带有爆炸装药	1.4D	0344
	射弹,带有起爆装置或发射剂	1.2F	0426
	射弹,带有起爆装置或发射剂	1.4F	0427

续上表

	名称和说明	类别或项别	联合国编号
S	射弹,带有起爆装置或发射剂	1.2G	0434
	射弹,带有起爆装置或发射剂	1.4G	0435
	射弹,惰性带曳光剂	1.4S	0345
	射弹,惰性带曳光剂	1.3G	0424
	射弹,惰性带曳光剂	1.4G	0425
	摄影闪光弹	1.1F	0037
	摄影闪光弹	1.1D	0038
	摄影闪光弹	1.2G	0039
	摄影闪光弹	1.3G	0299
	砷	6.1	1558
	砷粉	6.1	1562
	砷酸铵	6.1	1546
	砷酸钙	6.1	1573
	砷酸汞	6	1623
	砷酸钾	6.1	1677
	砷酸镁	6.1	1622
	砷酸钠	6.1	1685
	砷酸铅	6.1	1617
	砷酸铁	6.1	1606
	砷酸锌、亚砷酸锌或砷酸锌和亚砷酸锌混合物	6.1	1712
	砷酸亚铁	6.1	1608
	深水炸药	1.1D	0056

续上表

	名称和说明	类别或项别	联合国编号
S	胂	2.3	2188
	十八烷基三氯硅烷	8	1800
	十二烷基三氯硅烷	8	1771
	十六烷基三氯硅烷	8	1781
	十氢化萘	3	1147
	十一烷	3	2330
	石油馏出物,未另作规定的或石油产品,未另作规定的	3	1268
	石油原油	3	1267
	铈,板、锭或棒	4.1	1333
	铈,切屑或粗粉	4.3	3078
	铈铁合金	4.1	1323
	收敛酸铅(三硝基间苯二酚铅),湿的,按质量含水或乙醇和水的混合物不低于20%	1.1A	0130
	手榴弹或枪榴弹,带有爆炸装药	1.1D	0284
	手榴弹或枪榴弹,带有爆炸装药	1.2D	0285
	手榴弹或枪榴弹,带有爆炸装药	1.1F	0292
	手榴弹或枪榴弹,带有爆炸装药	1.2F	0293
	手提信号装置	1.4C	0191
	手提信号装置	1.4S	0373
	树脂溶液,易燃	3	1866
	树脂酸钙	4.1	1313

续上表

	名称和说明	类别或项别	联合国编号
S	树脂酸钴,沉淀的	4.1	1318
	树脂酸铝	4.1	2715
	树脂酸锰	4.1	1330
	树脂酸锌	4.1	2714
	双丙酮醇	3	1148
	双烯酮,稳定的	6.1	2521
	水合次氯酸钙,腐蚀性,或水合次氯酸钙混合物,腐蚀性,含水不低于5.5%,但不超过16%	5.1	3487
	水合次氯酸钙,或水合次氯酸钙混合物,含水不低于5.5%,但不超过16%	5.1	2880
	水合硫化钾,含结晶水不低于30%	8	1847
	水合硫化钠,含水不低于30%	8	1849
	水合六氟丙酮,液态	6.1	2552
	水激活装置,带有起爆装置、发射剂或推进剂	1.2L	0248
	水激活装置,带有起爆装置、发射剂或推进剂	1.3L	0249
	水杨酸汞	6.1	1644
	水杨酸烟碱	6.1	1657
	四氮化二氮(二氧化氮)	2.3	1067
	四氟化硅	2.3	1859
	四氟化硫	2.3	2418
	四氟甲烷(制冷气体R14)	2.2	1982
	四氟乙烯,稳定的	2.1	1081
S	四甲基硅烷	3	2749
	四聚丙烯	3	2850
	四磷酸六乙酯	6.1	1611
	四磷酸六乙酯和压缩气体混合物	2.3	1612
	四氯化钒	8	2444
	四氯化锆	8	2503
	四氯化硅	8	1818
	四氯化钛	6.1	1838
	四氯化碳	6.1	1846
	四氯乙烯	6.1	1897
	四氢呋喃	3	2056
	四氢化糠胺	3	2943
	四氢化邻苯二甲酸酐,含马亚酐大于0.05%	8	2698
	四氢噻吩	3	2412
	四硝基苯胺	1.1D	0207
	四硝基甲烷	6.1	1510
	四溴化碳	6.1	2516
	四溴乙烷	6.1	2504
	四亚乙基五胺	8	2320
	四氧化锇	6.1	2471
	四唑-1-乙酸	1.4C	0407
	松节油	3	1299

续上表

	名称和说明	类别或项别	联合国编号
S	松节油代用品	3	1300
	松香油	3	1286
	松油	3	1272
	塑料，以硝化纤维素为基料，自热性，未另作规定的	4.2	2006
	塑料胶粘爆炸装药	1.1D	0457
	塑料胶粘爆炸装药	1.2D	0458
	塑料胶粘爆炸装药	1.4D	0459
	塑料胶粘爆炸装药	1.4S	0460
	酸式磷酸二异辛酯	8	1902
	酸式磷酸戊酯	8	2819
	酸式磷酸异丙酯	8	1793
	酸式亚硫酸盐水溶液，未另作规定的	8	2693
	缩水甘油醛	3	2622
T	铊化合物，未另作规定的	6.1	1707
	钛粉，干的	4.2	2546
	钛粉，湿的，含水不低于25%（所含过量水应看得出来）(a)机械方法生产的，粒径于53μm；(b)化学方法生产的，粒径小于840μm	4.1	1352
	碳，来源于动物或植物	4.2	1361
	碳化钙	4.3	1402
	碳化铝	4.3	1394
	碳酸二甲脂	3	1161

续上表

	名称和说明	类别或项别	联合国编号
T	碳酸二乙酯	3	2366
	碳酰氟	2.3	2417
	羰基金属，液体，未另作规定的	6.1	3281
	羰基镍	6.1	1259
	特里托纳尔炸药	1.1D	0390
	特殊安排下运输的放射性物质，非易裂变的或例外的易裂变的	7	2919
	特殊安排下运输的放射性物质，易裂变的	7	3331
	锑粉	6.1	2871
	锑化氢	2.3	2676
	萜品油烯	3	2541
	萜烃，未另作规定的	3	2319
	铜乙二胺溶液	8	1761
	涂料（包括色漆、喷漆、搪瓷、着色剂、虫胶、清漆、抛光剂、液态填料和液态喷漆基料）或涂料的相关材料（包括涂料稀释或还原剂）	3	1263
	涂料（包括色漆、喷漆、搪瓷、着色剂、虫胶、清漆、抛光剂、液态填料和液态喷漆基料）或涂料的相关材料（包括涂料稀释剂或冲淡剂）	8	3066
	涂料、腐蚀性、易燃（包括色漆、喷漆、搪瓷、着色剂、虫胶、清漆、抛光剂、液态填料和液态喷漆基料）或涂料的相关材料，腐蚀性，易燃（包括涂料稀释剂或冲淡剂）	8	3470

续上表

	名称和说明	类别或项别	联合国编号
T	涂料、易燃、腐蚀性（包括色漆、喷漆、搪瓷、着色剂、虫胶、清漆、抛光剂、液态填料和液态喷漆基料）或涂料的相关材料，易燃，腐蚀性（包括涂料稀释剂或冲淡剂）	3	3469
	涂料溶液（包括用于工业或其他用途的表面处理剂或涂料，例如车辆的底漆、圆桶或琵琶桶的面料）	3	1139
	推进剂	1.1C	0271
	推进剂	1.3C	0272
	推进剂	1.2C	0415
	推进剂	1.4C	0491
W	瓦斯油或柴油或轻质燃料油	3	1202
	烷基硫酸	8	2571
	王水	8	1798
	未压缩气体样品，毒性，未另作规定的，非冷冻液体	2.3	3169
	未压缩气体样品，毒性，易燃，未另作规定的，非冷冻液体	2.3	3168
	未压缩气体样品，易燃，未另作规定的，非冷冻液体	2.1	3167
	无机次氯酸盐，未另作规定的	5.1	3212
	无机毒性固体，腐蚀性，未另作规定的	6.1	3290
	无机毒性固体，未另作规定的	6.1	3288
	无机毒性液体，腐蚀性，未另作规定的	6.1	3289
	无机毒性液体，未另作规定的	6.1	3287
	无机发火固体，未另作规定的	4.2	3200

续上表

	名称和说明	类别或项别	联合国编号
W	无机发火液体，未另作规定的	4.2	3194
	无机高氯酸盐，未另作规定的	5.1	1481
	无机高氯酸盐水溶液，未另作规定的	5.1	3211
	无机高锰酸盐，未另作规定的	5.1	1482
	无机高锰酸盐水溶液，未另作规定的	5.1	3214
	无机过硫酸盐，未另作规定的	5.1	3215
	无机过硫酸盐水溶液，未另作规定的	5.1	3216
	无机过氧化物，未另作规定的	5.1	1483
	无机碱性腐蚀性固体，未另作规定的	8	3262
	无机碱性腐蚀性液体，未另作规定的	8	3266
	无机氯酸盐，未另作规定的	5.1	1461
	无机氯酸盐水溶液，未另作规定的	5.1	3210
	无机酸性腐蚀性固体，未另作规定的	8	3260
	无机酸性腐蚀性液体，未另作规定的	8	3264
	无机硝酸盐，未另作规定的	5.1	1477
	无机硝酸盐水溶液，未另作规定的	5.1	3218
	无机溴酸盐，未另作规定的	5.1	1450
	无机溴酸盐水溶液，未另作规定的	5.1	3213
	无机亚氯酸盐，未另作规定的	5.1	1462
	无机亚硝酸盐，未另作规定的	5.1	2627
	无机亚硝酸盐水溶液，未另作规定的	5.1	3219
	无机易燃固体，毒性，未另作规定的	4.1	3179

续上表

	名称和说明	类别或项别	联合国编号
W	无机易燃固体,腐蚀性,未另作规定的	4.1	3180
	无机易燃固体,未另作规定的	4.1	3178
	无机自热固体,毒性,未另作规定的	4.2	3191
	无机自热固体,腐蚀性,未另作规定的	4.2	3192
	无机自热固体,未另作规定的	4.2	3190
	无机自热液体,毒性,未另作规定的	4.2	3187
	无机自热液体,腐蚀性,未另作规定的	4.2	3188
	无机自热液体,未另作规定的	4.2	3186
	无水氨	2.3	1005
	无水碘化氢	2.3	2197
	无水二氟磷酸	8	1768
	无水二甲胺	2.1	1032
	无水氟化氢	8	1052
	无水氟磷酸	8	1776
	无水过硼酸钠	5.1	3247
	无水甲胺	2.1	1061
	无水肼	8	2029
	无水硫化钾,或硫化钾,含结晶水低于30%	4.2	1382
	无水硫化钠 ,或硫化钠,含结晶水低于30%	4.2	1385
	无水氯化铝	8	1726
	无水氯化氢	2.3	1050
	无水氯化铁	8	1773

续上表

	名称和说明	类别或项别	联合国编号
W	无水氯化锌	8	2331
	无水氯醛,稳定的	6.1	2075
	无水三甲胺	2.1	1083
	无水三氧化铬	5.1	1463
	无水四氯化锡	8	1827
	无水硒化氢	2.3	2202
	无水溴化铝	8	1725
	无水溴化氢	2.3	1048
	无烟火药	1.1C	0160
	无烟火药	1.3C	0161
	五氟化碘	5.1	2495
	五氟化磷	2.3	2198
	五氟化氯	2.3	2548
	五氟化锑	8	1732
	五氟化溴	5.1	1745
	五氟氯乙烷(制冷气体 R115)	2.2	1020
	五氟乙烷(制冷气体 R125)	2.2	3220
	五甲基庚烷	3	2286
	五硫化二磷,不含黄磷和白磷	4.3	1340
	五氯苯酚钠	6.1	2567
	五氯酚	6.1	3155
	五氯化磷	8	1806

续上表

	名称和说明	类别或项别	联合国编号
W	五氯化钼	8	2508
	五氯化锑溶液	8	1731
	五氯乙烷	6.1	1669
	五水合四氯化锡	8	2440
	五羰铁	6.1	1994
	五溴化磷	8	2691
	五氧化二钒,非熔凝状态	6.1	2862
	五氧化二磷	8	1807
	五氧化二砷	6.1	1559
	武器弹药筒,带爆炸装药	1.4F	0348
	武器弹药筒,带惰性射弹	1.2C	0328
	武器弹药筒,带惰性射弹或轻武器弹药筒	1.4S	0012
	武器弹药筒,带惰性射弹或轻武器弹药筒	1.4C	0339
	武器弹药筒,带惰性射弹或轻武器弹药筒	1.3C	0417
	武器弹药筒,带有爆炸装药	1.1F	0005
	武器弹药筒,带有爆炸装药	1.1E	0006
	武器弹药筒,带有爆炸装药	1.2F	0007
	武器弹药筒,带有爆炸装药	1.2E	0321
	武器弹药筒,带有爆炸装药	1.4E	0412
	武器弹药筒,无弹头	1.1C	0326
	武器弹药筒,无弹头	1.2C	0413
	武器弹药筒,无弹头或轻武器弹药筒,无弹头	1.4S	0014

续上表

	名称和说明	类别或项别	联合国编号
W	武器弹药筒,无弹头或轻武器弹药筒,无弹头	1.3C	0327
	武器弹药筒,无弹头或轻武器弹药筒,无弹头	1.4C	0338
	戊胺	3	1106
	戊醇	3	1105
	戊基氯	3	1107
	戊基三氯硅烷	8	1728
	戊硫醇	3	1111
	戊硼烷	4.2	1380
	戊醛	3	2058
	戊烷,液体	3	1265
	戊酰氯	8	2502
X	吸入毒性液体,腐蚀性,未另作规定的,吸入毒性低于或等于 1000mL/m^3,且饱和蒸汽浓度高于或等于 10LC$_{50}$	6.1	3390
	吸入毒性液体,腐蚀性,未另作规定的,吸入毒性低于或等于 200mL/m^3,且饱和蒸汽浓度高于或等于 500LC$_{50}$	6.1	3389
	吸入毒性液体,腐蚀性,易燃,未另作规定的,吸入毒性低于或等于 1000mL/m^3,且饱和蒸汽浓度大于或等于 10LC$_{50}$	6.1	3493
	吸入毒性液体,腐蚀性,易燃,未另作规定的,吸入毒性低于或等于 200mL/m^3,且饱和蒸汽浓度大于或等于 500LC$_{50}$	6.1	3492

续上表

	名称和说明	类别或项别	联合国编号
X	吸入毒性液体，未另作规定的的，吸入毒性低于或等于 1000mL/m^3，且饱和蒸汽浓度高于或等于 10LC$_{50}$	6.1	3382
	吸入毒性液体，未另作规定的的，吸入毒性低于或等于 200mL/m^3，且饱和蒸汽浓度高于或等于 500LC$_{50}$	6.1	3381
	吸入毒性液体，氧化性，未另作规定的，吸入毒性低于或等于 1000mL/m^3，且饱和蒸汽浓度高于或等于 10LC$_{50}$	6.1	3388
	吸入毒性液体，氧化性，未另作规定的，吸入毒性低于或等于 200mL/m^3，且饱和蒸汽浓度高于或等于 500LC$_{50}$	6.1	3387
	吸入毒性液体，易燃，腐蚀性，未另作规定的，吸入毒性低于或等于 1000mL/m^3，且饱和蒸汽浓度大于或等于 10LC$_{50}$	6.1	3489
	吸入毒性液体，易燃，腐蚀性，未另作规定的，吸入毒性低于或等于 200mL/m^3，且饱和蒸汽浓度大于或等于 500LC$_{50}$	6.1	3488
	吸入毒性液体，易燃，未另作规定的，吸入毒性低于或等于 1000mL/m^3，且饱和蒸汽浓度高于或等于 10LC$_{50}$	6.1	3384
	吸入毒性液体，易燃，未另作规定的，吸入毒性低于或等于 200mL/m^3，且饱和蒸汽浓度高于或等于 500LC$_{50}$	6.1	3383

续上表

	名称和说明	类别或项别	联合国编号
X	吸入毒性液体，遇水反应，未另作规定的，吸入毒性低于或等于 1000mL/m^3，且饱和蒸汽浓度高于或等于 10LC$_{50}$	6.1	3386
	吸入毒性液体，遇水反应，未另作规定的，吸入毒性低于或等于 200mL/m^3，且饱和蒸汽浓度高于或等于 500LC$_{50}$	6.1	3385
	吸入毒性液体，遇水反应，易燃，未另作规定的，吸入毒性低于或等于 1000mL/m^3，且饱和蒸汽浓度大于或等于 10LC$_{50}$	6.1	3491
	吸入毒性液体，遇水反应，易燃，未另作规定的，吸入毒性低于或等于 200mL/m^3，且饱和蒸汽浓度大于或等于 500LC$_{50}$	6.1	3490
	烯丙胺	6.1	2334
	烯丙醇	6.1	1098
	烯丙基碘	3	1723
	烯丙基氯	3	1100
	烯丙基三氯硅烷，稳定的	8	1724
	烯丙基缩水甘油醚	3	2219
	烯丙基溴	3	1099
	烯丙基乙基醚	3	2335
	硒化合物，固态，未另作规定的	6.1	3283
	硒酸	8	1905

续上表

	名称和说明	类别或项别	联合国编号
X	硒酸盐或亚硒酸盐	6.1	2630
	纤维或纤维织品，经过轻度硝化的硝化纤维素，未另作规定的	4.1	1353
	氙	2.2	2036
	香料制品，含有易燃溶剂	3	1266
	橡胶溶液	3	1287
	硝化淀粉，干的，或湿的，按质量含水低于20%	1.1D	0146
	硝化淀粉，湿的，按质量含水不低于20%	4.1	1337
	硝化甘油乙醇溶液，含硝化甘油不超过1%	3	1204
	硝化甘油乙醇溶液，含硝化甘油不低于1%，但不超过10%	1.1D	0144
	硝化甘油乙醇溶液，含硝化甘油不低于1%，但不超过5%	3	3064
	硝化酸混合物，废的，含硝酸不超过50%	8	1826
	硝化酸混合物，废的，含硝酸高于50%	8	1826
	硝化酸混合物，含硝酸不超过50%	8	1796
	硝化酸混合物，含硝酸高于50%	8	1796
	硝化纤维素，按干重含氮不超过12.6%，混合物含或不含增塑剂、含或不含颜料	4.1	2557
	硝化纤维素，干的，或湿的，按质量含水（或乙醇）低于25%	1.1D	0340
	硝化纤维素，湿的，按质量含有不少于25%的乙醇	1.3C	0342

续上表

	名称和说明	类别或项别	联合国编号
X	硝化纤维素，未改型的，或增塑的，按质量含有低于18%的增塑剂	1.1D	0341
	硝化纤维素滤膜，按干重含氮不超过12.6%	4.1	3270
	硝化纤维素溶液，易燃，按干重含氮不超过12.6%，含硝化纤维素不超过55%	3	2059
	硝基苯	6.1	1662
	硝基苯胺（邻、间、对）	6.1	1661
	硝基苯酚（邻、间、对）	6.1	1663
	硝基苯磺酸	8	2305
	硝基丙烷	3	2608
	硝基胍（橄苦岩），干的，或湿的，按质量含水低于20%	1.1D	0282
	硝基胍（橄苦岩），湿的，按质量含水不低于20%	4.1	1336
	硝基甲烷	3	1261
	硝基氯苯，固态	6.1	1578
	硝基氯苯胺	6.1	2237
	硝基萘	4.1	2538
	硝基脲	1.1D	0147
	硝基三氟甲苯，液态	6.1	2306
	硝基三唑酮（NTO）	1.1D	0490
	硝基四苯酚，固态	6.1	2446
	硝基乙烷	3	2842

续上表

	名称和说明	类别或项别	联合国编号
X	硝酸,发红烟的	8	2032
	硝酸,发红烟的除外,含硝酸低于65%	8	2031
	硝酸,发红烟的除外,含硝酸高于70%	8	2031
	硝酸,发红烟的除外,含硝酸至少65%,但不超过70%	8	2031
	硝酸铵,含可燃物质高于0.2%,包括以碳计算的任何有机物质,但不包括任何其他添加物质	1.1D	0222
	硝酸铵,含可燃物质总量不大于0.2%,包括以碳计算的任何有机物质,但不包括任何其他添加物质	5.1	1942
	硝酸铵基化肥	5.1	2067
	硝酸铵基化肥	9	2071
	硝酸铵乳胶,或悬浮体或凝胶,爆破炸药的中间体	5.1	3375
	硝酸钡	5.1	1446
	硝酸苯汞	6.1	1895
	硝酸钙	5.1	1454
	硝酸锆	5.1	2728
	硝酸铬	5.1	2720
	硝酸汞	6.1	1625
	硝酸胍	5.1	1467
	硝酸钾	5.1	1486
	硝酸钾和亚硝酸钠混合物	5.1	1487
	硝酸锂	5.1	2722

续上表

	名称和说明	类别或项别	联合国编号
X	硝酸铝	5.1	1438
	硝酸镁	5.1	1474
	硝酸锰	5.1	2724
	硝酸钠	5.1	1498
	硝酸钠和硝酸钾混合物	5.1	1499
	硝酸脲,干的,或湿的,按质量含水低于20%	1.1D	0220
	硝酸脲,湿的,按质量含水不低于10%	4.1	3370
	硝酸脲,湿的,按质量含水不低于20%	4.1	1357
	硝酸镍	5.1	2725
	硝酸钕镨	5.1	1465
	硝酸铍	5.1	2464
	硝酸铅	5.1	1469
	硝酸铯	5.1	1451
	硝酸锶	5.1	1507
	硝酸铊	6.1	2727
	硝酸铁	5.1	1466
	硝酸戊酯	3	1112
	硝酸锌	5.1	1514
	硝酸亚汞	6.1	1627
	硝酸异丙酯	3	1222
	硝酸银	5.1	1493
	硝酸正丙酯	3	1865

续上表

	名称和说明	类别或项别	联合国编号
X	辛二烯	3	2309
	辛基三氯硅烷	8	1801
	辛醛	3	1191
	辛烷	3	1262
	锌灰	4.3	1435
	锌灰或锌粉尘	4.3	1436
	信号弹药筒	1.3G	0054
	信号弹药筒	1.4G	0312
	信号弹药筒	1.4S	0405
	溴苯	3	2514
	溴丙酮	6.1	1569
	溴丙烷	3	2344
	溴仿	6.1	2515
	溴化汞	6.1	1634
	溴化甲基镁的乙醚溶液	4.3	1928
	溴化铝溶液	8	2580
	溴化氰	6.1	1889
	溴化砷	6.1	1555
	溴或溴溶液	8	1744
	溴甲基丙烷	3	2342
	溴氯甲烷	6.1	1887
	溴三氟甲烷(制冷气体 R13B1)	2.2	1009

续上表

	名称和说明	类别或项别	联合国编号
X	溴三氟乙烯	2.1	2419
	溴酸钡	5.1	2719
	溴酸钾	5.1	1484
	溴酸镁	5.1	1473
	溴酸钠	5.1	1494
	溴酸锌	5.1	2469
	溴乙酸甲酯	6.1	2643
	溴乙酸溶液	8	1938
	溴乙酸乙酯	6.1	1603
	溴乙酰溴	8	2513
	蓄电池,湿的,密封的蓄电	8	2800
	蓄电池,湿的,装有碱液,蓄电	8	2795
	蓄电池,湿的,装有酸液,蓄电	8	2794
	熏蒸过的货物运输装置	9	3359
Y	压缩氦	2.2	1066
	压缩氘(重氢)	2.1	1957
	压缩二氟化氧	2.3	2190
	压缩氟	2.3	1045
	压缩氦	2.2	1046
	压缩黑火药(火药)或丸状黑火药(火药)	1.1D	0028
	压缩甲烷或甲烷含量高的压缩天然气	2.1	1971
	压缩氖	2.2	1056

续上表

	名称和说明	类别或项别	联合国编号
Y	压缩空气	2.2	1002
	压缩煤气	2.3	1023
	压缩氖	2.2	1065
	压缩气体,毒性,腐蚀性,未另作规定的	2.3	3304
	压缩气体,毒性,未另作规定的	2.3	1955
	压缩气体,毒性,氧化性,腐蚀性,未另作规定的	2.3	3306
	压缩气体,毒性,氧化性,未另作规定的	2.3	3303
	压缩气体,毒性,易燃,腐蚀性,未另作规定的	2.3	3305
	压缩气体,毒性,易燃,未另作规定的	2.3	1953
	压缩气体,未另作规定的	2.2	1956
	压缩气体,氧化性,未另作规定的	2.2	3156
	压缩气体,易燃,未另作规定的	2.1	1954
	压缩氢	2.1	1049
	压缩氢和甲烷混合物	2.1	2034
	压缩烃类气体混合物,未另作规定的	2.1	1964
	压缩氩	2.2	1006
	压缩氧	2.2	1072
	压缩一氧化氮	2.3	1660
	压缩一氧化碳	2.3	1016
	压缩油气	2.3	1071
	亚磷酸	8	2834
	亚磷酸二氢铅	4.1	2989

续上表

	名称和说明	类别或项别	联合国编号
Y	亚磷酸三甲酯	3	2329
	亚磷酸三乙酯	3	2323
	亚硫酸	8	1833
	亚硫酰氯	8	1836
	亚氯酸钙	5.1	1453
	亚氯酸钠	5.1	1496
	亚氯酸盐溶液	8	1908
	亚砷酸钾	6.1	1678
	亚砷酸钠水溶液	6.1	1686
	亚砷酸铅	6.1	1618
	亚砷酸锶	6.1	1691
	亚砷酸铁	6.1	1607
	亚砷酸铜	6.1	1586
	亚砷酸银	6.1	1683
	亚硝酸丁酯	3	2351
	亚硝酸二环己铵	4.1	2687
	亚硝酸甲酯	2.2	2455
	亚硝酸钾	5.1	1488
	亚硝酸钠	5.1	1500
	亚硝酸镍	5.1	2726
	亚硝酸戊酯	3	1113
	亚硝酸锌铵	5.1	1512

续上表

	名称和说明	类别或项别	联合国编号
Y	亚硝酸乙酯溶液	3	1194
	亚异丙基丙酮	3	1229
	烟火	1.1G	0333
	烟火	1.2G	0334
	烟火	1.3G	0335
	烟火	1.4G	0336
	烟火	1.4S	0337
	烟碱	6.1	1654
	烟幕弹,非爆炸性,含腐蚀性液体,不带引爆装置	8	2028
	盐酸苯胺	6.1	1548
	盐酸盐对氯邻甲苯胺,固态	6.1	1579
	盐酸盐对氯邻甲苯胺溶液	6.1	3410
	羊毛废料,湿的	4.2	1387
	氧化钡	6.1	1884
	氧化丙烯	3	1280
	氧化钙	8	1910
	氧化汞	6.1	1641
	氧化钾	8	2033
	氧化钠	8	1825
	氧化三-(1-氮丙啶基)膦溶液	6.1	2501
	氧化性固体,毒性,未另作规定的	5.1	3087
	氧化性固体,腐蚀性,未另作规定的	5.1	3085

续上表

	名称和说明	类别或项别	联合国编号
Y	氧化性固体,未另作规定的	5.1	1479
	氧化性固体,易燃,未另作规定的	5.1	3137
	氧化性固体,遇水反应,未另作规定的	5.1	3121
	氧化性固体,自热性,未另作规定的	5.1	3100
	氧化性液体,毒性,未另作规定的	5.1	3099
	氧化性液体,腐蚀性,未另作规定的	5.1	3098
	氧化性液体,未另作规定的	5.1	3139
	氧化亚氮	2.2	1070
	药物,固态,毒性,未另作规定的	6.1	3249
	药物,液态,毒性,未另作规定的	6.1	1851
	药物,液态,易燃,毒性,未另作规定的	3	3248
	药用酊剂	3	1293
	椰肉干	4.2	1363
	页岩油	3	1288
	液化气体,毒性,未另作规定的	2.3	3162
	液化气体,毒性,氧化性,未另作规定的	2.3	3307
	液化气体,毒性,易燃,未另作规定的	2.3	3160
	液化气体,非易燃,充有氮、二氧化碳或空气	2.2	1058
	液化气体,未另作规定的	2.2	3163
	液化气体,氧化性,未另作规定的	2.2	3157
	液化石油气	2.1	1075
	液化烃类气体混合物,未另作规定的	2.1	1965

续上表

	名称和说明	类别或项别	联合国编号
Y	液态B型有机过氧化物	5.2	3101
	液态B型有机过氧化物,控制温度的	5.2	3111
	液态C型有机过氧化物	5.2	3103
	液态C型有机过氧化物,控制温度的	5.2	3113
	液态D型有机过氧化物	5.2	3105
	液态D型有机过氧化物,控制温度的	5.2	3115
	液态E型有机过氧化物	5.2	3107
	液态E型有机过氧化物,控制温度的	5.2	3117
	液态F型有机过氧化物	5.2	3109
	液态F型有机过氧化物,控制温度的	5.2	3119
	液态*N*-乙苄基甲苯胺	6.1	2753
	液态氨基甲酸酯农药,毒性	6.1	2992
	液态氨基甲酸酯农药,毒性,易燃,闪点不低于23℃	6.1	2991
	液态氨基甲酸酯农药,易燃,毒性,闪点低于23℃	3	2758
	液态胺,腐蚀性,未另作规定的或液态聚胺,腐蚀性,未另作规定的	8	2735
	液态胺,腐蚀性,易燃,未另作规定的或液态聚胺,腐蚀性,易燃,未另作规定的	8	2734
	液态苯酚磺酸	8	1803
	液态苯基乙腈	6.1	2470
	液态苯氧基乙酸衍生物农药,毒性	6.1	3348
	液态苯氧基乙酸衍生物农药,毒性,易燃,闪点不低于23℃	6.1	3347

续上表

	名称和说明	类别或项别	联合国编号
Y	液态苯氧基乙酸衍生物农药,易燃,毒性,闪点低于23℃	3	3346
	液态催泪性毒气物质,未另作规定的	6.1	1693
	液态萃取调味剂	3	1197
	液态萃取香料	3	1169
	液态毒素,从生物体提取的,未另作规定的	6.1	3172
	液态多卤联苯或液态多卤三联苯	9	3151
	液态二苯氯胂	6.1	1699
	液态二甲苯酚	6.1	3430
	液态二甲基苯胺	6.1	1711
	液态二氯苯胺	6.1	1590
	液态二硝基苯	6.1	1597
	液态二硝基甲苯	6.1	2038
	液态二硝基氯苯	6.1	1577
	液态汞化合物,未另作规定的	6.1	2024
	液态汞基农药,毒性	6.1	3012
	液态汞基农药,毒性,易燃,闪点不低于23℃	6.1	3011
	液态汞基农药,易燃,毒性,闪点低于23℃	3	2778
	液态含砷农药,毒性	6.1	2994
	液态含砷农药,毒性,易燃,闪点不低于23℃	6.1	2993
	液态含砷农药,易燃,毒性,闪点低于23℃	3	2760
	液态甲苯胺	6.1	1708

续上表

	名称和说明	类别或项别	联合国编号
Y	液态甲酚	6.1	2076
	液态甲基氯苯胺	6.1	3429
	液态甲基溴和二溴化乙烯混合物	6.1	1647
	液态减敏爆炸物,未另作规定的	3	3379
	液态碱金属合金,未另作规定的	4.3	1421
	液态焦油,包括筑路沥青和路油,沥青和稀释沥青	3	1999
	液态联吡啶农药,毒性	6.1	3016
	液态联吡啶农药,毒性,易燃,闪点不低于23℃	6.1	3015
	液态联吡啶农药,易燃,毒性,闪点低于23℃	3	2782
	液态硫醇,毒性,易燃,未另作规定的,或液态硫醇混合物,毒性,易燃,未另作规定的	6.1	3071
	液态硫醇,易燃,毒性,未另作规定的,或液态硫醇混合物,易燃,毒性,未另作规定的	3	1228
	液态硫醇,易燃,未另作规定的,或液态硫醇混合物,易燃,未另作规定的	3	3336
	液态硫代氨基甲酸酯农药,毒性	6.1	3006
	液态硫代氨基甲酸酯农药,毒性,易燃,闪点不低于23℃	6.1	3005
	液态硫代氨基甲酸酯农药,易燃,毒性,闪点低于23℃	3	2772
	液态氯苯胺	6.1	2019
	液态氯苯酚	6.1	2021

续上表

	名称和说明	类别或项别	联合国编号
Y	液态氯苯酚盐或液态苯酚盐	8	2904
	液态氯乙酰苯	6.1	3416
	液态木材防腐剂	3	1306
	液态拟除虫菊酯农药,毒性	6.1	3352
	液态拟除虫菊酯农药,毒性,易燃,闪点不低于23℃	6.1	3351
	液态拟除虫菊酯农药,易燃,毒性,闪点低于23℃	3	3350
	液态农药,毒性,未另作规定的	6.1	2902
	液态农药,毒性,易燃,未另作规定的,闪点不低于23℃	6.1	2903
	液态农药,易燃,毒性,未另作规定的,闪点不低于23℃	3	3021
	液态气体,易燃,未另作规定的	2.1	3161
	液态取代硝基苯酚农药,毒性,易燃,闪点不低于23℃	6.1	3013
	液态取代硝基苯酚农药,毒性	6.1	3014
	液态取代硝基苯酚农药,易燃,毒性,闪点低于23℃	3	2780
	液态染料,毒性,未另作规定的,或液态染料中间产品,毒性,未另作规定的	6.1	1602
	液态染料,腐蚀性,未另作规定的,或液态染料中间产品,腐蚀性,未另作规定的	8	2801
	液态三氯苯	6.1	2321
	液态三嗪农药,毒性	6.1	2998

续上表

	名称和说明	类别或项别	联合国编号
Y	液态三嗪农药,毒性,易燃,闪点不低于23℃	6.1	2997
	液态三嗪农药,易燃,毒性,闪点低于23℃	3	2764
	液态砷化合物,未另作规定的,无机物,包括:砷酸盐,未另作规定的;亚砷酸盐,未另作规定的;硫化砷,未另作规定的	6.1	1556
	液态砷酸	6.1	1553
	液态生物碱,未另作规定的或液态生物碱盐类,未另作规定的	6.1	3140
	液态烃类,未另作规定的	3	3295
	液态铜基农药,毒性	6.1	3010
	液态铜基农药,毒性,易燃,闪点不低于23℃	6.1	3009
	液态铜基农药,易燃,毒性,闪点低于23℃	3	2776
	液态酮类,未另作规定的	3	1224
	液态推进剂	1.3C	0495
	液态推进剂	1.1C	0497
	液态烷基苯酚,未另作规定的(包括 C_2 ~ C_{12} 的同系物)	8	3145
	液态烷基磺酸或液态芳基磺酸,含游离硫酸不超过5%	8	2586
	液态烷基磺酸或液态芳基磺酸,含游离硫酸高于5%	8	2584
	液态无机锑化合物,未另作规定的	6.1	3141
	液态五氯化锑	8	1730

续上表

	名称和说明	类别或项别	联合国编号
Y	液态硒化合物,未另作规定的	6.1	3440
	液态香豆素衍生物农药,毒性	6.1	3026
	液态香豆素衍生物农药,毒性,易燃,闪点不低于23℃	6.1	3025
	液态香豆素衍生物农药,易燃,毒性,闪点不低于23℃	3	3024
	液态消毒剂,毒性,未另作规定的	6.1	3142
	液态消毒剂,腐蚀性,未另作规定的	8	1903
	液态硝化甘油混合物,减敏的,未另作规定的,按质量含硝化甘油不超过30%	3	3357
	液态硝化甘油混合物,减敏的,易燃,未另作规定的,按质量含硝化甘油不超过30%	3	3343
	液态硝基苯溴	6.1	2732
	液态硝基二甲苯	6.1	1665
	液态硝基茴香醚	6.1	2730
	液态硝基甲苯	6.1	1664
	液态硝基甲苯酚	6.1	3434
	液态硝基氯苯	6.1	3409
	液态硝基氯甲苯	6.1	2433
	液态硝酸铵(热浓溶液)	5.1	2426
	液态溴苄基氰	6.1	1694
	液态亚硝基硫酸	8	2308

续上表

	名称和说明	类别或项别	联合国编号
Y	液态烟碱化合物，未另作规定的或液态烟碱制剂，未另作规定的	6.1	3144
	液态盐酸烟碱或盐酸烟碱溶液	6.1	1656
	液态有机金属物质，发火	4.2	3392
	液态有机金属物质，发火，遇水反应	4.2	3394
	液态有机金属物质，遇水反应	4.3	3398
	液态有机金属物质，遇水反应，易燃	4.3	3399
	液态有机磷农药，毒性	6.1	3018
	液态有机磷农药，毒性，易燃，闪点不低于23℃	6.1	3017
	液态有机磷农药，易燃，毒性，闪点低于23℃	3	2784
	液态有机氯农药，毒性	6.1	2996
	液态有机氯农药，毒性，易燃，闪点不低于23℃	6.1	2995
	液态有机氯农药，易燃，毒性，闪点低于23℃	3	2762
	液态有机锡化合物，未另作规定的	6.1	2788
	液态有机锡农药，毒性	6.1	3020
	液态有机锡农药，毒性，易燃，闪点不低于23℃	6.1	3019
	液态有机锡农药，易燃，毒性，闪点低于23℃	3	2787
	液体气体，毒性，腐蚀性，未另作规定的	2.3	3308
	液体气体，毒性，氧化性，腐蚀性，未另作规定的	2.3	3310
	液体气体，毒性，易燃，未另作规定的	2.3	3309
	液体燃料火箭，带有爆炸装药	1.1J	0397
	液体燃料火箭，带有爆炸装药	1.2J	0398

续上表

	名称和说明	类别或项别	联合国编号
Y	液体燃料火箭发动机	1.2J	0395
	液体燃料火箭发动机	1.3J	0396
	液体燃料鱼雷，带惰性弹头	1.3J	0450
	液体燃料鱼雷，带有或不带爆炸装药	1.1J	0449
	一氯化碘	8	1792
	一硝基甲苯胺	6.1	2660
	一氧化氮和四氧化二氮混合物（一氧化氮和二氧化氮混合物）	2.3	1975
	医院诊所废弃物，未具体说明的，未另作规定的，或（生物）医学废弃物，未另作规定的，或管制的医学废弃物，未另作规定的	6.2	3291
	乙胺	2.1	1036
	乙胺水溶液，乙胺含量不低于50%，但不超过70%	3	2270
	乙苯	3	1175
	乙撑亚胺，稳定的	6.1	1185
	乙醇（酒精）或乙醇溶液（酒精溶液）	3	1170
	乙醇胺或乙醇胺溶液	8	2491
	乙醇和汽油混合物，乙醇含量高于10%	3	3475
	乙醇饮料，按体积含乙醇不低于24%，但不超过70%	3	3065
	乙醇饮料，按体积含乙醇高于70%	3	3065
	乙二醇二乙醚	3	1153

续上表

	名称和说明	类别或项别	联合国编号
Y	乙二醇—甲醚	3	1188
	乙二醇—乙醚	3	1171
	乙基苯基二氯硅烷	8	2435
	乙基丙基醚(乙丙醚)	3	2615
	乙基丁基醚	3	1179
	乙基二氯硅烷	4.3	1183
	乙基二氯胂	6.1	1892
	乙基氟(制冷气体 R 161)	2.1	2453
	乙基甲基酮(甲乙酮)	3	1193
	乙基氯	2.1	1037
	乙基三氯硅烷	3	1196
	乙基戊基酮(乙戊酮)	3	2271
	乙基溴	6.1	1891
	乙基乙炔,稳定的	2.1	2452
	乙腈	3	1648
	乙硫醇	3	2363
	乙硼烷	2.3	1911
	乙醛	3	1089
	乙醛合氨	9	1841
	乙醛肟	3	2332
	乙炔,无溶剂	2.1	3374
	乙酸-2-乙基丁酯	3	1177

续上表

	名称和说明	类别或项别	联合国编号
Y	乙酸苯汞	6.1	1674
	乙酸丁酯	3	1123
	乙酸酐	8	1715
	乙酸汞(醋酸汞)	6.1	1629
	乙酸环己酯	3	2243
	乙酸甲基戊酯	3	1233
	乙酸甲酯	3	1231
	乙酸溶液,按质量含酸不低于10%,但不超过50%	8	2790
	乙酸溶液,按质量含酸不低于50%,但不超过80%	8	2790
	乙酸戊酯	3	1104
	乙酸烯丙酯	3	2333
	乙酸乙醇—甲醚酯	3	1189
	乙酸乙二醇—乙醚酯	3	1172
	乙酸乙烯酯,稳定的	3	1301
	乙酸乙酯	3	1173
	乙酸异丙烯酯	3	2403
	乙酸异丙酯	3	1220
	乙酸异丁酯	3	1213
	乙酸正丙酯	3	1276
	乙缩醛	3	1088
	乙烷	2.1	1035
	乙烯	2.1	1962

续上表

	名称和说明	类别或项别	联合国编号
Y	乙烯叉二氯,稳定的	3	1303
	乙烯基吡啶,稳定的	6.1	3073
	乙烯基丁基醚,稳定的	3	2352
	乙烯基氟,稳定的	2.1	1860
	乙烯基甲苯,稳定的	3	2618
	乙烯基甲基醚,稳定的	2.1	1087
	乙烯基氯,稳定的	2.1	1086
	乙烯基三氯硅烷	3	1305
	乙烯基溴,稳定的	2.1	1085
	乙烯基乙基醚,稳定的	3	1302
	乙烯基异丁基醚,稳定的	3	1304
	乙酰碘	8	1898
	乙酰甲基甲醇	3	2621
	乙酰氯	3	1717
	乙酰溴	8	1716
	乙酰亚砷酸铜	6.1	1585
	以烃类气体作能源的小型装置或小型装置的烃类气体充气罐,带有释放装置	2.1	3150
	异丙胺	3	1221
	异丙醇	3	1219
	异丙基苯	3	1918
	异丙烯基苯	3	2303

续上表

	名称和说明	类别或项别	联合国编号
Y	异丁胺	3	1214
	异丁醇	3	1212
	异丁腈	3	2284
	异丁醛	3	2045
	异丁酸	3	2529
	异丁酸乙酯	3	2385
	异丁酸异丙酯	3	2406
	异丁酸异丁酯	3	2528
	异丁烷	2.1	1969
	异丁烯	2.1	1055
	异丁酰氯	3	2395
	异佛尔酮二胺	8	2289
	异庚烯	3	2287
	异己烯	3	2288
	异硫氰酸甲酯	6.1	2477
•	异硫氰酸烯丙酯,稳定的	6.1	1545
	异氰酸3-氯-4-甲基苯酯,液态	6.1	2236
	异氰酸苯酯	6.1	2487
	异氰酸二氯苯酯	6.1	2250
	异氰酸环己酯	6.1	2488
	异氰酸甲氧基甲酯	6.1	2605
	异氰酸甲酯	6.1	2480

续上表

	名称和说明	类别或项别	联合国编号
Y	异氰酸三氟甲基苯酯	6.1	2285
	异氰酸叔丁酯	6.1	2484
	异氰酸盐(酯),毒性,未另作规定的,或异氰酸盐(酯)溶液,毒性,未另作规定的	6.1	2206
	异氰酸乙酯	6.1	2481
	异氰酸异丙酯	6.1	2483
	异氰酸异丁酯	6.1	2486
	异氰酸正丙酯	6.1	2482
	异氰酸正丁酯	6.1	2485
	异氰酸酯,毒性,易燃,未另作规定的,或异氰酸酯溶液,毒性,易燃,未另作规定的	6.1	3080
	异氰酸酯,易燃,毒性,未另作规定的或异氰酸酯溶液,易燃,毒性,未另作规定的	3	2478
	异山梨醇-5-一硝酸酯	4.1	3251
	异山梨醇二硝酸酯混合物,含有不低于60%的乳糖、甘露糖、淀粉或磷酸氢钙	4.1	2907
	异戊二烯,稳定的	3	1218
	异戊酸甲酯	3	2400
	异戊烯	3	2371
	异辛烯	3	1216
	易燃固体,氧化性,未另作规定的	4.1	3097
	易燃液体,毒性,腐蚀性,未另作规定的	3	3286

续上表

	名称和说明	类别或项别	联合国编号
Y	易燃液体,毒性,未另作规定的	3	1992
	易燃液体,腐蚀性,未另作规定的	3	2924
	易燃液体,未另作规定的	3	1993
	引信点火器	1.4S	0131
	印刷油墨,易燃,或印刷油墨相关材料(包括印刷油墨稀释剂或还原剂),易燃	3	1210
	油井用弹药筒	1.3C	0277
	油井用弹药筒	1.4C	0278
	油酸汞	6.1	1640
	有机毒性固体,腐蚀性,未另作规定的	6.1	2928
	有机毒性固体,未另作规定的	6.1	2811
	有机毒性固体,易燃,未另作规定的	6.1	2930
	有机毒性液体,腐蚀性,未另作规定的	6.1	2927
	有机毒性液体,未另作规定的	6.1	2810
	有机毒性液体,易燃,未另作规定的	6.1	2929
	有机发火固体,未另作规定的	4.2	2846
	有机发火液体,未另作规定的	4.2	2845
	有机化合物的金属盐,易燃,未另作规定的	4.1	3181
	有机碱性腐蚀性固体,未另作规定的	8	3263
	有机碱性腐蚀性液体,未另作规定的	8	3267
	有机金属化合物,毒性,液体,未另作规定的	6.1	3282
	有机磷化合物,毒性,液态,未另作规定的	6.1	3278

续上表

	名称和说明	类别或项别	联合国编号
Y	有机磷化合物,毒性,易燃,未另作规定的	6.1	3279
	有机熔融易燃固体,未另作规定的	4.1	3176
	有机砷化合物,液态,未另作规定的	6.1	3280
	有机酸性腐蚀性固体,未另作规定的	8	3261
	有机酸性腐蚀性液体,未另作规定的	8	3265
	有机颜料,自热性	4.2	3313
	有机易燃固体,毒性,未另作规定的	4.1	2926
	有机易燃固体,腐蚀性,未另作规定的	4.1	2925
	有机易燃固体,未另作规定的	4.1	1325
	有机自然固体,未另作规定的	4.2	3088
	有机自热的液体,毒性,未另作规定的	4.2	3184
	有机自热固体,毒性,未另作规定的	4.2	3128
	有机自热固体,腐蚀性,未另作规定的	4.2	3126
	有机自热液体,腐蚀性,未另作规定的	4.2	3185
	有机自热液体,未另作规定的	4.2	3183
	淤渣硫酸	8	1906
	鱼粉(鱼屑),未加稳定剂的	4.2	1374
	鱼粉(鱼屑),稳定的	9	2216
	鱼雷,带有爆炸装药	1.1E	0329
	鱼雷,带有爆炸装药	1.1F	0330
	鱼雷,带有爆炸装药	1.1D	0451
	鱼雷弹头,带有爆炸装药	1.1D	0221

续上表

	名称和说明	类别或项别	联合国编号
Y	遇水反应固体,毒性,未另作规定的	4.3	3134
	遇水反应固体,腐蚀性,未另作规定的	4.3	3131
	遇水反应固体,未另作规定的	4.3	2813
	遇水反应固体,氧化性,未另作规定的	4.3	3133
	遇水反应固体,易燃,未另作规定的	4.3	3132
	遇水反应固体,自热性,未另作规定的	4.3	3135
	遇水反应液体,毒性,未另作规定的	4.3	3130
	遇水反应液体,腐蚀性,未另作规定的	4.3	3129
	遇水反应液体,未另作规定的	4.3	3148
	遇险求救信号器,船舶用	1.1G	0194
	遇险求救信号器,船舶用	1.3G	0195
	遇险求救信号器,船舶用	1.4G	0505
	遇险求救信号器,船舶用	1.4S	0506
	原硅酸甲酯	6.1	2606
	原甲酸乙酯	3	2524
	原钛酸四丙酯	3	2413
Z	杂醇油	3	1201
	在装置中的氢硼化铝	4.2	2870
	增塑硝化纤维素,按质量含有不低于18%的增塑剂	1.3C	0343
	炸弹,带有爆炸装药	1.1F	0033
	炸弹,带有爆炸装药	1.1D	0034
	炸弹,带有爆炸装药	1.2D	0035

续上表

	名称和说明	类别或项别	联合国编号
Z	炸弹,带有爆炸装药	1.2F	0291
	樟脑,合成的	4.1	2717
	樟脑油	3	1130
	照明弹药,带有或不带起爆装置、发射剂或推进剂	1.2G	0171
	照明弹药,带有或不带起爆装置、发射剂或推进剂	1.3G	0254
	照明弹药,带有或不带起爆装置、发射剂或推进剂	1.4G	0297
	锗烷	2.3	2192
	正丙苯	3	2364
	正丙醇	3	1274
	正丁胺	3	1125
	正庚醛	3	3056
	正庚烯	3	2278
	正癸烷	3	2247
	正戊基甲基酮	3	1110
	织物废料,湿的	4.2	1857
	植物纤维,干的	4.1	3360
	酯类,未另作规定的	3	3272
	制冷机,含非易燃、无毒气体或氨溶液(UN 2672)	2.2	2857
	制冷机,装有易燃无毒液化气体	2.1	3358

续上表

	名称和说明	类别或项别	联合国编号
Z	制冷气体,未另作规定的	2.2	1078
	制冷气体 R404A	2.2	3337
	制冷气体 R407A	2.2	3338
	制冷气体 R407B	2.2	3339
	制冷气体 R407C	2.2	3340
	种子油饼,含油不超过1.5%,含水不超过11%	4.2	2217
	种子油饼,含油超过1.5%,含水不超过11%	4.2	1386
	仲甲醛	4.1	2213
	仲乙醛(三聚乙醛)	3	1264
	重铬酸铵	5.1	1439
	助爆管,不带雷管	1.1D	0042
	助爆管,不带雷管	1.2D	0283
	专用烟火制品	1.1G	0428
	专用烟火制品	1.2G	0429
	专用烟火制品	1.3G	0430
	专用烟火制品	1.4G	0431
	专用烟火制品	1.4S	0432
	装气体的小型贮器(蓄气筒),没有释放装置,不能再充气的	2	2037

续上表

	名称和说明	类别或项别	联合国编号
Z	装药的喷射式钻孔枪,油井用,不带雷管	1.1D	0124
	装药喷射式钻孔枪,油井用,不带雷管	1.4D	0494
	装有易燃液体的炸弹,带有爆炸装药	1.1J	0399
	装有易燃液体的炸弹,带有爆炸装药	1.2J	0400
	装在设备中的锂电池组或同设备包装在一起的锂电池组(包括锂合金电池组)	9	3091
	装在设备中的锂离子电池组或同设备包装在一起的锂离子电池组(包括聚合物锂离子电池组)	9	3481
	自热固体,氧化性,未另作规定的	4.2	3127
	自热金属粉,未另作规定的	4.2	3189

第二章　实用危险货物品名表

实用危险货物品名表

联合国编号	名称和说明	公路运输别名	铁路运输别名	中国编号	类别或项别	包装类别	特殊规定	有限数量	例外数量	对应安全卡页码
0004	苦味酸铵,干的,或湿的,按质量含水低于10%		2,4,6-三硝基苯酚铵	11059	1.1D					1
0005	武器弹药筒,带有爆炸装药			11113	1.1F					
0006	武器弹药筒,带有爆炸装药			11112	1.1E					
0007	武器弹药筒,带有爆炸装药			12022	1.2F					
0009	燃烧弹药,带有或不带起爆装置、发射剂或推进剂			12026	1.2G					
0010	燃烧弹药,带有或不带起爆装置、发射剂或推进剂			13031	1.3G					
0012	武器弹药筒,带惰性射弹或轻武器弹药筒			14025	1.4S					
0014	武器弹药筒,无弹头或轻武器弹药筒,无弹头			14026	1.4S					
0015	发烟弹药,带有或不带起爆装置、发射剂或推进剂			12030	1.2G		204			
0016	发烟弹药,带有或不带起爆装置、发射剂或推进剂			13037	1.3G		204			

续上表

联合国编号	名称和说明	公路运输别名	铁路运输别名	中国编号	类别或项别	包装类别	特殊规定	有限数量	例外数量	对应安全卡页码
0018	催泪弹药,带有起爆装置、发射剂或推进剂			12031	1.2G					
0019	催泪弹药,带有起爆装置、发射剂或推进剂			13038	1.3G					
0020	毒性弹药,带有起爆装置、发射剂或推进剂			12032	1.2K		274			
0021	毒性弹药,带有起爆装置、发射剂或推进剂			13039	1.3K		274			
0027	黑火药(火药),颗粒状或粉状		黑药	11096	1.1D					
0028	压缩黑火药(火药)或丸状黑火药(火药)		黑火药包,黑火药丸	11097	1.1D					
0029	非电引爆雷管,爆破用	工程非电雷管	爆破用非电引爆雷管	11002	1.1B					
0030	电引爆雷管,爆破用	工程电雷管	爆破用电引爆雷管	11001	1.1B					
0033	炸弹,带有爆炸装药		炸弹(装有炸药的)	11109	1.1F					
0034	炸弹,带有爆炸装药		炸弹(装有炸药的)	11109	1.1D					
0035	炸弹,带有爆炸装药			12020	1.2D					
0037	摄影闪光弹			11117	1.1F					
0038	摄影闪光弹			11117	1.1D					
0039	摄影闪光弹			12033	1.2G					
0042	助爆管,不带雷管		传爆管	11006	1.1D					

续上表

联合国编号	名称和说明	公路运输别名	铁路运输别名	中国编号	类别或项别	包装类别	特殊规定	有限数量	例外数量	对应安全卡页码
0043	起爆装置,爆炸性		爆炸管	11009	1.1D					
0044	帽型起爆器		火帽	14012	1.4S					
0048	爆破炸药		爆破用装药	11089	1.1D					
0049	闪光弹药筒		闪光弹药	11103	1.1G					
0050	闪光弹药筒			13040	1.3G					
0054	信号弹药筒		信号弹药	13035	1.3G					
0055	空弹药筒壳,带有起爆器		空药筒(带底火的)	14039	1.4S					
0056	深水炸药			11111	1.1D					
0059	聚能装药,不带雷管	空心装药	锥孔装药	11088	1.1D					
0060	补助性爆炸装药		辅助爆炸装药	11086	1.1D					
0065	导爆索,软的			11008	1.1D					
0066	点燃导火索	二乙二醇二硝酸酯	二乙二醇二硝酸酯	14007	1.4G					
0070	爆炸式电缆切割器			14051	1.4S					
0072	环三亚甲基三硝胺(旋风炸药,黑索金,RDX),湿的,按质量含水不低于15%	二硝基(苯)酚碱金属盐	二硝基(苯)酚碱金属盐	11041	1.1D		266			2
0073	弹药用雷管			11003	1.1B					
0074	二硝基重氮苯酚,湿的,按质量含水或乙醇和水的混合物不低于40%	二苦基胺	二苦基胺	11021	1.1A		266			3

续上表

联合国编号	名称和说明	公路运输别名	铁路运输别名	中国编号	类别或项别	包装类别	特殊规定	有限数量	例外数量	对应安全卡页码
0075	二甘醇二硝酸酯，减敏的，按质量含有不低于25%不挥发、不溶于水的减敏剂		二乙二醇二硝酸酯	11078	1.1D		266			4
0076	二硝基苯酚，干的，或湿的，按质量含水低于15%			11052	1.1D					5
0077	二硝基苯酚的碱金属盐，干的，或湿的，按质量含水低于15%		二硝基(苯)酚碱金属盐	13010	1.3C					
0078	二硝基间苯二酚，干的，或湿的，按质量含水低于15%			11053	1.1D					
0079	六硝基二苯胺(二苦胺；六硝炸药)		二苦基胺	11073	1.1D					6
0081	A型爆破炸药		A型爆破用炸药	11091	1.1D					
0082	B型爆破炸药		B型爆破用炸药	11092	1.1D					
0083	C型爆破炸药		C型爆破用炸药	11093	1.1D		267			
0084	D型爆破炸药		D型爆破用炸药	11094	1.1D					
0092	地面照明弹			13043	1.3G					
0093	空投照明弹		环三次甲基三硝胺与三硝基甲苯混合物	13044	1.3G					
0094	闪光粉		点火管	11102	1.1G					
0099	爆炸式压裂装置，不带雷管，油井用		油井用射孔枪	11129	1.1D					

续上表

联合国编号	名称和说明	公路运输别名	铁路运输别名	中国编号	类别或项别	包装类别	特殊规定	有限数量	例外数量	对应安全卡页码
0101	非起爆导火索		速燃导火索	13001	1.3G					
0102	导爆索(信管),包金属的		导爆索(外包金属的)	12004	1.2D					
0103	点火管,包金属的		点火索(金属管外壳的)	14008	1.4G					
0104	弱效应导爆索(信管),包金属的		导爆索(外包金属的,柔性的)	14005	1.4D					
0105	安全导火索			14009	1.4S					
0106	起爆引信			11012	1.1B					
0107	起爆引信			12006	1.2B					
0110	练习用手榴弹或枪榴弹			14036	1.4S					
0113	脒基亚硝氨亚脒基肼,湿的,按质量含水不低于30%			11023	1.1A		266			
0114	脒基亚硝氨脒基四氮烯(四氮烯),湿的,按质量含水或乙醇和水的混合物不低于30%	四氮烯;特屈拉辛		11024	1.1A		266			
0118	黑克索利特炸药(HEXOTOL),干的,或湿的,按质量含水低于15%	黑索金与梯恩梯混合炸药;黑索雷特	环三次甲基三硝胺与三硝基甲苯混合物	11042	1.1D					
0121	点火器		点火管	11011	1.1G					

续上表

联合国编号	名称和说明	公路运输别名	铁路运输别名	中国编号	类别或项别	包装类别	特殊规定	有限数量	例外数量	对应安全卡页码
0124	装药的喷射式钻孔枪，油井用，不带雷管		油井用射孔枪	11130	1.1D					
0129	叠氮化铅，湿的，按质量含水或乙醇和水的混合物不低于20%			11019	1.1A		266			
0130	收敛酸铅(三硝基间苯二酚铅)，湿的，按质量含水或乙醇和水的混合物不低于20%			11022	1.1A		266			7
0131	引信点火器		环三次甲基三硝胺与三硝基甲苯混合物	14010	1.4S					
0132	芳香族硝基衍生物的爆燃性金属盐，未另作规定的		点火管	13009	1.3C					
0133	甘露糖醇六硝酸酯(硝化甘露醇)，湿的，按质量含水或乙醇和水的混合物不低于40%	六硝基甘露醇	油井用射孔枪	11077	1.1D		266			
0135	雷酸汞，湿的，按质量含水或乙醇和水的混合物不低于20%			11025	1.1A		266			8
0136	地雷或水雷，带有爆炸装药			11121	1.1F					
0137	地雷或水雷，带有爆炸装药			11122	1.1D					
0138	地雷或水雷，带有爆炸装药		地雷(装有炸药的)	12041	1.2D					

续上表

联合国编号	名称和说明	公路运输别名	铁路运输别名	中国编号	类别或项别	包装类别	特殊规定	有限数量	例外数量	对应安全卡页码
0143	减敏硝化甘油，按质量含有不低于40%不挥发、不溶于水的减敏剂		硝化丙三醇，甘油三硝酸酯，硝化甘油	11033	1.1D		266/271			9
0144	硝化甘油乙醇溶液，含硝化甘油不低于1%，但不超过10%	硝化甘油乙醇溶液		11034	1.1D					
0146	硝化淀粉，干的，或湿的，按质量含水低于20%			11031	1.1D					10
0147	硝基脲			11028	1.1D					
0150	季戊四醇四硝酸酯（季戊炸药），湿的，按质量含水不低于25%，或季戊四醇四硝酸酯（季戊炸药）减敏的，按质量含有不低于15%的减敏剂	泰安；喷梯尔；季戊炸药		11049	1.1D		266			11
0151	喷妥炸药，干的，或湿的，按质量含水低于15%	泰安与梯恩梯混合炸药；彭托雷特	季戊四醇四硝酸酯与三硝基甲苯混合物	11050	1.1D					
0153	三硝基苯胺（苦基胺）		2,4,6－三硝基苯胺	11067	1.1D					12
0154	三硝基苯酚（苦味酸），干的，或湿的，按质量含水低于30%		2,4,6－三硝基苯酚	11057	1.1D					13
0155	三硝基氯苯（苦基氯）		2,4,6－三硝基氯（化）苯	11056	1.1D					14

续上表

联合国编号	名称和说明	公路运输别名	铁路运输别名	中国编号	类别或项别	包装类别	特殊规定	有限数量	例外数量	对应安全卡页码
0159	块状火药(糊状火药),湿的,按质量含水不低于25%	吸收药团	浆状火药	13016	1.3C		266			
0160	无烟火药			11099	1.1C					
0161	无烟火药			13017	1.3C					
0167	射弹,带有爆炸装药		弹丸(装有炸药的)	11108	1.1F					
0168	射弹,带有爆炸装药		弹丸(装有炸药的)	11108	1.1D					
0169	射弹,带有爆炸装药		弹丸(装有炸药的)	12018	1.2D					
0171	照明弹药,带有或不带起爆装置、发射剂或推进剂			12029	1.2G					
0173	爆炸式释放装置		爆炸泄压装置	14041	1.4S					
0174	爆炸式铆钉		爆炸铆钉	14052	1.4S					
0180	火箭,带有爆炸装药		火箭(装有炸药的)	11104	1.1F					
0181	火箭,带有爆炸装药		火箭(装有炸药的)	11104	1.1E					
0182	火箭,带有爆炸装药		火箭(带有炸药的)	12011	1.2E					
0183	火箭,带有惰性弹头			13022	1.3C					
0186	火箭发动机			13025	1.3C					
0190	爆炸性物质样品,引爆炸药除外						16/274			
0191	手提信号装置		手持信号器	14048	1.4C					
0192	爆炸式铁路轨道信号器		铁路轨道信号器	11132	1.1G					
0193	爆炸式铁路轨道信号器		响墩,铁路轨道信号器(爆炸性的)	14049	1.4S					

续上表

联合国编号	名称和说明	公路运输别名	铁路运输别名	中国编号	类别或项别	包装类别	特殊规定	有限数量	例外数量	对应安全卡页码
0194	遇险求救信号器，船舶用			11131	1.1G					
0195	遇险求救信号器，船舶用			13054	1.3G					
0196	发烟信号器			11133	1.1G					
0197	发烟信号器			14050	1.4G					
0204	爆炸式声测装置		二硝基邻甲（苯）酚钠	12038	1.2F					
0207	四硝基苯胺		4,6－二硝基－2－氨基苯酚钠	11068	1.1D					15
0208	三硝基苯基甲硝胺（特屈儿炸药）		4,6－二硝基－2－氨基苯酚锆	11040	1.1D					16
0209	三硝基甲苯（梯恩梯），干的，或湿的，按质量含水低于30%	空心装药		11035	1.1D					17
0212	弹药曳光剂		抛绳火箭	13049	1.3G					
0213	三硝基苯甲醚			11062	1.1D					18
0214	三硝基苯，干的，或湿的，按质量含水低于30%		E型爆破用炸药	11054	1.1D					19
0215	三硝基苯甲酸，干的，或湿的，按质量含水低于30%		炮用发射药	11064	1.1D					20
0216	三硝基间甲苯酚		白磷燃烧弹药（带有爆炸管、抛射药或发射药）	11060	1.1D					

续上表

联合国编号	名称和说明	公路运输别名	铁路运输别名	中国编号	类别或项别	包装类别	特殊规定	有限数量	例外数量	对应安全卡页码
0217	三硝基萘		二硝基邻甲(苯)酚钠	11070	1.1D					21
0218	三硝基苯乙醚		4,6-二硝基-2-氨基苯酚钠	11063	1.1D					
0219	三硝基间苯二酚(收敛酸),干的,或湿的,按质量含水或乙醇和水的混合物低于20%		4,6-二硝基-2-氨基苯酚锆	11061	1.1D					
0220	硝酸脲,干的,或湿的,按质量含水低于20%	空心装药		11029	1.1D					22
0221	鱼雷弹头,带有爆炸装药		抛绳火箭	11123	1.1D					
0222	硝酸铵,含可燃物质高于0.2%,包括以碳计算的任何有机物质,但不包括任何其他添加物质			11082	1.1D					
0224	叠氮化钡,干的,或湿的,按质量含水低于50%		E型爆破用炸药	11018	1.1A					
0225	带有雷管的助爆管		炮用发射药	11005	1.1B					
0226	环四亚甲基四硝胺(HMX,奥克托金炸药),湿的,按质量含水不低于15%		白磷燃烧弹药(带有爆炸管、抛射药或发射药)	11046	1.1D		266			23
0234	二硝基邻甲苯酚钠,干的,或湿的,按质量含水低于15%		二硝基邻甲(苯)酚钠	13006	1.3C					

续上表

联合国编号	名称和说明	公路运输别名	铁路运输别名	中国编号	类别或项别	包装类别	特殊规定	有限数量	例外数量	对应安全卡页码
0235	苦胺酸钠，干的，或湿的，按质量含水低于20%		4,6－二硝基－2－氨基苯酚钠	13011	1.3C					
0236	苦胺酸锆，干的，或湿的，按质量含水低于20%		4,6－二硝基－2－氨基苯酚锆	13012	1.3C					
0237	柔软线状聚能装药	空心装药		14043	1.4D					
0238	抛绳用火箭		抛绳火箭	12048	1.2G					
0240	抛绳用火箭			13024	1.3G					
0241	E型爆破炸药		E型爆破用炸药	11095	1.1D					
0242	火炮发射药		炮用发射药	13018	1.3C					
0243	白磷燃烧弹药，带有起爆装置、发射剂或推进剂		白磷燃烧弹药（带有爆炸管、抛射药或发射药）	12027	1.2H					
0244	白磷燃烧弹药，带有起爆装置、发射剂或推进剂			13033	1.3H					
0245	白磷发烟弹药，带有起爆装置、发射剂或推进剂			12028	1.2H					
0246	白磷发烟弹药，带有起爆装置、发射剂或推进剂			13034	1.3H					
0247	燃烧弹药，液体或胶体，带有起爆装置、发射剂或推进剂			13032	1.3J					
0248	水激活装置，带有起爆装置、发射剂或推进剂		水活化装置（带有爆炸管、抛射药或发射药）	12043	1.2L		274			

续上表

联合国编号	名称和说明	公路运输别名	铁路运输别名	中国编号	类别或项别	包装类别	特殊规定	有限数量	例外数量	对应安全卡页码
0249	水激活装置，带有起爆装置、发射剂或推进剂		水活化装置（带有爆炸管、抛射药或发射药）	13052	1.3L		274			
0250	火箭发动机，装有双组分液体燃料，带有或不带发射剂			13027	1.3L					
0254	照明弹药，带有或不带起爆装置、发射剂或推进剂			13036	1.3G					
0255	电引爆雷管，爆破用		爆破用电雷管	14001	1.4B					
0257	起爆引信			14015	1.4B					
0266	奥克托利特炸药（奥克托尔炸药），干的，或湿的，按质量含水低于15%	奥克托金与梯恩梯混合炸药，奥克雷特	奥克托尔特炸药	11047	1.1D					
0267	非电引爆雷管，爆破用		爆破用非电雷管	14002	1.4B					
0268	带有雷管的助爆器		传爆管（带有雷管的）	12002	1.2B					
0271	推进剂	双基推进剂		11100	1.1C					
0272	推进剂			13020	1.3C					
0275	动力装置用弹药筒		动力装置用药包	13019	1.3C					
0276	动力装置用弹药筒		动力装置用药包	14037	1.4C					
0277	油井用弹药筒		油井用药包	13053	1.3C					
0278	油井用弹药筒		油井用药包	14042	1.4C					
0279	火炮发射药		炮用发射药	11098	1.1C					
0280	火箭发动机			11105	1.1C					

续上表

联合国编号	名称和说明	公路运输别名	铁路运输别名	中国编号	类别或项别	包装类别	特殊规定	有限数量	例外数量	对应安全卡页码
0281	火箭发动机			12013	1.2C					
0282	硝基胍(橄苦岩),干的,或湿的,按质量含水低于20%			11027	1.1D					24
0283	助爆管,不带雷管		传爆管(不带有雷管的)	12003	1.2D					
0284	手榴弹或枪榴弹,带有爆炸装药			11120	1.1D					
0285	手榴弹或枪榴弹,带有爆炸装药			12040	1.2D					
0286	火箭弹头,带有爆炸装药		火箭弹头(装有炸药的)	11106	1.1D					
0287	火箭弹头,带有爆炸装药		火箭弹头(装有炸药的)	12017	1.2D					
0288	柔软线状聚能装药	空心装药	锥孔装药	11087	1.1D					
0289	导爆索,软的		导爆索(柔性的)	14006	1.4D					
0290	导爆索(信管),包金属的			11007	1.1D					
0291	炸弹,带有爆炸装药		炸弹(装有炸药的)	1020	1.2F					
0292	手榴弹或枪榴弹,带有爆炸装药			11120	1.1F					
0293	手榴弹或枪榴弹,带有爆炸装药			12040	1.2F					

续上表

联合国编号	名称和说明	公路运输别名	铁路运输别名	中国编号	类别或项别	包装类别	特殊规定	有限数量	例外数量	对应安全卡页码
0294	地雷或水雷,带有爆炸装药		地雷(装有炸药的)	12041	1.2F					
0295	火箭,带有爆炸装药		火箭(带有炸药的)	12011	1.2F					
0296	爆炸式声测装置			11117	1.1F					
0297	照明弹药,带有或不带起爆装置、发射剂或推进剂			14032	1.4G					
0299	摄影闪光弹			13041	1.3G					
0300	燃烧弹药,带有或不带起爆装置、发射剂或推进剂			14030	1.4G					
0301	催泪弹药,带有起爆装置、发射剂或推进剂			14034	1.4G					
0303	发烟弹药,带有或不带起爆装置、发射剂或推进剂			14033	1.4G		204			
0305	闪光粉			13042	1.3G					
0306	弹药曳光剂		弹药用曳光剂	14040	1.4G					
0312	信号弹药筒		信号弹药	14031	1.4G					
0313	发烟信号器		烟雾信号器	12049	1.2G					
0314	点火器		点火管	12005	1.2G					
0315	点火器		点火管	13003	1.3G					
0316	点火引信			13004	1.3G					
0317	点火引信			14014	1.4G					
0318	练习用手榴弹或枪榴弹			13047	1.3G					

续上表

联合国编号	名称和说明	公路运输别名	铁路运输别名	中国编号	类别或项别	包装类别	特殊规定	有限数量	例外数量	对应安全卡页码
0319	管状起爆器		管状点火药盒	13002	1.3G					
0320	管状起爆器		管状点火药盒	14013	1.4G					
0321	武器弹药筒,带有爆炸装药		武器用弹药(装有炸药和发射药或推进剂)	12023	1.2E					
0322	火箭发动机,装有双组分液体燃料,带有或不带发射剂			12014	1.2L					
0323	动力装置用弹药筒		动力装置用药包	14037	1.4S		347			
0324	射弹,带有爆炸装药		弹丸(装有炸药的)	12018	1.2F					
0325	点火器		点火管	14011	1.4G					
0326	武器弹药筒,无弹头		武器用弹药(空包弹)	11114	1.1C					
0327	武器弹药筒,无弹头或轻武器弹药筒,无弹头		武器用弹药(空包弹,小型的)	13029	1.3C					
0328	武器弹药筒,带惰性射弹		武器用弹药(带有惰性弹丸的,小型的)	12024	1.2C					
0329	鱼雷,带有爆炸装药			11122	1.1E					
0330	鱼雷,带有爆炸装药			11122	1.1F					
0331	B 型爆破炸药(B 型爆炸剂)			15001	1.5D					
0332	E 型爆破炸药(E 型爆炸剂)			15002	1.5D					
0333	烟火			11135	1.1G					
0334	烟火			12052	1.2G					

续上表

联合国编号	名称和说明	公路运输别名	铁路运输别名	中国编号	类别或项别	包装类别	特殊规定	有限数量	例外数量	对应安全卡页码
0335	烟火	焰火		13056	1.3G					
0336	烟火			14055	1.4G					
0337	烟火			14055	1.4S					
0338	武器弹药筒,无弹头或轻武器弹药筒,无弹头			14027	1.4C					
0339	武器弹药筒,带惰性射弹或轻武器弹药筒			14028	1.4C					
0340	硝化纤维素,干的,或湿的,按质量含水(或乙醇)低于25%	硝化棉		11032	1.1D					25
0341	硝化纤维素,未改型的,或增塑的,按质量含有低于18%的增塑剂	硝化棉		11032	1.1D					
0342	硝化纤维素,湿的,按质量含有不少于25%的乙醇		硝化纤维素	13014	1.3C		105			
0343	增塑硝化纤维素,按质量含有不低于18%的增塑剂		硝化纤维素	13015	1.3C		105			
0344	射弹,带有爆炸装药		弹丸(装有炸药的)	14019	1.4D					
0345	射弹,惰性带曳光剂		惰性弹丸(带有曳光管的)	14021	1.4S					
0346	射弹,带起爆装置或发射剂		弹丸(带有爆炸管或抛射药的)	12019	1.2D					

续上表

联合国编号	名称和说明	公路运输别名	铁路运输别名	中国编号	类别或项别	包装类别	特殊规定	有限数量	例外数量	对应安全卡页码
0347	射弹,带起爆装置或发射剂		弹丸(带有爆炸管或发射药的)	14020	1.4D					
0348	武器弹药筒,带爆炸装药		武器用弹药(装有炸药的)	14029	1.4F					
0349	爆炸性物品,未另作规定的			14057	1.4S		178/274			
0350	爆炸性物品,未另作规定的			14057	1.4B		178/274			
0351	爆炸性物品,未另作规定的			14057	1.4C		178/274			
0352	爆炸性物品,未另作规定的			14057	1.4D		178/274			
0353	爆炸性物品,未另作规定的			14057	1.4G		178/274			
0354	爆炸性物品,未另作规定的			11137	1.1L		178/274			
0355	爆炸性物品,未另作规定的			12054	1.2L		178/274			
0356	爆炸性物品,未另作规定的			13058	1.3L		178/274			
0357	爆炸性物质,未另作规定的			11136	1.1L		178/274			
0358	爆炸性物质,未另作规定的			12055	1.2L		178/274			
0359	爆炸性物质,未另作规定的			13057	1.3L		178/274			
0360	非电引爆雷管组件,爆破用			11004	1.1B					
0361	非电引爆雷管组件,爆破用		爆破用非电雷管组件	14003	1.4B					
0362	练习用弹药			14046	1.4G					
0363	测试用弹药		试验用弹药	14047	1.4G					
0364	弹药用雷管	炮弹雷管		12001	1.2B					
0365	弹药用雷管			14004	1.4B					

续上表

联合国编号	名称和说明	公路运输别名	铁路运输别名	中国编号	类别或项别	包装类别	特殊规定	有限数量	例外数量	对应安全卡页码
0366	弹药用雷管			14004	1.4S		347			
0367	起爆引信			14015	1.4S					
0368	点火引信			14014	1.4S					
0369	火箭弹头，带有爆炸装药		火箭弹头（装有炸药的）	11106	1.1F					
0370	火箭弹头，带有起爆装置或发射剂			14023	1.4D					
0371	火箭弹头，带有起爆装置或发射剂			14023	1.4F					
0372	练习用手榴弹或枪榴弹			12039	1.2G					
0373	手提信号装置		手持信号器	14048	1.4S					
0374	爆炸式声测装置			11116	1.1D					
0375	爆炸式声测装置		测深装置（爆炸性的）	12038	1.2D					
0376	管状起爆器		管状点火药盒	14013	1.4S					
0377	帽型起爆器		火帽	11010	1.1B					
0378	帽型起爆器		火帽	14012	1.4B					
0379	空弹药筒壳，带有起爆器		空药筒（带底火的）	14039	1.4C					
0380	发火物品		引火物品	12050	1.2L					
0381	动力装置用弹药筒	安全弹药	动力装置用药包	12044	1.2C					
0382	火药系部件，未另作规定的		爆炸导火线部件（未另列明的）	12053	1.2B		178/274			

续上表

联合国编号	名称和说明	公路运输别名	铁路运输别名	中国编号	类别或项别	包装类别	特殊规定	有限数量	例外数量	对应安全卡页码
0383	火药系部件,未另作规定的			14056	1.4B		178/274			
0384	火药系部件,未另作规定的			14056	1.4S		178/274			
0385	5-硝基苯并三唑	硝基连三氮杂茚		11080	1.1D					
0386	三硝基苯磺酸			11065	1.1D					
0387	三硝基芴酮			11069	1.1D					26
0388	三硝基甲苯(梯恩梯)和三硝基苯混合物或三硝基甲苯(梯恩梯)和六硝基芪混合物	三硝基甲苯与六硝基芪混合物	三硝基甲苯与六硝基-1,2-二苯乙烯混合物	11037	1.1D					
0389	含有三硝基苯和六硝基芪的三硝基甲苯(梯恩梯)混合物	三硝基甲苯与三硝基苯和六硝基芪混合物		11038	1.1D					
0390	特里托纳尔炸药		2,4,6-三硝基甲苯与铝混合物	11036	1.1D					
0391	环三亚甲基三硝胺(旋风炸药;黑索金;RDX)与环四亚甲基四硝胺(HMX;奥克托金炸药)的混合物,湿的,按质量含水不低于15%;或环三亚甲基三硝胺(旋风炸药;黑索金;RDX)与环四亚甲基四硝胺(HMX;奥克托金炸药)的混合物,减敏的,按质量含减敏剂不低于10%			11044	1.1D		266			

续上表

联合国编号	名称和说明	公路运输别名	铁路运输别名	中国编号	类别或项别	包装类别	特殊规定	有限数量	例外数量	对应安全卡页码
0392	六硝基芪		六硝基-1,2-二苯乙烯	11076	1.1D					
0393	黑沙托纳炸药	黑索金与梯恩梯和铝粉混合炸药;黑索托内尔	环三次甲基三硝胺与三硝基甲苯和铝粉混合物,黑索托纳尔	11043	1.1D					
0394	三硝基间苯二酚(收敛酸),湿的,按质量含水或乙醇和水的混合物不低于20%	收敛酸	2,4,6-三硝基间苯二酚	11061	1.1D					
0395	液体燃料火箭发动机			12015	1.2J					
0396	液体燃料火箭发动机			13026	1.3J					
0397	液体燃料火箭,带有爆炸装药		液体燃料火箭(装有炸药的)	11107	1.1J					
0398	液体燃料火箭,带有爆炸装药		液体燃料火箭(装有炸药的)	12016	1.2J					
0399	装有易燃液体的炸弹,带有爆炸装药		燃烧炸弹(装有易燃液体和炸药的)	11110	1.1J					
0400	装有易燃液体的炸弹,带有爆炸装药		燃烧炸弹(装有易燃液体和炸药的)	12021	1.2J					
0401	二苦硫,干的,或湿的,按质量含水低于10%	二苦基硫	六硝基二苯硫	11075	1.1D					27
0402	高氯酸铵			11081	1.1D		152			

续上表

联合国编号	名称和说明	公路运输别名	铁路运输别名	中国编号	类别或项别	包装类别	特殊规定	有限数量	例外数量	对应安全卡页码
0403	空投照明弹		空中照明弹	14035	1.4G					
0404	空投照明弹		空中照明弹	14035	1.4S					
0405	信号弹药筒		信号弹药	14031	1.4S					
0406	二亚硝基苯			13005	1.3C					
0407	四唑-1-乙酸	四氯杂茂-1-乙酸	四唑并-1-乙酸	14017	1.4C					
0408	起爆引信,带有保险装置			11013	1.1D					
0409	起爆引信,带有保险装置			12007	1.2D					
0410	起爆引信,带有保险装置		起爆引信(带有安全保护装置的)	14016	1.4D					
0411	季戊四醇四硝酸酯(季戊炸药),按质量含蜡不低于7%			11049	1.1D		131			
0412	武器弹药筒,带有爆炸装药		武器用弹药(装有炸药的)	14029	1.4E					
0413	武器弹药筒,无弹头		武器用弹药(空包弹)	12025	1.2C					
0414	火炮发射药		炮用发射药	12008	1.2C					
0415	推进剂			12009	1.2C					
0417	武器弹药筒,带惰性射弹或轻武器弹药筒		武器用弹药(带有惰性弹丸的)	13030	1.3C					
0418	地面照明弹			11118	1.1G					
0419	地面照明弹			12035	1.2G					

续上表

联合国编号	名称和说明	公路运输别名	铁路运输别名	中国编号	类别或项别	包装类别	特殊规定	有限数量	例外数量	对应安全卡页码
0420	空投照明弹		空中照明弹	11119	1.1G					
0421	空投照明弹			12036	1.2G					
0424	射弹，惰性带曳光剂		惰性弹丸（带有曳光管的）	13028	1.3G					
0425	射弹，惰性带曳光剂		惰性弹丸（带有曳光管的）	14021	1.4G					
0426	射弹，带有起爆装置或发射剂		弹丸（带有爆炸管或抛射药的）	12019	1.2F					
0427	射弹，带有起爆装置或发射剂		弹丸（带有爆炸管或发射药的）	14020	1.4F					
0428	专用烟火制品		烟火制品（为技术目的用的）	11134	1.1G					
0429	专用烟火制品		烟火制品（为技术目的用的）	12051	1.2G					
0430	专用烟火制品		烟火制品（为技术目的用的）	13055	1.3G					
0431	专用烟火制品		烟火制品（为技术目的用的）	14054	1.4G					
0432	专用烟火制品		烟火制品（为技术目的用的）	14054	1.4S					
0433	块状火药（糊状火药），湿的，按质量含乙醇不低于17%	吸收药团	浆状火药	11085	1.1C		266			

续上表

联合国编号	名称和说明	公路运输别名	铁路运输别名	中国编号	类别或项别	包装类别	特殊规定	有限数量	例外数量	对应安全卡页码
0434	射弹，带有起爆装置或发射剂		弹丸（带有爆炸管或抛射药的）	12019	1.2G					
0435	射弹，带有起爆装置或发射剂		弹丸（带有爆炸管或发射药的）	14020	1.4G					
0436	火箭，带有发射剂		火箭（带有抛射药的）	12012	1.2C					
0437	火箭，带有发射剂		火箭（带有抛射药）	13023	1.3C					
0438	火箭，带有发射剂		火箭（带有抛射药的）	14022	1.4C					
0439	聚能装药，不带雷管	空心装药	锥孔装药（不带雷管的）	12046	1.2D					
0440	聚能装药，不带雷管		空心装药	14044	1.4D					
0441	聚能装药，不带雷管	空心装药		14044	1.4S		347			
0442	商品爆炸装药，不带雷管		民用炸药装药（不带雷管的）	11090	1.1D					
0443	商品爆炸装药，不带雷管		民用炸药装药（不带雷管的）	12045	1.2D					
0444	商品爆炸装药，不带雷管		民用炸药装药（不带雷管的）	14045	1.4D					
0445	商品爆炸装药，不带雷管		民用炸药装药（不带雷管的）	14045	1.4S		347			

续上表

联合国编号	名称和说明	公路运输别名	铁路运输别名	中国编号	类别或项别	包装类别	特殊规定	有限数量	例外数量	对应安全卡页码
0446	可燃空弹壳,无起爆器		可燃药筒(不带底火的,空的)	14038	1.4C					
0447	可燃空弹壳,无起爆器		可燃药筒(不带底火的,空的)	13048	1.3C					
0448	5-巯基四唑-1-乙酸		5-巯基四唑并-1-乙酸	14018	1.4C					
0449	液体燃料鱼雷,带有或不带爆炸装药		鱼雷	11122	1.1J					
0450	液体燃料鱼雷,带惰性弹头			13051	1.3J					
0451	鱼雷,带有爆炸装药			11122	1.1D					
0452	练习用手榴弹或枪榴弹			14036	1.4G					
0453	抛绳用火箭			14024	1.4G					
0454	点火器		点火管	14011	1.4S					
0455	非电引爆雷管,爆破用		爆破用非电雷管	14002	1.4S		347			
0456	电引爆雷管,爆破用		爆破用电雷管	14001	1.4S		347			
0457	塑料胶粘爆炸装药				1.1D					
0458	塑料胶粘爆炸装药				1.2D					
0459	塑料胶粘爆炸装药				1.4D					
0460	塑料胶粘爆炸装药				1.4S		347			
0461	火药系部件,未另作规定的			11136	1.1B		178/274			
0462	爆炸性物品,未另作规定的			11137	1.1C		178/274			

续上表

联合国编号	名称和说明	公路运输别名	铁路运输别名	中国编号	类别或项别	包装类别	特殊规定	有限数量	例外数量	对应安全卡页码
0463	爆炸性物品,未另作规定的			11137	1.1D		178/274			
0464	爆炸性物品,未另作规定的			11137	1.1E		178/274			
0465	爆炸性物品,未另作规定的			11137	1.1F		178/274			
0466	爆炸性物品,未另作规定的			12055	1.2C		178/274			
0467	爆炸性物品,未另作规定的			12055	1.2D		178/274			
0468	爆炸性物品,未另作规定的			12055	1.2E		178/274			
0469	爆炸性物品,未另作规定的			12055	1.2F		178/274			
0470	爆炸性物品,未另作规定的			13058	1.3C		178/274			
0471	爆炸性物品,未另作规定的				1.4E		178/274			
0472	爆炸性物品,未另作规定的			14057	1.4F		178/274			
0473	爆炸性物质,未另作规定的			11136	1.1A		178/274			
0474	爆炸性物质,未另作规定的			11136	1.1C		178/274			
0475	爆炸性物质,未另作规定的			11136	1.1D		178/274			
0476	爆炸性物质,未另作规定的			11136	1.1G		178/274			
0477	爆炸性物质,未另作规定的			13057	1.3C		178/274			
0478	爆炸性物质,未另作规定的			13057	1.3G		178/274			
0479	爆炸性物质,未另作规定的			14056	1.4C		178/274			
0480	爆炸性物质,未另作规定的			14056	1.4D		178/274			
0481	爆炸性物质,未另作规定的			14056	1.4S		178/274			
0482	非常不敏感爆炸性物质,未另作规定的			15005	1.5D		178/274			

续上表

联合国编号	名称和说明	公路运输别名	铁路运输别名	中国编号	类别或项别	包装类别	特殊规定	有限数量	例外数量	对应安全卡页码
0483	环三亚甲基三硝胺(旋风炸药;黑索金;RDX),减敏的		环三次甲基三硝胺(钝感的)	11041	1.1D					
0484	环四亚甲基四硝胺(奥克托金炸药,HMX),减敏的		环四次甲基三硝胺(钝感的)	11046	1.1D					
0485	爆炸性物质,未另作规定的				1.4G		178/274			
0486	极端不敏感爆炸性物品				1.6N					
0487	发烟信号器				1.3G					
0488	练习用弹药				1.3G					
0489	二硝基甘脲(DINGU)				1.1D					
0490	硝基三唑酮(NTO)				1.1D					
0491	推进剂				1.4C					
0492	爆炸式铁路轨道信号器				1.3G					
0493	爆炸式铁路轨道信号器		响墩,铁路轨道信号器(爆炸性的)		1.4G					
0494	装药喷射式钻孔枪,油井用,不带雷管				1.4D					
0495	液态推进剂				1.3C		224			
0496	奥克托纳				1.1D					
0497	液态推进剂				1.1C		224			
0498	固态推进剂				1.1C					
0499	固态推进剂				1.3C					

续上表

联合国编号	名称和说明	公路运输别名	铁路运输别名	中国编号	类别或项别	包装类别	特殊规定	有限数量	例外数量	对应安全卡页码
0500	非电引爆雷管组件,爆破用		爆破用非电雷管组件		1.4S		347			
0501	固态推进剂				1.4C					
0502	火箭,带有惰性弹头				1.2C					
0503	气袋充气器,或气袋模件,或安全带预拉装置				1.4G		235/289			
0504	1H-四唑				1.1D					
0505	遇险求救信号器,船舶用				1.4G					
0506	遇险求救信号器,船舶用				1.4S					
0507	发烟信号器				1.4S					
0508	1-羟基苯丙三唑,无水的,干的或湿的,按质量含水小于20%				1.3C					
0509	火药,无烟				1.4C					
1001	溶解乙炔	电石气	乙炔(溶于介质的)	21024	2.1					28
1002	压缩空气		空气(压缩的)	22003	2.2			120mL	E1	29
1003	冷冻液态空气		空气(液化的)	22004	2.2					30
1005	无水氨	液氨		23003	2.3		23			31
1006	压缩氩		氩(压缩的)	22001	2.2			120mL	E1	32
1008	三氟化硼	氟化硼		23018	2.3					33
1009	溴三氟甲烷(制冷气体R13B1)		R13B1	22049	2.2			120mL	E1	

续上表

联合国编号	名称和说明	公路运输别名	铁路运输别名	中国编号	类别或项别	包装类别	特殊规定	有限数量	例外数量	对应安全卡页码
1010	丁二烯,稳定的或丁二烯和碳氢混合物,稳定的,含丁二烯高于40%	联乙烯	1,3-丁二烯(抑制了的)	21022	2.1					34
1011	丁烷		正丁烷	21012	2.1					35
1012	丁烯			21019	2.1					36~37
1013	二氧化碳	碳(酸)酐		22019	2.2			120mL	E1	38
1016	压缩一氧化碳		一氧化碳	21005	2.3					39
1017	氯	液氯		23002	2.3					40
1018	二氟氯甲烷(制冷气体R22)		氯二氟甲烷,R22	22039	2.2			120mL	E1	41
1020	五氟氯乙烷(制冷气体R115)		氯五氟乙烷,R115	22043	2.2			120mL	E1	
1021	1-氯-1,2,2,2-四氟乙烷(制冷气体R124)		氯四氟乙烷,R124	22042	2.2			120mL	E1	
1022	三氟氯甲烷(制冷气体R13)		氯三氟甲烷,R13,一氯三氟甲烷	22040	2.2			120mL	E1	42
1023	压缩煤气		煤气	23030	2.3					
1026	氰			23028	2.3					
1027	环丙烷			21014	2.1					43
1028	二氯二氟甲烷(制冷气体R12)		二氟二氯甲烷,R12	22045	2.2			120mL	E1	
1029	二氯氟甲烷(制冷气体R21)		二氯一氟甲烷,R21	22044	2.2			120mL	E1	

续上表

联合国编号	名称和说明	公路运输别名	铁路运输别名	中国编号	类别或项别	包装类别	特殊规定	有限数量	例外数量	对应安全卡页码
1030	1,1－二氟乙烷(制冷气体R152a)		R152a	21028	2.1					
1032	无水二甲胺			21044	2.1					44
1033	二甲醚		甲醚	21040	2.1					45
1035	乙烷			21009	2.1					46
1036	乙胺	氨基乙烷		21046	2.1					47
1037	乙基氯		氯乙烷	21036	2.1					
1038	冷冻液态乙烯	液化乙烯	乙烯(液化的)	21017	2.1					48
1039	甲乙醚	乙甲醚;甲氧基乙烷		21041	2.1					49
1040	环氧乙烷,或含氮环氧乙烷,在50℃时最高总压力为1MPa(10bar)	氧化乙烯		21039	2.3		342			50
1041	环氧乙烷和二氧化碳混合物,环氧乙烷含量不低于9%,但不超过87%		二氧化碳和氧化乙烯混合物	23049	2.1					
1043	充氨溶液化肥,含有游离氨		氨水(35% < 含氨 < 50%)	22025	2.2			120mL	E1	
1044	灭火器,装有压缩或液化气体				2.2		225	120mL		
1045	压缩氟		氟(压缩的)	23001	2.3			120mL		51
1046	压缩氦		氦(压缩的)	22007	2.2			120mL	E1	52

续上表

联合国编号	名称和说明	公路运输别名	铁路运输别名	中国编号	类别或项别	包装类别	特殊规定	有限数量	例外数量	对应安全卡页码
1048	无水溴化氢		溴化氢(无水)	23004	2.3					53
1049	压缩氢	氢气	氢(压缩的)	21001	2.1					54
1050	无水氯化氢		氯化氢(无水)	22022	2.3					
1051	氰化氢，稳定的，含水低于3%		氢氰酸		6.1	I			E5	
1052	无水氟化氢				8	I				
1053	硫化氢			21006	2.3					55
1055	异丁烯			21020	2.1					56
1056	压缩氪		氪(压缩的)	22013	2.2			120mL	E1	
1057	打火机或打火机加油器，装有易燃气体				2.1		201			
1058	液化气体，非易燃，充有氮、二氧化碳或空气				2.2			120mL	E1	
1060	甲基乙炔和丙二烯混合物，稳定的		甲基乙炔和丙二烯混合物	21005	2.1					57
1061	无水甲胺	氨基甲烷；甲胺		21043	2.1					58
1062	甲基溴，含有不大于2%的三氯硝基甲烷		甲基溴，溴甲烷	23041	2.3		23			59
1063	甲基氯(制冷气体R40)		R40	23040	2.1					60
1064	甲硫醇		巯基甲烷	21047	2.3					61
1065	压缩氖		氖(压缩的)	22009	2.2			120mL	E1	62

续上表

联合国编号	名称和说明	公路运输别名	铁路运输别名	中国编号	类别或项别	包装类别	特殊规定	有限数量	例外数量	对应安全卡页码
1066	压缩氮		氮(压缩的)	22005	2.2			120mL	E1	63
1067	四氮化二氮(二氧化氮)			23012	2.3					64
1069	氯化亚硝酰		亚硝酰氯	23039	2.3					
1070	氧化亚氮	笑气	一氧化二氮(压缩的)	22017	2.2					65
1071	压缩油气	原油气	石油气	21052	2.3					
1072	压缩氧		氧(压缩的)	22001	2.2		355			66
1073	冷冻液态氧	液氧	氧(液化的)	22002	2.2					67
1075	液化石油气		石油气(液化的)	21053	2.1					68
1076	光气		碳酰氯	23038	2.3					69
1077	丙烯			21018	2.1					70
1078	制冷气体,未另作规定的				2.2		274	120mL	E1	
1079	二氧化硫	亚硫酸酐		23013	2.3					71
1080	六氟化硫			22021	2.2			120mL	E1	72
1081	四氟乙烯,稳定的		四氟乙烯(抑制了的)	21032	2.1					
1082	三氟氯乙烯,稳定的	氯三氟乙炔;R1113	三氟氯乙烯(抑制了的)	21034	2.3					
1083	无水三甲胺			21045	2.1					73
1085	乙烯基溴,稳定的		乙烯基溴	21038	2.1					74
1086	乙烯基氯,稳定的		乙烯基氯	21037	2.1					75

续上表

联合国编号	名称和说明	公路运输别名	铁路运输别名	中国编号	类别或项别	包装类别	特殊规定	有限数量	例外数量	对应安全卡页码
1087	乙烯基甲基醚,稳定的	甲基乙烯醚	乙烯基甲醚(抑制了的)	21042	2.1					
1088	乙缩醛	乙叉二乙基醚	二乙醇缩乙醛,1,1-二乙氧基乙烷	31031	3	Ⅱ		1L	E2	76
1089	乙醛			31022	3	Ⅰ			E3	77
1090	丙酮	二甲(基)酮		31025	3	Ⅱ		1L	E2	78
1091	丙酮油				3	Ⅱ		1L	E2	
1092	丙烯醛,稳定的	败酯醛	丙烯醛(抑制了的)	31024	6.1	Ⅰ	354			79
1093	丙烯腈,稳定的	氰(基)乙烯	丙烯腈(抑制了的)	32162	3	Ⅰ				80
1098	烯丙醇	蒜醇	2-丙烯-1-醇	32066	6.1	Ⅰ	354			
1099	烯丙基溴			32045	3	Ⅰ				81
1100	烯丙基氯	α-氯丙稀		31021	3	Ⅰ				82
1104	乙酸戊酯			33596	3	Ⅲ		5L	E1	83
1105	戊醇			33553	3	Ⅱ		1L	E2	84~85
					3	Ⅲ	223	5L	E1	
1106	戊胺		1-氨基戊烷,正戊胺	32175	3	Ⅱ		1L	E2	86
					3	Ⅲ	223	5L	E1	
1107	戊基氯	正戊基氯		32034	3	Ⅱ		1L	E2	87
1108	1-戊烯(正戊烯)			31006	3	Ⅰ			E3	88
1109	甲酸戊酯			33595	3	Ⅲ		5L	E1	89~90
1110	正戊基甲基酮		甲基戊基(甲)酮,正戊基甲基酮	33583	3	Ⅲ		5L	E1	91

续上表

联合国编号	名称和说明	公路运输别名	铁路运输别名	中国编号	类别或项别	包装类别	特殊规定	有限数量	例外数量	对应安全卡页码
1111	戊硫醇	正戊硫醇		32117	3	Ⅱ		1L	E2	92
1112	硝酸戊酯			33606	3	Ⅲ		5L	E1	93
1113	亚硝酸戊酯		亚硝酸正戊酯	32153	3	Ⅱ		1L	E2	94~95
1114	苯	纯苯		32050	3	Ⅱ		1L	E2	96
1120	丁醇		三甲基甲醇,叔丁醇,特丁醇	33552	3	Ⅱ		1L	E2	97~100
				33552	3	Ⅲ	223	5L	E1	
1123	乙酸丁酯	醋酸正丁酯	醋酸正丁酯	32130	3	Ⅱ		1L	E2	101~103
				32130	3	Ⅲ	223	5L	E1	
1125	正丁胺	1-氨基丁烷		32172	3	Ⅱ		1L	E2	104
1126	1-溴丁烷	正丁基溴;溴代正丁烷		32043	3	Ⅱ		1L	E2	105
1127	氯丁烷	正丁基氯;氯代正丁烷		32033	3	Ⅱ		1L	E2	106
1128	甲酸正丁酯			32123	3	Ⅱ		1L	E2	107
1129	丁醛		正丁醛	32068	3	Ⅱ		1L	E2	108
1130	樟脑油	樟木油		33636	3	Ⅲ		5L	E1	109
1131	二硫化碳			31050	3	Ⅰ				110
1133	黏合剂,含易燃液体			32196	3	Ⅰ		500mL	E3	111~115
				32196	3	Ⅱ		5L	E2	
				32196	3	Ⅲ	223	5L	E1	

续上表

联合国编号	名称和说明	公路运输别名	铁路运输别名	中国编号	类别或项别	包装类别	特殊规定	有限数量	例外数量	对应安全卡页码
1134	氯苯	一氯化苯	氯化苯	33546	3	Ⅲ		5L	E1	116
1135	2－氯乙醇	乙撑氯醇		61583	6.1	Ⅰ	354			117
1136	煤焦油馏出物，易燃			32192	3	Ⅱ		1L	E2	
				32192	3	Ⅲ	223	5L	E1	
1139	涂料溶液（包括用于工业或其他用途的表面处理剂或涂料，例如车辆的底漆、圆桶或琵琶桶的面料）			32197	3	Ⅰ		500mL	E3	
				32197	3	Ⅱ		5L	E2	
				32197	3	Ⅲ	223	5L	E1	
1143	丁烯醛或巴豆醛，稳定的	巴豆醛；β－甲基丙烯醛	2－丁烯醛（抑制了的）	32071	6.1	Ⅰ	324/354			118
1144	巴豆炔	二甲基乙炔	2－丁炔	31018	3	Ⅰ			E3	119
1145	环已烷	六氢化苯		31004	3	Ⅱ		1L	E2	120
1146	环戊烷			31003	3	Ⅱ		1L	E2	121
1147	十氢化萘	萘烷		33550	3	Ⅲ		5L	E1	122
1148	双丙酮醇		4－羟基－4－甲基－2－戊酮	32077	3	Ⅱ		1L	E2	
				32077	3	Ⅲ	223	5L	E1	
1149	二丁醚	正丁醚；氧化二丁烷	丁醚，二（正）丁醚	33565	3	Ⅲ		5L	E1	123
1150	1，2－二氯乙烯	二氯化乙炔	二氯乙烯	32040	3	Ⅱ		1L	E2	124
1152	二氯戊烷			33525	3	Ⅲ		5L	E1	125
1153	乙二醇二乙醚	1，2－二乙氧基乙烷；二乙基溶纤剂		33569	3	Ⅱ		1L	E2	126
				33569	3	Ⅲ		5L	E1	

续上表

联合国编号	名称和说明	公路运输别名	铁路运输别名	中国编号	类别或项别	包装类别	特殊规定	有限数量	例外数量	对应安全卡页码
1154	二乙胺			31046	3	Ⅱ		1L	E2	127
1155	二乙醚(乙醚)	二乙(基)醚		31026	3	Ⅰ			E3	128
1156	二乙酮		二乙基酮,3-戊酮	32074	3	Ⅱ		1L	E2	
1157	二异丁酮	2,6-二甲基-4-庚酮	二异丁基(甲)酮	33585	3	Ⅲ		5L	E1	
1158	二异丙胺			32170	3	Ⅱ		1L	E2	129
1159	二异丙醚	二异丙(基)醚		31027	3	Ⅱ		1L	E2	130
1160	二甲胺水溶液		二甲胺溶液	32166	3	Ⅱ		1L	E2	131
1161	碳酸二甲脂		碳酸二(甲)酯	32157	3	Ⅱ		1L	E2	132
1162	二甲基二氯硅烷	二氯二甲基硅烷		32186	3	Ⅱ			E2	133
1163	不对称二甲肼		1,1-二甲基肼	32184	6.1	Ⅰ	354			134
1164	二甲硫			31033	3	Ⅱ		1L	E2	135
1165	二噁烷	1,4-二氧己环	1,4-二氧杂环己烷	32098	3	Ⅱ		1L	E2	136
1166	二氧戊环	乙二醇缩甲醛		32096	3	Ⅱ		1L	E2	137
1167	二乙烯基醚,稳定的	乙烯基醚		31030	3	Ⅰ			E3	138
1169	液态萃取香料			33644	3	Ⅱ		5L	E2	
				33644	3	Ⅲ	223	5L	E1	
1170	乙醇(酒精)或乙醇溶液(酒精溶液)			32061	3	Ⅱ	144	1L	E2	139
				32061	3	Ⅲ	144/223	5L	E1	
1171	乙二醇一乙醚	2-乙氧基乙醇;乙基溶纤剂	乙二醇乙醚	33569	3	Ⅲ		5L	E1	140

续上表

联合国编号	名称和说明	公路运输别名	铁路运输别名	中国编号	类别或项别	包装类别	特殊规定	有限数量	例外数量	对应安全卡页码
1172	乙酸乙二醇—乙醚酯	2-乙氧基乙酸乙酯;乙酸乙基溶纤剂;乙二醇乙醚乙酸酯	乙酸乙二醇乙醚	33570	3	Ⅲ		5L	E1	141
1173	乙酸乙酯	醋酸乙酯		32027	3	Ⅱ		1L	E2	142
1175	乙苯		乙基苯	32053	3	Ⅱ		1L	E2	143
1176	硼酸乙酯	三乙氧基硼烷	硼酸(三)乙酯	32156	3	Ⅱ		1L	E2	
1177	乙酸-2-乙基丁酯	醋酸乙基丁酯	乙基丁基乙酸酯,乙酸乙基丁酯	33596	3	Ⅲ		5L	E1	
1178	2-乙基丁醛	二乙基乙醛		32070	3	Ⅱ		1L	E2	
1179	乙基丁基醚	乙氧基丁烷;乙丁醚	乙基正丁基醚	32085	3	Ⅱ		1L	E2	144
1180	丁酸乙酯		正丁酸乙酯	33598	3	Ⅲ		5L	E1	145
1181	氯乙酸乙酯	氯醋酸乙酯		61102	6.1	Ⅱ		100mL	E4	146
1182	氯甲酸乙酯			32151	6.1	Ⅰ	354			147
1183	乙基二氯硅烷			43050	4.3	Ⅰ				148
1184	二氯化乙烯	乙撑二氯;亚乙基二氯;1,2-二氯化乙烯	1,2-二氯乙烯	32035	3	Ⅱ		1L	E2	
1185	乙撑亚胺,稳定的	氮丙环	乙撑亚胺(抑制了的),吖丙啶	61077	6.1	Ⅰ	354			149
1188	乙二醇—甲醚	2-甲氧基乙醇;甲基溶纤剂	乙二醇甲醚	33569	3	Ⅲ		5L	E1	150

续上表

联合国编号	名称和说明	公路运输别名	铁路运输别名	中国编号	类别或项别	包装类别	特殊规定	有限数量	例外数量	对应安全卡页码
1189	乙酸乙醇—甲醚酯	2－甲氧基乙酸乙酯;乙酸甲基溶纤剂;乙二醇甲醚乙酸酯	乙酸乙二醇甲醚	33570	3	Ⅲ		5L	E1	151
1190	甲酸乙酯			31038	3	Ⅱ		1L	E2	152
1191	辛醛		乙基己醛	33575	3	Ⅲ		5L	E1	
1192	乳酸乙酯			33602	3	Ⅲ		5L	E1	153
1193	乙基甲基酮(甲乙酮)		2－丁酮,丁酮	32074	3	Ⅱ		1L	E2	154
1194	亚硝酸乙酯溶液	亚硝酸乙酯		31039	3	Ⅰ				155
1195	丙酸乙酯			32136	3	Ⅱ		1L	E2	156
1196	乙基三氯硅烷	三氯乙基硅烷		32186	3	Ⅱ			E2	157
1197	液态萃取调味剂				3	Ⅱ		5L	E2	
					3	Ⅲ	223	5L	E1	
1198	甲醛溶液,易燃	福尔马林溶液		83012	3	Ⅲ		5L	E1	
1199	糠醛	呋喃甲醛		33581	6.1	Ⅱ		100mL	E4	158
1201	杂醇油			33553	3	Ⅱ		1L	E2	
				33553	3	Ⅲ	223	5L	E1	
1202	瓦斯油或柴油或轻质燃料油				3	Ⅲ		5L	E1	
1203	车用汽油或汽油			31001	3	Ⅱ	243	1L	E2	159
1204	硝化甘油乙醇溶液,含硝化甘油不超过1%			32062	3	Ⅱ		1L		
1206	庚烷			32006	3	Ⅱ		1L	E2	160～168

续上表

联合国编号	名称和说明	公路运输别名	铁路运输别名	中国编号	类别或项别	包装类别	特殊规定	有限数量	例外数量	对应安全卡页码
1207	己醛		正己醛	33573	3	Ⅲ		5L	E1	
1208	己烷			31005	3	Ⅱ		1L	E2	169~170
1210	印刷油墨,易燃,或印刷油墨相关材料(包括印刷油墨稀释剂或还原剂),易燃			32119	3	Ⅰ	163	500mL	E3	
				32119	3	Ⅱ	163	5L	E2	
				32119	3	Ⅲ	163/223	5L	E1	
1212	异丁醇				3	Ⅲ		5L	E1	
1213	乙酸异丁酯	醋酸异丁酯			3	Ⅱ		1L	E2	171
1214	异丁胺		1-氨基-2-甲基丙烷	32172	3	Ⅱ		1L	E2	172
1216	异辛烯			32107	3	Ⅱ		1L	E2	173
1218	异戊二烯,稳定的	异戊间二烯	2-甲基-1,3-丁二烯(抑制了的)	31012	3	Ⅰ			E3	174
1219	异丙醇		2-丙醇	32064	3	Ⅱ		1L	E2	175
1220	乙酸异丙酯	醋酸异丙酯		32128	3	Ⅱ		1L	E2	176
1221	异丙胺		2-氨基丙烷	31047	3	Ⅰ				177
1222	硝酸异丙酯			32155	3	Ⅱ	26	1L	E2	178
1223	煤油	火油		33501	3	Ⅲ		5L	E1	179
1224	液态酮类,未另作规定的				3	Ⅱ	274	1L	E2	
					3	Ⅲ	223/274	5L	E1	
1228	液态硫醇,易燃,毒性,未另作规定的,或液态硫醇混合物,易燃,毒性,未另作规定的	仲丁硫醇;叔丁硫醇		31036	3	Ⅱ	274	1L	E2	
				31036	3	Ⅲ	223/274	5L	E1	

续上表

联合国编号	名称和说明	公路运输别名	铁路运输别名	中国编号	类别或项别	包装类别	特殊规定	有限数量	例外数量	对应安全卡页码
1229	亚异丙基丙酮	异丙叉丙酮；米基化氧	异亚丙基丙酮，4－甲基－3－戊烯－2－酮烯丙基丙酮	33588	3	Ⅲ		5L	E1	
1230	甲醇			32058	3	Ⅱ	279	1L	E2	180
1231	乙酸甲酯	醋酸甲酯		32126	3	Ⅱ		1L	E2	181
1233	乙酸甲基戊酯	2－乙酸－4－甲基戊酯	乙酸仲己酯	33596	3	Ⅲ		5L	E1	182
1234	甲醛缩二甲醇（甲缩醛）	甲撑二甲醚	二甲醇缩甲醛，二甲氧基甲烷	31031	3	Ⅱ		1L	E2	183
1235	甲胺水溶液	氨基甲烷水溶液	一甲胺溶液	31044	3	Ⅱ		1L	E2	
1237	丁酸甲酯			32140	3	Ⅱ		1L	E2	184
1238	氯甲酸甲酯			32150	6.1	Ⅰ	354			185
1239	甲基氯甲基醚	甲基氯甲醚	氯甲基甲醚	32089	6.1	Ⅰ	354			186
1242	甲基二氯硅烷	二氯甲基硅烷		43050	4.3	Ⅰ				187
1243	甲酸甲酯			31037	3	Ⅰ			E3	188
1244	甲基肼	甲基联胺		32183	6.1	Ⅰ	354			189
1245	甲基异丁基酮		甲基异丁基甲酮，异己酮，4－甲基－2－戊酮	32075	3	Ⅱ		1L	E2	190
1246	甲基异丙烯基酮，稳定的		甲基异丙烯（甲）酮（抑制了的）	32080	3	Ⅱ		1L	E2	

续上表

联合国编号	名称和说明	公路运输别名	铁路运输别名	中国编号	类别或项别	包装类别	特殊规定	有限数量	例外数量	对应安全卡页码
1247	单体丙烯酸甲酯,稳定的	牙托水;玻璃有机单体	甲基丙烯酸甲酯,有机玻璃单体,异丁烯酸甲酯(抑制了的)	32149	3	Ⅱ		1L	E2	191
1248	丙酸甲酯			32135	3	Ⅱ		1L	E2	192
1249	甲基丙基酮		2-戊酮	32074	3	Ⅱ		1L	E2	193
1250	甲基三氯硅烷	三氯甲基硅烷		32186	3	Ⅰ			E2	194
1251	甲基乙烯基酮,稳定的	丁烯酮	3-丁烯-2-酮,甲基乙烯基甲酮	32078	6.1	Ⅰ	354			195
1259	羰基镍	四羰基镍;四羰酰镍		61031	6.1	Ⅰ			E5	197
1261	硝基甲烷			33520	3	Ⅱ	26	1L	E2	198
1262	辛烷			32008	3	Ⅱ		1L	E2	199~208
1263	涂料(包括色漆、喷漆、搪瓷、着色剂、虫胶、清漆、抛光剂、液态填料和液态喷漆基料)或涂料的相关材料(包括涂料稀释或还原剂)			32198	3	Ⅰ	163	500mL	E3	209~256
				32198	3	Ⅱ	163	5L	E2	
				32198	3	Ⅲ	163/223	5L	E1	
1264	仲乙醛(三聚乙醛)		三聚醋醛	33576	3	Ⅲ		5L	E1	257
1265	戊烷,液体		异戊烷	31002	3	Ⅰ			E3	258~259
				31002	3	Ⅱ		1L	E2	
1266	香料制品,含有易燃溶剂			32199	3	Ⅱ	163	5L	E2	
				32199	3	Ⅲ	163/223	5L	E1	

续上表

联合国编号	名称和说明	公路运输别名	铁路运输别名	中国编号	类别或项别	包装类别	特殊规定	有限数量	例外数量	对应安全卡页码
1267	石油原油	原油		32002	3	Ⅰ	357	500mL	E3	260
				32002	3	Ⅱ	357	1L	E2	
				32002	3	Ⅲ	223/357	5L	E1	
1268	石油馏出物，未另作规定的或石油产品，未另作规定的				3	Ⅰ		500mL	E3	
					3	Ⅱ		1L	E2	
					3	Ⅲ	223	5L	E1	
1272	松油			33638	3	Ⅲ		5L	E1	
1274	正丙醇		1－丙醇	32064	3	Ⅱ			E2	262
				32064	3	Ⅲ	223		E1	
1275	丙醛			32067	3	Ⅱ		1L	E2	263
1276	乙酸正丙酯	醋酸正丙酯		32128	3	Ⅱ		1L	E2	264
1277	丙胺	正丙胺	1－氨基丙烷	31047	3	Ⅱ		1L	E2	265
1278	1－氯丙烷	氯(正)丙烷；丙基氯	氯丙烷	31019	3	Ⅱ		1L	E2	266
1279	1,2－二氯丙烷	二氯化丙烯		32036	3	Ⅱ		1L	E2	267
1280	氧化丙烯		甲基环氧乙烷	31032	3	Ⅰ			E3	268
1281	甲酸丙酯			32122	3	Ⅱ		1L	E2	269～270
1282	吡啶	氮杂苯		32104	3	Ⅱ		1L	E2	271
1286	松香油	松油精			3	Ⅱ		5L	E2	
				33638	3	Ⅲ	223	5L	E1	
1287	橡胶溶液				3	Ⅱ		5L	E2	
					3	Ⅲ	223	5L	E1	

续上表

联合国编号	名称和说明	公路运输别名	铁路运输别名	中国编号	类别或项别	包装类别	特殊规定	有限数量	例外数量	对应安全卡页码
1288	页岩油				3	Ⅱ		1L	E2	
1288					3	Ⅲ	223	5L	E1	
1289	甲醇钠的乙醇溶液	甲醇钠合甲醇	甲醇钠甲醇溶液		3	Ⅱ		1L	E2	
1289				32060	3	Ⅲ	223	5L	E1	
1292	硅酸四乙酯	四乙氧基硅烷	正硅酸乙酯	33609	3	Ⅲ		5L	E1	272
1293	药用酊剂			32198/33647	3	Ⅱ		1L	E2	273
1293				32198/33647	3	Ⅲ	223	5L	E1	
1294	甲苯		甲基苯		3	Ⅱ		1L	E2	274
1295	三氯硅烷	硅仿;硅氯仿		43049	4.3	Ⅰ				275
1296	三乙胺			32168	3	Ⅱ		1L	E2	276
1297	三甲胺水溶液,按质量含三甲胺不大于50%		三甲胺溶液	32167	3	Ⅰ				277
1297				32167	3	Ⅱ		1L	E2	
1297				32167	3	Ⅲ	223	5L	E1	
1298	三甲基氯硅烷	氯化三甲基硅烷		32186	3	Ⅱ			E2	278
1299	松节油			33638	3	Ⅲ		5L	E1	279
1300	松节油代用品				3	Ⅱ		1L	E2	
1300					3	Ⅲ	223	5L	E1	
1301	乙酸乙烯酯,稳定的	乙烯基乙酸酯;醋酸乙烯酯	乙酸乙烯酯(抑制了的),醋酸乙烯,乙酸乙烯	32131	3	Ⅱ		1L	E2	280
1302	乙烯基乙基醚,稳定的	乙基乙烯醚;乙氧基乙烯	乙烯基乙醚	31029	3	Ⅰ			E3	281

续上表

联合国编号	名称和说明	公路运输别名	铁路运输别名	中国编号	类别或项别	包装类别	特殊规定	有限数量	例外数量	对应安全卡页码
1303	乙烯叉二氯,稳定的	偏二氯乙烯	二氯乙烯	32040	3	Ⅰ			E3	282
1304	乙烯基异丁基醚,稳定的	异丁氧基乙烯	乙烯(基)异丁醚,异丁基乙烯(基)醚(抑制了的)	32087	3	Ⅱ		1L	E2	
1305	乙烯基三氯硅烷	三氯乙烯硅烷	乙烯(基)三氯硅烷(抑制了的)	32186	3	Ⅰ			E2	283
1306	液态木材防腐剂				3	Ⅱ		5L	E2	
					3	Ⅲ	223	5L	E1	
1307	二甲苯	邻二甲苯;间二甲苯;对二甲苯		33535	3	Ⅱ		1L	E2	284~286
				33535	3	Ⅲ	223	5L	E1	
1308	锆,悬浮在易燃液体中			31051	3	Ⅰ			E3	
				31051	3	Ⅱ		1L	E2	
				31051	3	Ⅲ	223	5L	E1	
1309	铝粉,有涂层的	铝银粉		41503	4.1	Ⅱ		1kg	E2	
				41503	4.1	Ⅲ	223	5kg	E1	
1310	苦味酸铵,湿的,按质量含水不低于10%		苦味酸铵;2,4,6-三硝基苯酚铵(含水≥10%)	41026	4.1	Ⅰ	28			
1312	冰片(龙脑)		龙胆,2-莰醇,龙脑	41535	4.1	Ⅲ		5kg	E1	287
1313	树脂酸钙			41541	4.1	Ⅲ		5kg	E1	288
1314	熔凝树脂酸钙			41541	4.1	Ⅲ		5kg	E1	

续上表

联合国编号	名称和说明	公路运输别名	铁路运输别名	中国编号	类别或项别	包装类别	特殊规定	有限数量	例外数量	对应安全卡页码
1318	树脂酸钴,沉淀的		树脂酸钴	41544	4.1	Ⅲ		5kg	E1	
1320	二硝基苯酚,湿的,按质量含水不低于15%			41010	4.1	Ⅰ	28			289
1321	二硝基苯酚盐,湿的,按质量含水不低于15%				4.1	Ⅰ	28			
1322	二硝基间苯二酚,湿的,按质量含水不低于15%			41011	4.1	Ⅰ	28			
1323	铈铁合金			41008	4.1	Ⅱ	249	1kg	E2	
1324	胶片,以硝化纤维素为基料,涂有明胶的,碎胶片除外	硝化纤维胶片	硝化纤维片基	42035	4.1	Ⅲ		5kg	E1	
1325	有机易燃固体,未另作规定的			41060、41553	4.1	Ⅱ	274	1kg	E2	
				41060、41553	4.1	Ⅲ	223/274	5kg	E1	
1326	铪粉,湿的,含水不低于25%(所含过量水必须看得出来)(a)机械方法生产的,粒径小于53μm;(b)化学方法生产的,粒径小于840μm		金属铪粉(含水≥25%)	41509	4.1	Ⅱ		1kg	E2	290
1327	干草,禾秆或碎稻草和稻壳				4.1		281	3kg		
1328	环六亚甲基四胺	六甲撑四胺;乌洛托品	六亚甲基四胺	41528	4.1	Ⅲ		5kg	E1	291
1330	树脂酸锰			41543	4.1	Ⅲ		5kg	E1	

续上表

联合国编号	名称和说明	公路运输别名	铁路运输别名	中国编号	类别或项别	包装类别	特殊规定	有限数量	例外数量	对应安全卡页码
1331	火柴,"可随处划燃"			41058	4.1	Ⅲ	293	5kg	E1	
1332	聚乙醛	四聚乙醛		41534	4.1	Ⅲ		5kg	E1	
1333	铈,板、锭或棒				4.1	Ⅱ		1kg	E2	
1334	粗制萘或精制萘	萘饼	粗萘,精萘,工业萘	41511	4.1	Ⅲ		5kg	E1	292
1336	硝基胍(橄苦岩),湿的,按质量含水不低于20%			41023	4.1	Ⅰ	28			
1337	硝化淀粉,湿的,按质量含水不低于20%			41032	4.1	Ⅰ	28			
1338	非晶形磷	赤磷	红磷	41001	4.1	Ⅲ		5kg	E1	293
1339	七硫化四磷,不含黄磷和白磷		七硫化(四)磷	41004	4.1	Ⅱ		1kg	E2	
1340	五硫化二磷,不含黄磷和白磷		五硫化磷	43041	4.3	Ⅱ		500g	E2	294
1341	三硫化四磷,不含黄磷和白磷		三硫化(四)磷	41003	4.1	Ⅱ		1kg	E2	
1343	三硫化二磷,不含黄磷和白磷		三硫化(二)磷	41002	4.1	Ⅱ		1kg	E2	295
1344	三硫基苯酚,湿的,按质量含水不低于30%	苦味酸	2,4,6-三硝基苯酚(含水≥30%)	41025	4.1	Ⅰ	28			
1345	废橡胶或回收橡胶,粉末或颗粒,粒径不超过840μm,橡胶含量超过45%				4.1	Ⅱ	223	1kg	E2	

续上表

联合国编号	名称和说明	公路运输别名	铁路运输别名	中国编号	类别或项别	包装类别	特殊规定	有限数量	例外数量	对应安全卡页码
1346	非晶形硅粉		硅粉(非晶型的)	41510	4.1	Ⅲ	32	5kg	E1	
1347	苦味酸银,湿的,按质量含水不低于30%		苦味酸银;2,4,6-三硝基苯酚银(含水≥30%)	41027	4.1	Ⅰ	28			
1348	二硝基邻甲苯酚钠,湿的,按质量含水不低于15%			41012	4.1	Ⅰ	28			
1349	苦氨酸钠,湿的,按质量含水不低于20%		苦味酸钠;4,6-二硝基-2-氨基苯酚钠(含水≥20%)	41029	4.1	Ⅰ	28			
1350	硫		硫磺	41501	4.1	Ⅲ	242	5kg	E1	296
1352	钛粉,湿的,含水不低于25%(所含过量水应看得出来) (a)机械方法生产的,粒径于53μm; (b)化学方法生产的,粒径小于840μm	海绵钛粉	钛粉,金属钛粉(含水≥25%)	41504	4.1	Ⅱ		1kg	E2	297
1353	纤维或纤维织品,经过轻度硝化的硝化纤维素,未另作规定的				4.1	Ⅲ		5kg	E1	
1354	三硝基苯,湿的,按质量含水不低于30%			41017	4.1	Ⅰ	28			

续上表

联合国编号	名称和说明	公路运输别名	铁路运输别名	中国编号	类别或项别	包装类别	特殊规定	有限数量	例外数量	对应安全卡页码
1355	三硝基苯甲酸，湿的，按质量含水不低于30%			41019	4.1	Ⅰ	28			298
1356	三硝基甲苯，湿的，按质量含水不低于30%			41018	4.1	Ⅰ	28			
1357	硝酸脲，湿的，按质量含水不低于20%			41024	4.1	Ⅰ	28/227			
1358	锆粉，湿的，含水不低于25%（所含水量过量水应看得出来） （a）机械方法生产的，粒径小于53μm； （b）化学方法生产的，粒径小于840μm		锆粉，金属锆粉（含水≥25%）	41507	4.1	Ⅱ		1kg	E2	299
1360	磷化钙	锆粉，金属锆粉（含水≥25%）		43034	4.3	Ⅰ				
1361	碳，来源于动物或植物				4.2	Ⅱ			E2	
				42522	4.2	Ⅲ	223		E1	
1362	活性碳			42521	4.2	Ⅲ	223		E1	
1363	椰肉干			42524	4.2	Ⅲ	29		E1	
1364	含油废棉			42509	4.2	Ⅲ			E1	
1365	潮湿棉花		棉花（潮湿的）	42505	4.2	Ⅲ	29		E1	

续上表

联合国编号	名称和说明	公路运输别名	铁路运输别名	中国编号	类别或项别	包装类别	特殊规定	有限数量	例外数量	对应安全卡页码
1369	对二硝基二甲基苯胺		N,N－二甲基－4－亚硝基苯胺,4－亚硝基－N,N－二甲基苯胺	42033	4.2	Ⅱ			E2	301
1372	动物纤维,或植物纤维,烧过的、湿的或潮的				4.2	Ⅲ	117		E1	
1373	动物或植物或合成的纤维或纤维织品,未另作规定的,含油			42509	4.2	Ⅲ			E1	
1374	鱼粉(鱼屑),未加稳定剂的		鱼渣,鱼粉	42526	4.2	Ⅱ	300		E2	
1376	废氧化铁或废海绵状铁,从提纯煤气获得的	废海绵铁	废氧化铁(煤气中提炼的)	42523	4.2	Ⅲ	223		E1	
1378	金属催化剂,湿的,含有可见的过量液体			42004	4.2	Ⅱ	274		E2	303
1379	不饱和油类处理的纸,未完全干的(包括复写纸)		油纸及其制品	42510	4.2	Ⅲ			E1	
1380	戊硼烷	五硼烷		42031	4.2	Ⅰ				
1381	白磷或黄磷,干的,或浸在水中或溶液中		黄磷	42001	4.2	Ⅰ				304
1382	无水硫化钾,或硫化钾,含结晶水低于30%			42010	4.2	Ⅱ			E2	
1383	发火金属,未另作规定,或发火合金,未另作规定的				4.2	Ⅰ	274			

续上表

联合国编号	名称和说明	公路运输别名	铁路运输别名	中国编号	类别或项别	包装类别	特殊规定	有限数量	例外数量	对应安全卡页码
1384	连二亚硫酸钠	保险粉;低亚硫酸钠		42012	4.2	Ⅱ			E2	305
1385	无水硫化钠,或硫化钠,含结晶水低于30%		硫化碱,臭碱	42009	4.2	Ⅱ			E2	
1386	种子油饼,含油超过1.5%,含水不超过11%			42525	4.2	Ⅲ	29		E1	
1387	羊毛废料,湿的				4.2	Ⅲ	117		E1	
1389	碱金属汞齐,液态			43010	4.3	Ⅰ	182			
1390	氨基碱金属				4.3	Ⅱ	182	500g	E2	
1391	碱金属分散体或碱土金属分散体				4.3	Ⅰ	182/183			
1392	碱土金属汞齐,液态			43011	4.3	Ⅰ	183			
1393	碱土金属合金,未另作规定的				4.3	Ⅱ		500g	E2	
1394	碳化铝			43026	4.3	Ⅱ		500g	E2	306
1395	硅铝铁合金粉		硅铁铝(粉末状的)	43029	4.3	Ⅱ		500g	E2	
1396	铝粉,无涂层的	铝银粉		43013	4.3	Ⅱ		500g	E2	307
				43013	4.3	Ⅲ	223	1kg	E1	
1397	磷化铝			43036	4.3	Ⅰ				308
1398	硅铝粉,无涂层的		硅铝	43504	4.3	Ⅲ	37/223	1kg	E1	
1400	钡		金属钡	43009	4.3	Ⅱ		500g	E2	309
1401	钙		金属钙	43005	4.3	Ⅱ		500g	E2	310

续上表

联合国编号	名称和说明	公路运输别名	铁路运输别名	中国编号	类别或项别	包装类别	特殊规定	有限数量	例外数量	对应安全卡页码
1402	碳化钙	电石		43025	4.3	Ⅰ				311
				43025	4.3	Ⅱ		500g	E2	
1403	氰氨化钙，含碳化钙高于0.1%	石灰氮		43507	4.3	Ⅲ	38	1kg	E1	312
1404	氢化钙			43020	4.3	Ⅰ				313
1405	硅化钙			43031	4.3	Ⅱ		500g	E2	314
				43031	4.3	Ⅲ	223	1kg	E1	
1407	铯		金属铯	43007	4.3	Ⅰ				315
1408	硅铁，含硅不低于30%，但不超过90%			43505	4.3	Ⅲ	39/223	1kg	E1	
1409	金属氢化物，遇水反应，未另作规定的				4.3	Ⅰ	274			
					4.3	Ⅱ	274	500g	E2	
1410	氢化铝锂	四氢化铝锂		43022	4.3	Ⅰ				316
1411	氢化铝锂的醚溶液			43022	4.3	Ⅰ				
1413	硼氢化锂	氢硼化锂		43043	4.3	Ⅰ				
1414	氢化锂			43016	4.3	Ⅰ				317
1415	锂		金属锂	43001	4.3	Ⅰ				318
1417	硅锂合金		硅锂	43027	4.3	Ⅱ		500g	E2	
1418	镁粉或镁合金粉			43012	4.3	Ⅰ				319
				43012	4.3	Ⅱ			E2	
				43012	4.3	Ⅲ	223		E1	

续上表

联合国编号	名称和说明	公路运输别名	铁路运输别名	中国编号	类别或项别	包装类别	特殊规定	有限数量	例外数量	对应安全卡页码
1419	磷化铝镁			43037	4.3	Ⅰ				
1420	钾金属合金，液态		钾合金	43003	4.3	Ⅰ				
1421	液态碱金属合金，未另作规定的				4.3	Ⅰ	182			
1422	钾钠合金，液态		钾钠合金，钠钾合金	43004	4.3	Ⅰ				
1423	铷		金属铷	43006	4.3	Ⅰ				320
1426	硼氢化钠			43044	4.3	Ⅰ				321
1427	氢化钠			43017	4.3	Ⅰ				322
1428	钠		金属钠	43002	4.3	Ⅰ				323
1431	甲醇钠	甲氧基钠		42020	4.2	Ⅱ			E2	
1432	磷化钠			43032	4.3	Ⅰ				324
1433	磷化锡			43040	4.3	Ⅰ				
1435	锌灰			43502	4.3	Ⅲ	223	1kg	E1	
1436	锌灰或锌粉尘	红钒铵		43014	4.3	Ⅰ				325
		过氯酸铵		43014	4.3	Ⅱ			E2	
		高硫酸铵；过二硫酸铵		43014	4.3	Ⅲ	223		E1	
1437	氢化锆			41007	4.1	Ⅱ		1kg	E2	
1438	硝酸铝			51522	5.1	Ⅲ		5kg	E1	326
1439	重铬酸铵	红钒铵		51520	5.1	Ⅱ		1kg	E2	327
1442	高氯酸铵	过氯酸铵		51017	5.1	Ⅱ	152	1kg	E2	328

续上表

联合国编号	名称和说明	公路运输别名	铁路运输别名	中国编号	类别或项别	包装类别	特殊规定	有限数量	例外数量	对应安全卡页码
1444	过硫酸铵	高硫酸铵;过二硫酸铵		51504	5.1	Ⅲ		5kg	E1	329
1445	氯酸钡,固态			51035	5.1	Ⅱ		1kg	E2	330
1446	硝酸钡			51060	5.1	Ⅱ		1kg	E2	331
1447	高氯酸钡,固态	过氯酸钡		51022	5.1	Ⅱ		1kg	E2	332
1448	高锰酸钡			51050	5.1	Ⅱ		1kg	E2	
1449	过氧化钡	二氧化钡		51008	5.1	Ⅱ		1kg	E2	333
1450	无机溴酸盐,未另作规定的			51511	5.1	Ⅱ	274/350	1kg	E2	334
1451	硝酸铯			51058	5.1	Ⅲ		5kg	E1	335
1452	氯酸钙			51036	5.1	Ⅱ		1kg	E2	
1453	亚氯酸钙			51046	5.1	Ⅱ		1kg	E2	
1454	硝酸钙		钙硝石	51057	5.1	Ⅲ	208	5kg	E1	336
1455	高氯酸钙	过氯酸钙		51016	5.1	Ⅱ		1kg	E2	337
1456	高锰酸钙	过锰酸钙		51049	5.1	Ⅱ		1kg	E2	338
1457	过氧化钙	二氧化钙		51006	5.1	Ⅱ		1kg	E2	339
1458	氯酸盐和硼酸盐混合物				5.1	Ⅱ		1kg	E2	
					5.1	Ⅲ	223	5kg	E1	
1459	氯酸盐和氯化镁混合物,固态				5.1	Ⅱ		1kg	E2	
					5.1	Ⅲ	223	5kg	E1	
1461	无机氯酸盐,未另作规定的			51041	5.1	Ⅱ	274/351	1kg	E2	
1462	无机亚氯酸盐,未另作规定的			51042	5.1	Ⅱ	274/352	1kg	E2	

续上表

联合国编号	名称和说明	公路运输别名	铁路运输别名	中国编号	类别或项别	包装类别	特殊规定	有限数量	例外数量	对应安全卡页码
1463	无水三氧化铬	铬(酸)酐		51519	5.1	Ⅱ		1kg	E2	340
1465	硝酸钕镨	硝酸镨钕		51523	5.1	Ⅲ		5kg	E1	
1466	硝酸铁			51522	5.1	Ⅲ		5kg	E1	341
1467	硝酸胍	硝酸亚氨脲		51068	5.1	Ⅲ		5kg	E1	342
1469	硝酸铅			51065	5.1	Ⅱ		1kg	E2	343
1470	高氯酸铅,固态	过氯酸铅		51024	5.1	Ⅱ		1kg	E2	344
1471	次氯酸锂,干的,或次氯酸锂混合物			51044	5.1	Ⅱ		1kg	E2	
						Ⅲ	223	5kg	E1	
1472	过氧化锂			51004	5.1	Ⅱ		1kg	E2	345
1473	溴酸镁			51510	5.1	Ⅱ		1kg	E2	346
1474	硝酸镁			51522	5.1	Ⅲ	332	5kg	E1	347
1475	高氯酸镁	过氯酸镁		51021	5.1	Ⅱ		1kg	E2	348
1476	过氧化镁	二氧化镁		51005	5.1	Ⅱ		1kg	E2	349
1477	无机硝酸盐,未另作规定的			51066	5.1	Ⅱ		1kg	E2	
				51066	5.1	Ⅲ	223	5kg	E1	
1479	氧化性固体,未另作规定的			51527/51080	5.1	Ⅰ	274			
				51527/51080	5.1	Ⅱ	274	1kg	E2	
				51527/51080	5.1	Ⅲ	223/274	5kg	E1	
1481	无机高氯酸盐,未另作规定的			51027	5.1	Ⅱ		1kg	E2	
				51027	5.1	Ⅲ	223	5kg	E1	

续上表

联合国编号	名称和说明	公路运输别名	铁路运输别名	中国编号	类别或项别	包装类别	特殊规定	有限数量	例外数量	对应安全卡页码
1482	无机高锰酸盐，未另作规定的			51053	5.1	Ⅱ	206/274/353	1kg	E2	
				51053	5.1	Ⅲ	206/223/274/353	5kg	E1	
1483	无机过氧化物，未另作规定的			51010	5.1	Ⅱ		1kg	E2	
				51010	5.1	Ⅲ	223	5kg	E1	
1484	溴酸钾			51510	5.1	Ⅱ		1kg	E2	350
1485	氯酸钾			51031	5.1	Ⅱ		1kg	E2	351
1486	硝酸钾		火硝；硝石	51056	5.1	Ⅲ		5kg	E1	352
1487	硝酸钾和亚硝酸钠混合物				5.1	Ⅱ		1kg	E2	
1488	亚硝酸钾			51073	5.1	Ⅱ		1kg	E2	353
1489	高氯酸钾	过氯酸钾		51019	5.1	Ⅱ		1kg	E2	354
1490	高锰酸钾	过锰酸钾；灰锰氧		51048	5.1	Ⅱ		1kg	E2	355
1491	过氧化钾			51003	5.1	Ⅰ				356
1492	过硫酸钾	高硫酸钾；过二硫酸钾		51504	5.1	Ⅲ		5kg	E1	357
1493	硝酸银			51063	5.1	Ⅱ		1kg	E2	
1494	溴酸钠			51510	5.1	Ⅱ		1kg	E2	358
1495	氯酸钠			51530	5.1	Ⅱ		1kg	E2	359
1496	亚氯酸钠			51046	5.1	Ⅱ		1kg	E2	360
1498	硝酸钠			51055	5.1	Ⅲ		5kg	E1	361
1499	硝酸钠和硝酸钾混合物				5.1	Ⅲ		5kg	E1	

续上表

联合国编号	名称和说明	公路运输别名	铁路运输别名	中国编号	类别或项别	包装类别	特殊规定	有限数量	例外数量	对应安全卡页码
1500	亚硝酸钠			51525	5.1	Ⅲ		5kg	E1	362
1502	高氯酸钠	过氯酸钠		51018	5.1	Ⅱ		1kg	E2	363
1503	高锰酸钠	过锰酸钠		51047	5.1	Ⅱ		1kg	E2	364
1504	过氧化钠	双氧化钠;二氧化钠		51002	5.1	Ⅰ				365
1505	过硫酸钠	高硫酸钠;过二硫酸钠		51504	5.1	Ⅲ		5kg	E1	366
1506	氯酸锶			51034	5.1	Ⅱ		1kg	E2	367
1507	硝酸锶			51059	5.1	Ⅲ		5kg	E1	368
1508	高氯酸锶	过氯酸锶		51023	5.1	Ⅱ		1kg	E2	
1509	过氧化锶	二氧化锶		51007	5.1	Ⅱ		1kg	E2	369
1510	四硝基甲烷			51017	6.1	Ⅰ	354			
1511	过氧化氢脲		过氧化氢尿素	51076	5.1	Ⅲ		5kg	E1	370
1512	亚硝酸锌铵			51072	5.1	Ⅱ		1kg	E2	
1513	氯酸锌			51038	5.1	Ⅱ		1kg	E2	
1514	硝酸锌			51062	5.1	Ⅱ		1kg	E2	371
1515	高锰酸锌			51051	5.1	Ⅱ		1kg	E2	372
1516	过氧化锌	二氧化锌		51009	5.1	Ⅱ		1kg	E2	373
1517	苦氨酸锆,湿的苦,按质量含水不低于20%	苦氨酸锆	苦味酸钠锆;4,6-二硝基-2-氨基苯酚锆(含水≥20%)	41030	4.1	Ⅰ	28			

续上表

联合国编号	名称和说明	公路运输别名	铁路运输别名	中国编号	类别或项别	包装类别	特殊规定	有限数量	例外数量	对应安全卡页码
1541	丙酮合氰化氢,稳定的		丙酮氰醇,丙酮合氰化氢	61088	6.1	Ⅰ	354			374
1544	固态生物碱,未另作规定的,或固态生物碱盐类,未另作规定的			61121/61868	6.1	Ⅰ	43/274		E5	
				61121/61868	6.1	Ⅱ	43/274	500g	E4	
				61121/61868	6.1	Ⅲ	43/223/274	5kg	E1	
1545	异硫氰酸烯丙酯,稳定的		异硫氰酸烯丙酯,稳定的	61656	6.1	Ⅱ		100mL	E4	375
1546	砷酸铵		砷酸铵	61012	6.1	Ⅱ		500g	E4	376
1547	苯胺		苯胺	61746	6.1	Ⅱ	279	100mL	E4	377
1548	盐酸苯胺		盐酸苯胺	61747	6.1	Ⅲ		5kg	E1	
1549	固态无机锑化合物,未另作规定的		固态无机锑化合物,未另作规定的	61506	6.1	Ⅲ	45/274	5kg	E1	378～379
1550	乳酸锑		乳酸锑	61855	6.1	Ⅲ		5kg	E1	
1551	酒石酸氧锑钾		酒石酸氧锑钾	61855	6.1	Ⅲ		5kg	E1	
1553	液态砷酸			61011	6.1	Ⅰ			E5	
1554	固态砷酸			61011	6.1	Ⅱ		500g	E4	
1555	溴化砷	溴化亚砷	三溴化砷	61014	6.1	Ⅱ		500g	E4	380
1556	液态砷化合物,未另作规定的,无机物,包括:砷酸盐,未另作规定的;亚砷酸盐,未另作规定的;硫化砷,未另作规定的			61098/61009/61012	6.1	Ⅰ	43/274		E5	381
				61098/61009/61012	6.1	Ⅱ	43/274	100mL	E4	
				61098/61009/61012	6.1	Ⅲ	43/223/274	5L	E1	

续上表

联合国编号	名称和说明	公路运输别名	铁路运输别名	中国编号	类别或项别	包装类别	特殊规定	有限数量	例外数量	对应安全卡页码
1557	固态砷化合物,未另作规定的无机物,包括:砷酸盐,未另作规定的;亚砷酸盐,未另作规定的;硫化砷,未另作规定的			61009/61012	6.1	Ⅰ	43/274		E5	382
				61009/61012	6.1	Ⅱ	43/274	500g	E4	
				61009/61012	6.1	Ⅲ	43/223/274	5kg	E1	
1558	砷			61012	6.1	Ⅱ		500g	E4	383
1559	五氧化二砷	砷(酸)酐	五氧化砷	61010	6.1	Ⅱ		500g	E4	384
1560	三氯化砷	氯化亚砷		61013	6.1	Ⅰ			E5	385
1561	三氧化二砷	白砒;砒霜;亚砷(酸)酐		61007	6.1	Ⅱ		500g	E4	386
1562	砷粉			61006	6.1	Ⅱ		500g	E4	
1564	钡化合物,未另作规定的			61021/61852	6.1	Ⅱ	177/274	500g	E4	387~389
				61021/61852	6.1	Ⅲ	177/223/274	5kg	E1	
1565	氰化钡			61001	6.1	Ⅰ			E5	390
1566	铍化合物,未另作规定的			61025	6.1	Ⅱ	274	500g	E4	391~396
				61025	6.1	Ⅲ	223/274	5kg	E1	
1567	铍粉			61024	6.1	Ⅱ		500g	E4	397
1569	溴丙酮			61604	6.1	Ⅱ			E4	398
1570	二甲马钱子碱(番木鳖碱)		二甲氧基士的宁,白路新	61621	6.1	Ⅰ	43		E5	
1571	叠氮化钡,湿的,按质量含水不低于50%		叠氮钡	41035	4.1	Ⅰ	28			399

续上表

联合国编号	名称和说明	公路运输别名	铁路运输别名	中国编号	类别或项别	包装类别	特殊规定	有限数量	例外数量	对应安全卡页码
1572	卡可基酸(二甲次砷酸)		二甲砷酸	61856	6.1	Ⅱ		500g	E4	400
1573	砷酸钙		砷酸三钙	61012	6.1	Ⅱ		500g	E4	401
1574	固态砷酸钙和亚砷酸钙混合物				6.1	Ⅱ		500g	E4	
1575	氰化钙			61001	6.1	Ⅰ			E5	402
1577	液态二硝基氯苯			61681	6.1	Ⅱ	279	100mL	E4	403～405
1578	硝基氯苯,固态	氯硝基苯		61678	6.1	Ⅱ	279	500g	E4	406～409
1579	盐酸盐对氯邻甲苯胺,固态		4－氯邻甲苯胺盐酸,盐酸－4－氯－2－甲苯胺	61771	6.1	Ⅲ		5kg	E1	
1580	三氯硝基甲烷(氯化苦)	硝基三氯甲烷		61051	6.1	Ⅰ	354			410
1581	三氯硝基甲烷和甲基溴混合物,含三氯硝基甲烷高于2%	氯化苦和溴甲烷混合物	三氯硝基甲烷和溴甲烷混合物	23045	2.3					
1582	三氯硝基甲烷和甲基氯混合物	氯化苦和氯甲烷混合物	三氯硝基甲烷和氯甲烷混合物	23044	2.3					
1583	三氯硝基甲烷混合物,未另作规定的				6.1	Ⅰ	274/315		E5	
					6.1	Ⅱ	274	100mL	E4	
					6.1	Ⅲ	223/274	5L	E1	
1585	乙酰亚砷酸铜	祖母绿;翡翠绿	醋酸亚砷酸铜	61009	6.1	Ⅱ		500g	E4	411
1586	亚砷酸铜	亚砷酸氢铜		61009	6.1	Ⅱ		500g	E4	412
1587	氰化铜	氰化高铜		61001	6.1	Ⅱ		500g	E4	

续上表

联合国编号	名称和说明	公路运输别名	铁路运输别名	中国编号	类别或项别	包装类别	特殊规定	有限数量	例外数量	对应安全卡页码
1588	固态无机氰化物，未另作规定的			61001	6.1	Ⅰ	47/274		E5	
				61001	6.1	Ⅱ	47/274	500g	E4	
				61001	6.1	Ⅲ	47/223/274	5kg	E1	
1589	氯化氰,稳定的	氰化氯	氯甲腈		2.3					413
1590	液态二氯苯胺			61768	6.1	Ⅱ	279	100mL	E4	414～419
1591	邻二氯苯		1,2－二氯苯	61657	6.1	Ⅲ	279	5L	E1	420～421
1593	二氯甲烷	亚甲基氯;甲撑氯		61552	6.1	Ⅲ		5L	E1	422
1594	硫酸二乙酯		硫酸乙酯	61625	6.1	Ⅱ		100mL	E4	423
1595	硫酸二甲酯		硫酸甲酯	61116	6.1	Ⅰ	354			424
1596	二硝基苯胺			61778	6.1	Ⅱ		500g	E4	425～428
1597	液态二硝基苯			61057	6.1	Ⅱ		100mL	E4	429～432
				61057	6.1	Ⅲ	223	5L	E1	
1598	二硝基邻甲酚	4,6－二硝基邻甲酚	4,6－二硝基邻甲苯酚	61074	6.1	Ⅱ	43	500g	E4	433
1599	二硝基苯酚溶液	二硝基		61075	6.1	Ⅱ		100mL	E4	
				61075	6.1	Ⅲ	223	5L	E1	
1600	熔融二硝基甲苯			61674	6.1	Ⅱ				
1601	固态消毒剂,毒性,未另作规定的				6.1	Ⅰ	274			
					6.1	Ⅱ	274	500g	E4	
					6.1	Ⅲ	274	5kg	E1	

续上表

联合国编号	名称和说明	公路运输别名	铁路运输别名	中国编号	类别或项别	包装类别	特殊规定	有限数量	例外数量	对应安全卡页码
1602	液态染料，毒性，未另作规定的，或液态染料中间产品，毒性，未另作规定的			61122/61873	6.1	Ⅰ	274		E5	
				61122/61873	6.1	Ⅱ	274	100mL	E4	
				61122/61873	6.1	Ⅲ	223/274			
1603	溴乙酸乙酯	溴醋酸乙酯		61103	6.1	Ⅱ		100mL	E4	434
1604	1,2-乙二胺(乙撑二胺)	1,2-二氨基乙烷	乙二胺	82028	8	Ⅱ		1L	E2	435
1605	二溴化乙烯(乙撑二溴)			61565	6.1	Ⅰ	354			436
1606	砷酸铁			61012	6.1	Ⅱ		500g	E4	437
1607	亚砷酸铁			61009	6.1	Ⅱ		500g	E4	
1608	砷酸亚铁			61012	6.1	Ⅱ		500g	E4	
1611	四磷酸六乙酯	乙基四磷酸酯		61862	6.1	Ⅱ		100mL	E4	438
1612	四磷酸六乙酯和压缩气体混合物			23046	2.3					
1613	氢氰酸水溶液(氰化氢水溶液)，含氰化氢不超过20%			61004	6.1	Ⅰ	48		E5	439
1614	氰化氢，稳定的，含水低于3%，被多孔惰性材料吸收				6.1	Ⅰ			E5	
1616	醋酸铅(乙酸铅)			61853	6.1	Ⅲ		5kg	E1	
1617	砷酸铅			61012	6.1	Ⅱ		500g	E4	440
1618	亚砷酸铅			61009	6.1	Ⅱ		500g	E4	441
1620	氰化铅			61001	6.1	Ⅱ		500g	E4	442
1621	伦敦紫			61008	6.1	Ⅱ	43	500g	E4	

续上表

联合国编号	名称和说明	公路运输别名	铁路运输别名	中国编号	类别或项别	包装类别	特殊规定	有限数量	例外数量	对应安全卡页码
1622	砷酸镁			61012	6.1	Ⅱ		500g	E4	443
1623	砷酸汞	砷酸氢汞		61012	6	Ⅱ		500g	E4	444
1624	氯化汞	氯化高汞;二氯化汞		61030	6.1	Ⅱ		500g	E4	445
1625	硝酸汞	硝酸高汞		61030	6.1	Ⅱ		500g	E4	446
1626	氰化汞钾	汞氰化钾;氰化钾汞		61001	6.1	Ⅰ			E5	447
1627	硝酸亚汞			61509	6.1	Ⅱ		500g	E4	448
1629	乙酸汞(醋酸汞)			61093	6.1	Ⅱ		500g	E4	449
1630	氯化汞铵	白降汞		61509	6.1	Ⅱ		500g	E4	
1631	苯甲酸汞	安息香酸汞		61093	6.1	Ⅱ		500g	E4	450
1634	溴化汞	溴化高汞;二溴化汞		61509	6.1	Ⅱ		500g	E4	451
1636	氰化汞	氰化高汞		61001	6.1	Ⅱ		500g	E4	452
1637	葡萄糖酸汞			61093	6.1	Ⅱ		500g	E4	
1638	碘化汞	碘化高汞;二碘化汞		61030	6.1	Ⅱ		500g	E4	453
1639	核酸汞			61093	6.1	Ⅱ		500g	E4	
1640	油酸汞			61093	6.1	Ⅱ		500g	E4	
1641	氧化汞	一氧化汞;黄降汞;红降汞		61509	6.1	Ⅱ		500g	E4	454
1642	氰氧化汞,减敏的			61030	6.1	Ⅱ		500g	E4	455
1643	碘化汞钾			61509	6.1	Ⅱ		500g	E4	456
1644	水杨酸汞			61093	6.1	Ⅱ		500g	E4	
1645	硫酸汞	硫酸高汞		61509	6.1	Ⅱ		500g	E4	

续上表

联合国编号	名称和说明	公路运输别名	铁路运输别名	中国编号	类别或项别	包装类别	特殊规定	有限数量	例外数量	对应安全卡页码
1646	硫氰酸汞	硫氰化钙		61501	6.1	Ⅱ		500g	E4	457
1647	液态甲基溴和二溴化乙烯混合物		溴甲烷和二溴乙烷液体混合物	61054	6.1	Ⅰ	354			
1648	乙腈	甲基氰		32159	3	Ⅱ		1L	E2	458
1649	发动机燃料抗爆剂混合物			61098	6.1	Ⅰ			E5	
1650	β-萘胺,固态	2-氨基萘	β-萘胺	61830	6.1	Ⅱ		500g	E4	459
1651	萘硫脲		α-萘基硫脲	61135	6.1	Ⅱ	43	500g	E4	460
1652	萘脲		1-萘基脲	61117	6.1	Ⅱ		500g	E4	
1653	氰化镍	氰化亚镍		61001	6.1	Ⅱ		500g	E4	461
1654	烟碱	尼古丁		61868	6.1	Ⅱ		100mL	E4	462
1655	固态烟碱化合物,未另作规定的,或固态烟碱制剂,未另作规定的			61868	6.1	Ⅰ	43/274		E5	
				61868	6.1	Ⅱ	43/274	500g	E4	
				61868	6.1	Ⅲ	43/223/274	5kg	E1	
1656	液态盐酸烟碱或盐酸烟碱溶液	烟碱盐酸盐	烟碱氯化氢	61868	6.1	Ⅱ	43	100mL	E4	
				61868	6.1	Ⅲ	43/223	5L	E1	
1657	水杨酸烟碱		水杨酸化烟碱	61868	6.1	Ⅱ		500g	E4	
1658	硫酸烟碱溶液		硫酸化烟碱	61868	6.1	Ⅱ		100mL	E4	463
				61868	6.1	Ⅲ	223	5L	E1	
1659	酒石酸烟碱		酒石酸化烟碱	61868	6.1	Ⅱ		500g	E4	
1660	压缩一氧化氮		一氧化氮	23009	2.3					464
1661	硝基苯胺(邻、间、对)			61777	6.1	Ⅱ	279	500g	E4	465~467

续上表

联合国编号	名称和说明	公路运输别名	铁路运输别名	中国编号	类别或项别	包装类别	特殊规定	有限数量	例外数量	对应安全卡页码
1662	硝基苯			61056	6.1	Ⅱ	279	100mL	E4	468
1663	硝基苯酚(邻、间、对)			61712	6.1	Ⅲ	279	5kg	E1	469~471
1664	液态硝基甲苯			61058	6.1	Ⅱ		100mL	E4	472~475
1665	液态硝基二甲苯		二甲基硝基苯	61675	6.1	Ⅱ		100mL	E4	476~482
1669	五氯乙烷			61557	6.1	Ⅱ		100mL	E4	483
1670	全氯甲硫醇	三氯硫氯甲烷;过氯甲硫醇;四氯硫代碳酰		61089	6.1	Ⅰ	354			
1671	固态苯酚	酚;石炭酸	苯酚	61067	6.1	Ⅱ	279	500g	E4	484
1672	二氯化苯胩		苯化胩二氯,苯胩化氯	61061	6.1	Ⅰ			E5	485
1673	苯二胺(邻、间、对)			61789	6.1	Ⅲ	279	5kg	E1	486~488
1674	乙酸苯汞			61129	6.1	Ⅱ	43	500g	E4	489~491
1677	砷酸钾			61012	6.1	Ⅱ		500g	E4	
1678	亚砷酸钾			61009	6.1	Ⅱ		500g	E4	492
1679	氰亚铜酸钾	氰化亚铜钾	氰化亚铜三钾	61001	6.1	Ⅱ		500g	E4	493
1680	氰化钾,固态			61001	6.1	Ⅰ			E5	494
1683	亚砷酸银	原亚砷酸银		61009	6.1	Ⅱ		500g	E4	
1684	氰化银			61001	6.1	Ⅱ		500g	E4	495
1685	砷酸钠	原砷酸钠;砷酸二钠		61012	6.1	Ⅱ		500g	E4	496
1686	亚砷酸钠水溶液			61009	6.1	Ⅱ	43	100mL	E4	
				61009	6.1	Ⅲ	43/223	5L	E1	

续上表

联合国编号	名称和说明	公路运输别名	铁路运输别名	中国编号	类别或项别	包装类别	特殊规定	有限数量	例外数量	对应安全卡页码
1687	叠氮化钠		叠氮钠	61033	6.1	Ⅱ		500g	E4	
1688	卡可酸钠(二甲胂酸钠)		二甲基胂酸钠	61856	6.1	Ⅱ		500g	E4	497
1689	氰化钠,固态	山奈		6001	6.1	Ⅰ			E5	498
1690	氟化钠,固态			61513	6.1	Ⅲ		5kg	E1	499
1691	亚砷酸锶	原亚胂酸锶		61009	6.1	Ⅱ		500g	E4	500
1692	马钱子碱或马钱子碱盐	士的宁		61121	6.1	Ⅰ			E5	501
1693	液态催泪性毒气物质,未另作规定的				6.1	Ⅰ	274		E5	
					6.1	Ⅱ	274		E4	
1694	液态溴苄基氰		溴苯乙氰,溴苄基氰	61106	6.1	Ⅰ	138		E5	
1695	氯丙酮,稳定的			61601	6.1	Ⅰ	354			502
1697	氯乙酰苯,固态	苯基氯甲基甲酮	氯乙酰苯	61664	6.1	Ⅱ			E4	
1698	二苯胺氯胂	吩吡嗪化氯;亚当氏气	二苯胺基氯胂	61098	6.1	Ⅰ			E5	
1699	液态二苯氯胂	氯化二苯胂	二苯基氯胂,二苯氯胂	61098	6.1	Ⅰ			E5	503
1700	催泪性毒气筒				6.1	Ⅱ				
1701	甲苄基溴(二甲苯基溴),液态	甲基溴化苄;α-溴代二甲苯		61671	6.1	Ⅱ			E4	
1702	1,1,2,2-四氯乙烷			61556	6.1	Ⅱ		100mL	E4	504
1704	二硫代焦磷酸四乙酯			61113	6.1	Ⅱ	43	100mL	E4	
1707	铊化合物,未另作规定的			61135/61023	6.1	Ⅱ	43	500g	E4	505~509

续上表

联合国编号	名称和说明	公路运输别名	铁路运输别名	中国编号	类别或项别	包装类别	特殊规定	有限数量	例外数量	对应安全卡页码
1708	液态甲苯胺			61750	6.1	Ⅱ	279	100mL	E4	510~513
1709	2,4-甲苯二胺,固态	甲苯-2,4-二胺		61800	6.1	Ⅲ		5kg	E1	514~516
1710	三氯乙烯			61580	6.1	Ⅱ		5L	E1	517
1711	液态二甲基苯胺		二甲基苯胺	61753	6.1	Ⅱ		100mL	E4	518~524
1712	砷酸锌、亚砷酸锌或砷酸锌和亚砷酸锌混合物			61009/61012	6.1	Ⅱ		500g	E4	525~526
1713	氰化锌			61001	6.1	Ⅰ			E5	527
1714	磷化锌			43038	4.3	Ⅰ				528
1715	乙酸酐	醋酸酐	醋酐	81602	8	Ⅱ		1L	E2	529
1716	乙酰溴		溴(化)乙酰	81110	8	Ⅱ		1L	E2	
1717	乙酰氯	氯(化)乙酰		32118	3	Ⅱ		1L	E2	530
1718	磷酸二氢丁酯	酸式磷酸丁酯	丁基磷酸	81644	8	Ⅲ		5L	E1	
1719	苛性碱液体,未另作规定的				8	Ⅱ	274	1L	E2	
					8	Ⅲ	223/274	5L	E1	
1722	氯甲酸烯丙酯		氯甲酸烯丙基酯(含有稳定剂)	83006	6.1	Ⅰ			E5	531
1723	烯丙基碘	碘化烯丙基		32049	3	Ⅱ		1L	E2	532
1724	烯丙基三氯硅烷,稳定的			81133	8	Ⅱ			E2	533
1725	无水溴化铝	溴化铝	三溴化铝(无水)	81058	8	Ⅱ		1kg	E2	
1726	无水氯化铝		三氯化铝(无水)	81045	8	Ⅱ		1kg	E2	534
1727	固态二氟化氢铵	酸性氟化铵	氟化氢铵	83003	8	Ⅱ		1kg	E2	

续上表

联合国编号	名称和说明	公路运输别名	铁路运输别名	中国编号	类别或项别	包装类别	特殊规定	有限数量	例外数量	对应安全卡页码
1728	戊基三氯硅烷			81133	8	Ⅱ			E2	535
1729	茴香酰氯		甲氧基苯甲酰氯	81123	8	Ⅱ		1kg	E2	
1730	液态五氯化锑			81047	8	Ⅱ		1L	E2	
1731	五氯化锑溶液		五氯化锑	81047	8	Ⅱ		1L	E2	536
				81047	8	Ⅲ	223	5L	E1	
1732	五氟化锑			81061	8	Ⅱ		1L	E2	
1733	三氯化锑			81046	8	Ⅱ		1kg	E2	537
1736	苯酰氯	氯化苯甲酰	苯甲酰氯	81121	8	Ⅱ		1L	E2	538
1737	苄基溴	α－溴甲苯	溴化苄	61065	6.1	Ⅱ			E4	539
1738	苄基氯	α－氯甲苯	氯化苄	61063	6.1	Ⅱ			E4	540
1739	氯甲酸苄酯	苯甲氧基碳酰氯		83007	8	Ⅰ				541
1740	固态二氟氢化物，未另作规定的				8	Ⅱ		1kg	E2	
					8	Ⅲ	223	5kg	E1	
1741	三氯化硼			22023	2.3					542
1742	三氟化硼合乙酸，液态	乙酸三氟化硼	三氟化硼乙酸络合物	81612	8	Ⅱ		1L	E2	543
1743	三氟化硼合丙酸，液态	丙酸三氟化硼	三氟化硼丙酸络合物	81616	8	Ⅱ		1L	E2	
1744	溴或溴溶液	溴素		81021	8	Ⅰ			E2	544
1745	五氟化溴			51013	5.1	Ⅰ				
1746	三氟化溴			51012	5.1	Ⅰ				545

续上表

联合国编号	名称和说明	公路运输别名	铁路运输别名	中国编号	类别或项别	包装类别	特殊规定	有限数量	例外数量	对应安全卡页码
1747	丁基三氯硅烷			81133	8	Ⅱ			E2	546
1748	次氯酸钙,干的,或次氯酸钙混合物,干的,含有效氯高于39%(有效氧8.8%)			51043	5.1	Ⅱ	314	1kg	E2	547
				51043	5.1	Ⅲ	316	5kg	E1	
1749	三氟化氯			23015	2.3					548
1750	氯乙酸溶液	氯醋酸		81603	6.1	Ⅱ		100mL	E4	
1751	固态氯乙酸	氯醋酸酐	氯乙酸,一氯乙酸	81604	6.1	Ⅱ		500g	E4	549
1752	氯乙酰氯	氯化氯乙酰		81118	6.1	Ⅰ	354			550
1753	氯苯基三氯硅烷	苯代三氯硅烷		81133	8	Ⅱ			E2	551
1754	氯磺酸(含或不含三氧化硫)		氯磺酸	81023	8	Ⅰ				552
1755	铬酸溶液			81031	8	Ⅱ		1L	E2	
				81031	8	Ⅲ	223	5L	E1	
1756	固态氟化铬	三氟化铬	氟化铬	83002	8	Ⅱ		1kg	E2	553
1757	氟化铬溶液			83002	8	Ⅱ		1L	E2	
				83002	8	Ⅲ	223	5L	E1	
1758	氯氧化铬	氧化铬酰;二氯氧化铬铬酰氯	铬酰氯,氧氯化铬	81038	8	Ⅰ				554
1759	腐蚀性固体,未另作规定的				8	Ⅰ	274			
					8	Ⅱ	274	1kg	E2	
					8	Ⅲ	223/274	5kg	E1	

续上表

联合国编号	名称和说明	公路运输别名	铁路运输别名	中国编号	类别或项别	包装类别	特殊规定	有限数量	例外数量	对应安全卡页码
1760	腐蚀性液体,未另作规定的				8	Ⅰ	274			
					8	Ⅱ	274	1L	E2	
					8	Ⅲ	223/274	5L	E1	
1761	铜乙二胺溶液			82029	8	Ⅱ		1L	E2	
				82029	8	Ⅲ	223	5L	E1	
1762	环己烯基三氯硅烷			81133	8	Ⅱ			E2	555
1763	环己基三氯硅烷			81133	8	Ⅱ			E2	556
1764	二氯乙酸	二氯醋酸		81605	8	Ⅱ		1L	E2	557
1765	二氯乙酰氯			81118	8	Ⅱ		1L	E2	558
1766	二氯苯基三氯硅烷			81133	8	Ⅱ			E2	559
1767	二乙基二氯硅烷	二氯二乙基硅烷		81133	8	Ⅱ			E2	560
1768	无水二氟磷酸	二氟代磷酸		81028	8	Ⅱ		1L	E2	
1769	二苯基二氯硅烷		二苯二氯硅烷	81133	8	Ⅱ			E2	561
1770	二苯甲基溴	溴二苯甲烷;二苯溴甲烷		83016	8	Ⅱ		1kg	E2	562
1771	十二烷基三氯硅烷			81133	8	Ⅱ			E2	563
1773	无水氯化铁			81513	8	Ⅲ		5kg	E1	
1774	灭火器起动剂,腐蚀性液体		灭火器药剂(腐蚀性液体)	81065	8	Ⅱ		1L		
1775	氟硼酸			81026	8	Ⅱ		1L	E2	564
1776	无水氟磷酸			81027	8	Ⅱ		1L	E2	

续上表

联合国编号	名称和说明	公路运输别名	铁路运输别名	中国编号	类别或项别	包装类别	特殊规定	有限数量	例外数量	对应安全卡页码
1777	氟磺酸			81024	8	Ⅰ				565
1778	氟硅酸	硅氟酸		81025	8	Ⅱ		1L	E2	566
1779	甲酸，按质量含酸高于85%			81101	8	Ⅱ		1L	E2	567
1780	反丁烯二酰氯（富马酰氯）		反式丁烯二酰氯	81116	8	Ⅱ		1L	E2	
1781	十六烷基三氯硅烷			81133	8	Ⅱ			E2	568
1782	氟磷酸（六氟磷酸）	六氟代磷酸	六氟合磷氢酸（无水）	81029	8	Ⅱ		1L	E2	
1783	六亚甲基二胺溶液			82031	8	Ⅱ		1L	E2	569
				82031	8	Ⅲ	223	5L	E1	
1784	己基三氯硅烷			81133	8	Ⅱ			E2	570
1786	氢氟酸和硫酸混合物				8	Ⅰ				
1787	氢碘酸	碘化氢溶液		81019	8	Ⅱ		1L	E2	571
				81019	8	Ⅲ	223	5L	E1	
1788	氢溴酸	溴化氢溶液		81017	8	Ⅱ		1L	E2	572
				81017	8	Ⅲ	223	5L	E1	
1789	氢氯酸			81013	8	Ⅱ		1L	E2	573
				81013	8	Ⅲ	223	5L	E1	
1790	氢氟酸，含氟化氢高于60%	氟化氢溶液		81016	8	Ⅰ				574
	氢氟酸，含氟化氢不超过60%	氟化氢溶液		81016	8	Ⅱ		1L	E2	
1791	次氯酸盐溶液	漂白水		83501	8	Ⅱ		1L	E2	575
				83501	8	Ⅲ	223	5L	E1	

续上表

联合国编号	名称和说明	公路运输别名	铁路运输别名	中国编号	类别或项别	包装类别	特殊规定	有限数量	例外数量	对应安全卡页码
1792	一氯化碘			81054	8	Ⅱ		1kg	E2	576
1793	酸式磷酸异丙酯		异丙基磷酸	81643	8	Ⅲ		5L	E1	
1794	硫酸铅，含游离酸高于3%			81062	8			1kg	E2	
1796	硝化酸混合物，含硝酸高于50%	硝化混合酸		81003	8	Ⅰ				
	硝化酸混合物，含硝酸不超过50%	硝化混合酸		81003	8	Ⅱ		1L	E2	
1798	王水		硝基盐酸	81014	8	Ⅰ				
1799	壬基三氯硅烷			81133	8	Ⅱ			E2	577
1800	十八烷基三氯硅烷			81133	8	Ⅱ			E2	578
1801	辛基三氯硅烷			81133	8	Ⅱ			E2	579～580
1802	高氯酸，按质量含酸不超过50%	过氯酸		81022	8	Ⅱ		1L	E2	
1803	液态苯酚磺酸		苯酚磺酸	81107	8	Ⅱ		1L	E2	
1804	苯基三氯硅烷		苯代三氯硅烷	81133	8	Ⅱ			E2	581
1805	磷酸溶液	磷酸		81501	8	Ⅲ	223	5L	E1	582
1806	五氯化磷			81042	8	Ⅱ		1kg	E2	583
1807	五氧化二磷	磷酸酐	五氧化磷	81063	8	Ⅱ		1kg	E2	584
1808	三溴化磷			81056	8	Ⅱ		1L	E2	585
1809	三氯化磷			81041	6.1	Ⅰ	354			586
1810	三氯氧化磷(磷酰氯)	氯化磷酰	氧氯化磷	81040	6.1	Ⅰ	354			587

续上表

联合国编号	名称和说明	公路运输别名	铁路运输别名	中国编号	类别或项别	包装类别	特殊规定	有限数量	例外数量	对应安全卡页码
1811	固态二氟化氢钾	酸性氟化钾	氟化氢钾	83004	8	Ⅱ		1kg	E2	588
1812	氟化钾，固态			61513	6.1	Ⅲ		5kg	E1	589
1813	固态氢氧化钾	苛性钾	氢氧化钾	82002	8	Ⅱ		1kg	E2	590
1814	氢氧化钾溶液			82002	8	Ⅱ		1L	E2	
				82002	8	Ⅲ	223	5L	E1	
1815	丙酰氯	氯(化)丙酰		32120	3	Ⅱ		1L	E2	
1816	丙基三氯硅烷			81133	8	Ⅱ			E2	591
1817	焦硫酰二氯	二硫酰氯	集硫酰氯，氯化二硫酰	81036	8	Ⅱ		1L	E2	
1818	四氯化硅	氯化硅		81043	8	Ⅱ			E2	592
1819	铝酸钠溶液			82008	8	Ⅱ		1L	E2	
				82008	8	Ⅲ	223	5L	E1	
1823	固态氢氧化钠	苛性碱；烧碱	氢氧化钠，片碱，固碱，火碱	82001	8	Ⅱ		1kg	E2	593
1824	氢氧化钠溶液	液碱		82001	8	Ⅱ		1L	E2	
				82001	8	Ⅲ	223	5L	E1	
1825	氧化钠			82006	8	Ⅱ		1kg	E2	594
1826	硝化酸混合物，废的，含硝酸高于50%		废硝化混合酸	81004	8	Ⅰ	113			
	硝化酸混合物，废的，含硝酸不超过50%		废硝化混合酸	81004	8	Ⅱ	113	1L	E2	

续上表

联合国编号	名称和说明	公路运输别名	铁路运输别名	中国编号	类别或项别	包装类别	特殊规定	有限数量	例外数量	对应安全卡页码
1827	无水四氯化锡	氯化锡		81053	8	Ⅱ		1L	E2	595
1828	氯化硫		一氯化硫	81032	8	Ⅰ				596
1829	三氧化硫,稳定的		硫酸酐,三氧化硫(抑制了的)	81010	8	Ⅰ				
1830	硫酸,含酸高于51%			81007	8	Ⅱ		1L	E2	597
1831	发烟硫酸	焦硫酸		81006	8	Ⅰ			E2	598
1832	硫酸废液		废硫酸	81009	8	Ⅱ	113	1L	E2	
1833	亚硫酸			81001	8	Ⅱ		1L	E2	599
1834	硫酰氯	二氯硫酰;磺酰氯	氧氯化硫	81035	6.1	Ⅰ	354			600
1835	氢氧化四甲铵溶液		四甲基氢氧化铵	82019	8	Ⅱ		1L	E2	601
				82019	8	Ⅲ	223	5L	E1	
1836	亚硫酰氯	二氯氧化硫	亚硫酰二氯,氯化亚砜	81037	8	Ⅰ				602
1837	硫代磷酰氯	硫代氯化磷酰;三氯化硫磷		81064	8	Ⅱ		1L	E2	603
1838	四氯化钛			81051	6.1	Ⅰ	354			604
1839	三氯乙酸		三氯醋酸	81606	8	Ⅱ		1kg	E2	605
1840	氯化锌溶液			83504	8	Ⅲ	223	5L	E1	
1841	乙醛合氨		1-氨基乙醇	82504	9	Ⅲ		5kg	E1	
1843	二硝基邻甲酚铵,固态		二硝基邻甲酚铵	61076	6.1	Ⅱ		500g	E4	
1845	固态二氧化碳(干冰)			92001	9		297			606

续上表

联合国编号	名称和说明	公路运输别名	铁路运输别名	中国编号	类别或项别	包装类别	特殊规定	有限数量	例外数量	对应安全卡页码
1846	四氯化碳	四氯甲烷		61554	6.1	Ⅱ		100mL	E4	607
1847	水合硫化钾，含结晶水不低于30%			82012	8	Ⅱ		1kg	E2	608
1848	丙酸，按质量含酸不低于10%，但不超过90%			81613	8	Ⅲ		5L	E1	609
1849	水合硫化钠，含水不低于30%		硫化碱，臭碱	82011	8	Ⅱ		1kg	E2	610
1851	药物，液态，毒性，未另作规定的				6.1	Ⅱ	221	100mL	E4	
					6.1	Ⅲ	221/223	5L	E1	
1854	发火钡合金		钡合金	42003	4.2	Ⅰ				
1855	发火钙金属或发火钙合金	钙粉	金属钙粉	42002	4.2	Ⅰ				611
1856	含油碎布			42509	4.2		29/117			
1857	织物废料，湿的				4.2	Ⅲ	117		E1	
1858	六氟丙烯(制冷气体R1216)	全氟丙烯		22037	2.2			120mL	E1	612
1859	四氟化硅	氟化硅		23020	2.3					613
1860	乙烯基氟，稳定的		乙烯基氟	21030	2.1					
1862	丁烯酸乙酯	巴豆酸乙酯		32148	3	Ⅱ		1L	E2	
1863	航空燃料，涡轮发动机用				3	Ⅰ		500mL	E3	
					3	Ⅱ		1L	E2	
					3	Ⅲ	223	5L	E1	
1865	硝酸正丙酯			32155	3	Ⅱ	26	1L	E2	614

续上表

联合国编号	名称和说明	公路运输别名	铁路运输别名	中国编号	类别或项别	包装类别	特殊规定	有限数量	例外数量	对应安全卡页码
1866	树脂溶液,易燃		含一级易燃溶剂的合成树脂(-18°C≤闪点<23°C)	32197/33645	3	Ⅰ		500mL	E3	615
				32197/33645	3	Ⅱ		5L	E2	
				32197/33645	3	Ⅲ	223	5L	E1	
1868	癸硼烷(十硼烷)	十硼氢		41056	4.1	Ⅱ		1kg	E2	
1869	镁金属或镁合金,丸状、旋屑或带状,含镁高于50%			41502	4.1	Ⅲ	59	5kg	E1	616
1870	硼氢化钾	氢硼化钾		43045	4.3	Ⅰ				617
1871	氢化钛			41006	4.1	Ⅱ		1kg	E2	618
1872	二氧化铅	过氧化铅		51502	5.1	Ⅲ		5kg	E1	619
1873	高氯酸,按质量含酸不低于50%,但不超过72%	过氯酸		51015	5.1	Ⅰ	60			620
1884	氧化钡	一氧化钡		61503	6.1	Ⅲ		5kg	E1	
1885	联苯胺	二氨基联苯	4,4′-二氨基联苯	61803	6.1	Ⅱ		500g	E4	
1886	二氯甲基苯	苄叉二氯	二氯化苄,二氯甲基苄	61064	6.1	Ⅱ		100mL	E4	621
1887	溴氯甲烷		甲撑溴氯	61574	6.1	Ⅲ		5L	E1	
1888	氯仿(三氯甲烷)			61553	6.1	Ⅲ		5L	E1	622
1889	溴化氰		氰化溴	61001	6.1	Ⅰ			E5	623
1891	乙基溴	溴代乙烷	溴乙烷	61564	6.1	Ⅱ		100mL	E4	624
1892	乙基二氯胂	二氯化乙基胂		61098	6.1	Ⅰ	354			
1894	氢氧化苯汞			61093	6.1	Ⅱ		500g	E4	

续上表

联合国编号	名称和说明	公路运输别名	铁路运输别名	中国编号	类别或项别	包装类别	特殊规定	有限数量	例外数量	对应安全卡页码
1895	硝酸苯汞			61093	6.1	Ⅱ		500g	E4	625
1897	四氯乙烯		全氯乙烯	61580	6.1	Ⅲ		5L	E1	626
1898	乙酰碘		碘化乙酰	81114	8	Ⅱ		1L	E2	627
1902	酸式磷酸二异辛酯		二异辛基磷酸	81646	8	Ⅲ		5L	E1	
1903	液态消毒剂,腐蚀性,未另作规定的		杀毒杀菌剂(未另列明的)	83020	8	Ⅰ	274			
				83020	8	Ⅱ	274	1L	E2	
				83020	8	Ⅲ	223/274	5L	E1	
1905	硒酸			81030	8	Ⅰ				628
1906	淤渣硫酸			81009	8	Ⅱ		1L	E2	
1907	碱石灰,含氢氧化钠高于4%	碱石灰	钠石灰	82501	8	Ⅲ	62	5kg	E1	629
1908	亚氯酸盐溶液			83001	8	Ⅱ		1L	E2	
				83001	8	Ⅲ	223	5L	E1	
1910	氧化钙	石灰;生石灰			8	Ⅲ	106	5kg	E1	
1911	乙硼烷	二硼烷		21049	2.3					630
1912	甲基氯和二氯甲烷混合物			21054	2.1		228			
1913	冷冻液态氖	液氖	氖(液化的)	22010	2.2			120mL	E1	631
1914	丙酸丁酯			33597	3	Ⅲ		5L	E1	632
1915	环己酮			33590	3	Ⅲ		5L	E1	633
1916	2,2′-二氯二乙醚	对称二氯二乙醚		61594	6.1	Ⅱ		100mL	E4	634
1917	丙烯酸乙酯,稳定的			32147	3	Ⅱ		1L	E2	635

续上表

联合国编号	名称和说明	公路运输别名	铁路运输别名	中国编号	类别或项别	包装类别	特殊规定	有限数量	例外数量	对应安全卡页码
1918	异丙基苯	枯烯	异丙苯	33538	3	Ⅲ		5L	E1	636
1919	丙烯酸甲酯,稳定的		丙烯酸甲酯(抑制了的)	32146	3	Ⅱ		1L	E2	637
1920	壬烷			33505	3	Ⅲ		5L	E1	638~641
1921	丙烯亚胺,稳定的	甲基氮丙环	丙烯亚胺(抑制了的)	32180	3	Ⅰ				
1922	吡咯烷	四氢氮杂茂	四氢化吡咯	32103	3	Ⅱ		1L	E2	
1923	连二亚硫酸钙(亚硫酸氢钙)			42014	4.2	Ⅱ			E2	642
1928	溴化甲基镁的乙醚溶液		甲基溴化镁(浸在乙醚中)	43048	4.3	Ⅰ				643
1929	连二亚硫酸钾(亚硫酸氢钾)		低亚硫酸钾	42013	4.2	Ⅱ			E2	
1931	连二亚硫酸锌(亚硫酸氢锌)		低亚硫酸锌	43508	9	Ⅲ		5kg	E1	
1932	锆金属碎屑		金属锆(干的,碎屑)	42501	4.2	Ⅲ	223		E1	
1935	氰化物溶液,未另作规定的			61002	6.1	Ⅰ	274		E5	
				61002	6.1	Ⅱ	274	100mL	E4	
				61002	6.1	Ⅲ	223/274	5L	E1	
1938	溴乙酸溶液		溴醋酸,溴乙酸	81607	8	Ⅱ		1L	E2	644
				81607	8	Ⅲ	223	5L	E1	
1939	三溴氧化磷	溴化磷酰	氧溴化磷,磷酰溴,三溴氧磷	81055	8	Ⅱ		1kg	E2	
1940	巯基乙酸	氢硫基乙酸;硫代乙醇酸		81611	8	Ⅱ		1L	E2	645

续上表

联合国编号	名称和说明	公路运输别名	铁路运输别名	中国编号	类别或项别	包装类别	特殊规定	有限数量	例外数量	对应安全卡页码
1941	二溴二氟甲烷	二氟二溴甲烷		61577	9	Ⅲ		5L	E1	
1942	硝酸铵,含可燃物质总量不大于0.2%,包括以碳计算的任何有机物质,但不包括任何其他添加物质		硝铵	51069	5.1	Ⅲ	306	5kg	E1	646
1944	安全火柴(册式、卡式或盒上划燃)		涂蜡火柴	41551	4.1	Ⅲ	293/294	5kg	E1	
1945	"维斯塔"蜡火柴(涂蜡火柴)			41551	4.1	Ⅲ	294	5kg	E1	
1950	气雾剂			21057	2		63/190/277/327/344	120mL或1La		
1951	冷冻液态氩	液氩	氩(液化的)	22012	2.2			120mL	E1	647
1952	环氧化乙烷和二氧化碳混合物,含环氧乙烷不超过9%	二氧化碳和氧化乙烯混合物		22031	2.2			120mL	E1	
1953	压缩气体,毒性,易燃,未另作规定的			21061	2.3		274			
1954	压缩气体,易燃,未另作规定的			21060	2.1		274			
1955	压缩气体,毒性,未另作规定的			23052	2.3		274			

续上表

联合国编号	名称和说明	公路运输别名	铁路运输别名	中国编号	类别或项别	包装类别	特殊规定	有限数量	例外数量	对应安全卡页码
1956	压缩气体,未另作规定的			22053	2.2		274	120mL	E1	
1957	压缩氘(重氢)			21004	2.1					
1958	1,2-二氯-1,1,2,2-四氟乙烷(制冷气体R114)		二氯四氟乙烷,R114	22046	2.2			120mL	E1	
1959	1,1-二氟乙烯(制冷气体R1132a)	偏二氟乙烯	R1132a	21031	2.1					
1961	冷冻液态乙烷		液化乙烷,乙烷(液化的)	21010	2.1					648
1962	乙烯			21016	2.1					649
1963	冷冻液态氦	液氦	氦(液化的)	22008	2.2			120mL	E1	650
1964	压缩烃类气体混合物,未另作规定的		烃类气体及其混合物(压缩的,未另列明的)	21058	2.1		274			
1965	液化烃类气体混合物,未另作规定的		烃类气体及其混合物(液化的,未另列明的)	21059	2.1		274			
1966	冷冻液态氢	液氢	氢(液化的)	21002	2.1					651
1967	气体杀虫剂,毒性,未另作规定的			23051	2.3		274			
1968	气体杀虫剂,未另作规定的				2.2		274	120mL	E1	
1969	异丁烷			21012	2.1					652

续上表

联合国编号	名称和说明	公路运输别名	铁路运输别名	中国编号	类别或项别	包装类别	特殊规定	有限数量	例外数量	对应安全卡页码
1970	冷冻液态氪	液氪	氪(液化的)	22014	2.2			120mL	E1	653
1971	压缩甲烷或甲烷含量高的压缩天然气	沼气	甲烷(压缩的),天然气(含甲烷的,压缩的)	21007	2.1					654
1972	冷冻液态甲烷或甲烷含量高的冷冻液态天然气	液化甲烷,液化天然气	甲烷(液化的),天然气(含甲烷的,液化的)	21008	2.1					655
1973	二氟氯甲烷和五氟氯乙烷混合物,有固定沸点,前者约占49%(制冷气体R502)		氯二氟甲烷和氯五氟乙烷共沸物,R502	22050	2.2			120mL	E1	
1974	二氟氯溴甲烷(制冷气体R12B1)		氯二氟溴甲烷,R12B1	22048	2.2			120mL	E1	
1975	一氧化氮和四氧化二氮混合物(一氧化氮和二氧化氮混合物)			23010	2.3					
1976	八氟环丁烷(制冷气体RC318)		RC318	22036	2.2			120mL	E1	
1977	冷冻液态氮	液氮	氮(液化的)	22006	2.2		345/346	120mL	E1	656
1978	丙烷			21011	2.1					657
1982	四氟甲烷(制冷气体R14)		R14	22033	2.2			120mL	E1	
1983	1-氯-2,2,2-三氟乙烷(制冷气体R133a)		氯三氟乙烷,R133a	22041	2.2			120mL	E1	
1984	三氟甲烷(制冷气体R23)	氟仿	R23	22032	2.2			120mL	E1	

续上表

联合国编号	名称和说明	公路运输别名	铁路运输别名	中国编号	类别或项别	包装类别	特殊规定	有限数量	例外数量	对应安全卡页码
1986	醇类,易燃,毒性,未另作规定的				3	Ⅰ	274			
					3	Ⅱ	274	1L	E2	
					3	Ⅲ	223/274	5L	E1	
1987	醇类,未另作规定的				3	Ⅱ	274	1L	E2	
					3	Ⅲ	223/274	5L	E1	
1988	醛类,易燃,毒性,未另作规定的				3	Ⅰ	274			
					3	Ⅱ	274	1L	E2	
					3	Ⅲ	223/274	5L	E1	
1989	醛类,未另作规定的				3	Ⅰ	274		E3	
					3	Ⅱ	274	1L	E2	
					3	Ⅲ	223/274	5L	E1	
1990	苯甲醛				9	Ⅲ		5L	E1	
1991	氯丁二烯,稳定的			31013	3	Ⅰ				658
1992	易燃液体,毒性,未另作规定的			31053	3	Ⅰ	274			
				31053	3	Ⅱ	274	1L	E2	
				31053	3	Ⅲ	223/274	5L	E1	
1993	易燃液体,未另作规定的			31053	3	Ⅰ	274		E3	
				31053	3	Ⅱ	274	1L	E2	
				31053	3	Ⅲ	223/274	5L	E1	
1994	五羰铁	羰基铁	五羰基铁	61031	6.1	Ⅰ	354			659

续上表

联合国编号	名称和说明	公路运输别名	铁路运输别名	中国编号	类别或项别	包装类别	特殊规定	有限数量	例外数量	对应安全卡页码
1999	液态焦油，包括筑路沥青和路油，沥青和稀释沥青		焦油沥青	61869	3	Ⅱ		5L	E2	
				61869	3	Ⅲ	223	5L	E1	
2000	赛璐珞，块、棒、卷、片、管等，碎屑除外		硝化纤维塑料（板、片、棒、管、卷等状；不包括碎屑）	41547	4.1	Ⅲ	223	5kg	E1	
2001	环烷酸钴粉	萘酸钴	环烷酸钴（粉状的）	41539	4.1	Ⅲ		5kg	E1	
2002	赛璐珞、碎屑		硝化纤维塑料碎屑	42504	4.2	Ⅲ	223		E1	
2004	二氨基镁			42016	4.2	Ⅱ			E2	
2006	塑料，以硝化纤维素为基料，自热性，未另作规定的				4.2	Ⅲ	274		E1	
2008	干锆粉	锆粉	金属锆粉（干燥的）	42005	4.2	Ⅰ				660
				42005	4.2	Ⅱ			E2	
				42005	4.2	Ⅲ	223		E1	
2009	锆金属，干的，精整薄板、带材或成卷线材			42501	4.2	Ⅲ	223		E1	
2010	二氢化镁		氢化镁	43019	4.3	Ⅰ				
2011	二磷化三镁		磷化镁	43035	4.3	Ⅰ				661
2012	磷化钾			43033	4.3	Ⅰ				662
2013	磷化锶			43039	4.3	Ⅰ				663
2014	过氧化氢水溶液，过氧化氢含量不低于20%，但不超过60%（必要时加稳定剂）			51001	5.1	Ⅱ		1L	E2	664

续上表

联合国编号	名称和说明	公路运输别名	铁路运输别名	中国编号	类别或项别	包装类别	特殊规定	有限数量	例外数量	对应安全卡页码
2015	过氧化氢,稳定的或过氧化氢水溶液,稳定的,过氧化氢含量大于60%	双氧水		51001	5.1	Ⅰ				665
2016	毒性弹药,非爆炸性,不带起爆装置或发射剂,没有引信				6.1	Ⅱ				
2017	催泪弹药,非爆炸性,不带起爆装置或发射剂,没有引信				6.1	Ⅱ				
2018	固态氯苯胺			61766	6.1	Ⅱ		500g	E4	666
2019	液态氯苯胺			61766	6.1	Ⅱ		100mL	E4	667~669
2020	固态氯苯酚			61703	6.1	Ⅲ	205	5kg	E1	670
2021	液态氯苯酚			61703	6.1	Ⅲ		5L	E1	671~673
2022	甲苯基酸(甲苯酚)	克利沙酸		61072	6.1	Ⅱ		100mL	E4	
2023	3-氯-1,2-环氧丙烷(表氯醇)		环氧氯丙烷	61052	6.1	Ⅱ	279	100mL	E4	674
2024	液态汞化合物,未另作规定的		碘化高汞;二碘化汞	61093/61030	6.1	Ⅰ	43/66/274		E5	
				61093/61030	6.1	Ⅱ	43/66/274	100mL	E4	
				61093/61030	6.1	Ⅲ	43/66/223/274	5L	E1	
2025	固态汞化合物,未另作规定的		碘化高汞;二碘化汞	61093/61030	6.1	Ⅰ	43/66/274		E5	
				61093/61030	6.1	Ⅱ	43/66/274	500g	E4	
				61093/61030	6.1	Ⅲ	43/66/223/274	5kg	E1	

续上表

联合国编号	名称和说明	公路运输别名	铁路运输别名	中国编号	类别或项别	包装类别	特殊规定	有限数量	例外数量	对应安全卡页码
2026	苯汞化合物,未另作规定的				6.1	Ⅰ	43/274		E5	
					6.1	Ⅱ	43/274	500g	E4	
					6.1	Ⅲ	43/223/274	5kg	E1	
2027	固态亚砷酸钠	偏亚砷酸钠	亚砷酸钠	61009	6.1	Ⅱ	43	500g	E4	675
2028	烟幕弹,非爆炸性,含腐蚀性液体,不带引爆装置				8	Ⅱ				
2029	无水肼	无水联氨	无水联胺	33631	8	Ⅰ				
2030	肼水溶液,按质量含肼高于37%	水合联氨	水合肼	82020	8	Ⅰ				676
				82020	8	Ⅱ		1L	E2	
				82020	8	Ⅲ		5L	E1	
2031	硝酸,发红烟的除外,含硝酸高于70%			81002	8	Ⅰ				677
	硝酸,发红烟的除外,含硝酸至少65%,但不超过70%				8	Ⅱ		1L	E2	
	硝酸,发红烟的除外,含硝酸低于65%				8	Ⅲ			E2	
2032	硝酸,发红烟的		发烟硝酸	81001	8					678
2033	氧化钾			21003	8			1kg	E2	
2034	压缩氢和甲烷混合物		氢气和甲烷的混合物(压缩的)		2.1					
2035	1,1,1-三氟乙烷(制冷气体R143a)		R143	21029	2.1					

续上表

联合国编号	名称和说明	公路运输别名	铁路运输别名	中国编号	类别或项别	包装类别	特殊规定	有限数量	例外数量	对应安全卡页码
2036	氙			22015	2.2			120mL	E1	679
2037	装气体的小型贮器(蓄气筒),没有释放装置,不能再充气的		装气体的小型蓄气筒		2		191/277/303/344	120mL 或 1Lb		
2038	液态二硝基甲苯			61674	6.1	Ⅱ		100mL	E4	680~682
2044	2,2 二甲基丙烷			21013	2.1					
2045	异丁醛			31023	3	Ⅱ		1L	E2	683
2046	伞花烃		甲基异丙基苯	33539	3	Ⅲ		5L	E1	684
2047	二氯丙烯			32041/33528	3	Ⅱ		1L	E2	685
				32041/33528	3	Ⅲ	223	5L	E1	
2048	二聚环戊二烯(双茂)			33517	3	Ⅲ		5L	E1	
2049	二乙基苯	邻二乙基苯;间二乙基苯;对二乙基苯		33537	3	Ⅲ		5L	E1	686~688
2050	二聚异丁烯异构物			32017	3	Ⅱ		1L	E2	
2051	2-二甲氨基乙醇		*N*,*N*-二甲基-2-羟基乙胺	33625	8	Ⅱ		1L	E2	689
2052	二聚戊烯		1,8-萜二烯,苧烯,双戊烯	33639	3	Ⅲ		5L	E1	690
2053	甲基异丁基甲醇				3	Ⅲ		5L	E1	
2054	吗啉			33617	8	Ⅰ				691
2055	苯乙烯单体,稳定的	乙烯苯	苯乙烯(抑制了的)	33541	3	Ⅲ		5L	E1	692

续上表

联合国编号	名称和说明	公路运输别名	铁路运输别名	中国编号	类别或项别	包装类别	特殊规定	有限数量	例外数量	对应安全卡页码
2056	四氢呋喃	氧杂环戊烷		31042	3	Ⅱ		1L	E2	
2057	三聚丙烯	三丙烯		33511	3	Ⅱ		1L	E2	693
				33511	3	Ⅲ	223	5L	E1	
2058	戊醛		正戊醛	32069	3	Ⅱ		1L	E2	694
2059	硝化纤维素溶液，易燃，按干重含氮不超过12.6%，含硝化纤维素不超过55%	硝化棉溶液		32190	3	Ⅰ	198			
				32190	3	Ⅱ	198	1L		
				32190	3	Ⅲ	198/223	5L		
2067	硝酸铵基化肥			51070	5.1	Ⅲ	186/306/307	5kg	E1	
2071	硝酸铵基化肥			51070	9	Ⅲ	186/193	5kg	E1	
2073	氨溶液，水溶液在15℃时的相对密度小于0.880，含氨量不低于35%，但不超过50%		氨水（35% < 含氨 < 50%）	22025	2.2			120mL	E1	
2074	丙烯酰胺，固态			61740	6.1	Ⅲ		5kg	E1	695
2075	无水氯醛，稳定的	氯醛；氯油	三氯乙醛（无水的，抑制了的）	61079	6.1	Ⅱ		100mL	E4	696
2076	液态甲酚			61073	6.1	Ⅱ		100mL	E4	697~700
2077	α-萘胺		二氟化氧	61830	6.1	Ⅲ		5kg	E1	701
2078	甲苯二异氰酸酯	氟化磺酰		61111	6.1	Ⅱ	279	100mL	E4	702
2079	二乙撑三胺			82025	8	Ⅱ		1L	E2	703
2186	冷冻液态化氢	全氟乙烷	R116	22022	2.3					
2187	冷冻液态二氧化碳		二氧化碳（液化的）	22020	2.2			120mL	E1	704

续上表

联合国编号	名称和说明	公路运输别名	铁路运输别名	中国编号	类别或项别	包装类别	特殊规定	有限数量	例外数量	对应安全卡页码
2188	胂	砷化三氢		23006	2.3					705
2189	二氯硅烷			23042	2.3					706
2190	压缩二氟化氧		二氟化氧	23014	2.3					707
2191	硫酰氟	氟化磺酰		23034	2.3					708
2192	锗烷			23043	2.3					
2193	六氟乙烷(制冷气体 R116)	全氟乙烷	R116	22034	2.2			120mL	E1	
2194	六氟化硒			23023	2.3					709
2195	六氟化碲			23024	2.3					
2196	六氟化钨			23025	2.3					
2197	无水碘化氢		碘化氢(无水)	22024	2.3					
2198	五氟化磷			23022	2.3					710
2199	磷化氢(膦)	磷化三氢		23005	2.3					711
2200	丙二烯,稳定的		丙二烯(抑制了的)	21021	2.1					
2201	冷冻液态氧化亚氮	笑气	氧化亚氮,一氧化二氮(液化的)	22018	2.2					712
2202	无水硒化氢		硒化氢(无水)	23007	2.3					
2203	硅烷	甲硅烷	四氢化硅	21050						713
				21050	2.1					
2204	硫化羰	硫化碳酰	羰基硫	23033	2.3					714
2205	己二腈	1,4-二氰基丁烷;氰化四亚甲基		61630	6.1	Ⅲ		5L	E1	715

续上表

联合国编号	名称和说明	公路运输别名	铁路运输别名	中国编号	类别或项别	包装类别	特殊规定	有限数量	例外数量	对应安全卡页码
2206	异氰酸盐(酯),毒性,未另作规定的,或异氰酸盐(酯)溶液,毒性,未另作规定的		联苯基异氰酸酯,苯基异氰酸苯	61110	6.1	Ⅱ	274	100mL	E4	
				61110	6.1	Ⅲ	223/274	5L	E1	
2208	次氯酸钙混合物,干的,含有效氯不低于10%,但不超过39%			51509	5.1	Ⅲ	314	5kg	E1	
2209	甲醛溶液,甲醛含量不低于25%		福尔马林溶液,甲醛溶液	83012	8	Ⅲ		5L	E1	716
2210	代森锰或代森锰制剂,代森锰含量不低于60%			42503	4.2	Ⅲ	273		E1	
2211	聚苯乙烯珠粒料,可膨胀,会放出易燃气体		聚苯乙烯珠体(可发性的)	41057	9	Ⅲ	207	5kg	E1	
2212	蓝石棉(青石棉)或棕石棉(铁石棉)			61906	9	Ⅱ	168	1kg	E2	
2213	仲甲醛	聚蚁醛;聚合甲醛	多聚甲醛	41533	4.1	Ⅲ		5kg	E1	717
2214	邻苯二甲酸酐,含马来酸酐大于0.05%	苯酐;酞酐	邻苯二甲酸酐	81631	8	Ⅲ	169	5kg	E1	718
2215	马来酸酐	失水苹果酸酐	马来酐,丁烯二酸酐(顺式)	81624	8	Ⅲ		5kg	E1	
	熔融马来酸酐			81624	8	Ⅲ				

续上表

联合国编号	名称和说明	公路运输别名	铁路运输别名	中国编号	类别或项别	包装类别	特殊规定	有限数量	例外数量	对应安全卡页码
2216	鱼粉(鱼屑),稳定的		鱼渣,鱼屑	42526	9	Ⅲ	29/117/300/308		E1	
2217	种子油饼,含油不超过1.5%,含水不超过11%			42525	4.2	Ⅲ	29/142		E1	
2218	丙烯酸,稳定的		丙烯酸(抑制了的)	81617	8	Ⅱ		1L	E2	719
2219	烯丙基缩水甘油醚			33572	3	Ⅲ		5L	E1	
2222	茴香醚	甲氧基苯		33565	3	Ⅲ		5L	E1	720
2224	苄腈	氰化苯;苯基氰;氰基苯	苯甲腈	61638	6.1	Ⅱ		100mL	E4	721
2225	苯磺酰氯	氯化苯磺酰		81126	8	Ⅲ		5L	E1	722
2226	三氯甲苯	三氯化苄;苯基三氯甲烷	α,α,α－三氯甲基苯	83011	8	Ⅱ		1L	E2	723
2227	甲基丙烯酸正丁酯,稳定的		甲基丙烯酸正丁酯(抑制了的)	33601	3	Ⅲ		5L	E1	
2232	2－氯乙醛	氯乙醛	一氯乙醛	61079	6.1	Ⅰ	354			724
2233	氯代茴香胺			61788	6.1	Ⅲ		5kg	E1	
2234	三氟甲基氯苯		三氟氯化甲苯	33549	3	Ⅲ		5L	E1	
2235	氯苯甲基氯,液态	氯苄基氯	对氯苄基氯,对氯苯甲基氯	61662	6.1	Ⅲ		5L	E1	725
2236	异氰酸3－氯－4－甲基苯酯,液态	3－氯－4－甲基苯异氰酸酯	异氰酸3－氯－4－甲苯酯	61109	6.1	Ⅱ		100mL	E4	

续上表

联合国编号	名称和说明	公路运输别名	铁路运输别名	中国编号	类别或项别	包装类别	特殊规定	有限数量	例外数量	对应安全卡页码
2237	硝基氯苯胺			61772	6.1	Ⅲ		5kg	E1	726
2238	氯甲苯	邻氯甲苯;间氯甲苯;对氯甲苯		33548	3	Ⅲ		5L	E1	727～730
2239	甲基氯苯胺,固态			61770	6.1	Ⅲ		5kg	E1	
2240	铬硫酸		含铬硫酸	81008	8	Ⅰ				
2241	环庚烷			32013	3	Ⅱ		1L	E2	
2242	环庚烯			32025	3	Ⅱ		1L	E2	
2243	乙酸环己酯	醋酸环己酯		33596	3	Ⅲ		5L	E1	731
2244	环戊醇	羟基环戊烷		33556	3	Ⅲ		5L	E1	
2245	环戊酮			33590	3	Ⅲ		5L	E1	732
2246	环戊烯			31008	3	Ⅱ		1L	E2	733
2247	正癸烷			33506	3	Ⅲ		5L	E1	
2248	二正丁胺		二丁胺	82027	8	Ⅱ		1L	E2	734
2249	对称二氯二甲醚		二氯二甲醚,二氯甲醚	61086	6.1	Ⅰ			E5	735
2250	异氰酸二氯苯酯	3,4－二氯苯基异氰酸酯		61109	6.1	Ⅱ		500g	E4	736～738
2251	二环(2.2.1)庚－2,5－二烯,稳定的(2,5－降冰片二烯,稳定的)		二环庚二烯	31016	3	Ⅱ		1L	E2	

续上表

联合国编号	名称和说明	公路运输别名	铁路运输别名	中国编号	类别或项别	包装类别	特殊规定	有限数量	例外数量	对应安全卡页码
2252	1,2-二甲氧基乙烷	乙二醇二甲醚;二甲基溶纤剂		32093	3	Ⅱ		1L	E2	
2253	N,N-二甲基苯胺		N,N-二甲苯胺	61078	6.1	Ⅱ		100mL	E4	
2254	耐风火柴			41551	4.1	Ⅲ	293	5kg	E1	
2256	环己烯	1,2,3,4-四氢化苯		32022	3	Ⅱ		1L	E2	739
2257	钾		金属钾	43003	4.3	Ⅰ				740
2258	丙邻二胺(1,2-二氨基丙烷)		1,2-丙二胺	82030	8	Ⅱ		1L	E2	741
2259	三亚乙基四胺	三缩三乙二胺;三乙撑四胺	三乙烯四胺	82026	8	Ⅱ		1L	E2	742
2260	三丙胺		三正丙胺	2260	3	Ⅲ		5L	E1	
2261	二甲苯酚,固态		二甲苯酚,二甲酚	61699	6.1	Ⅱ		500g	E4	743~748
2262	二甲胺基甲酰氯			81119	8	Ⅱ		1L	E2	
2263	二甲基环己烷	特丁基环己烷;环己基叔丁烷		32012	3	Ⅱ		1L	E2	749
2264	N,N-二甲基环己胺		二甲氨基环己烷	82122	8	Ⅱ		1L	E2	750
2265	N,N-二甲基甲酰胺	甲酰二甲胺			3	Ⅲ		5L	E1	
2266	N-二甲基丙胺		N,N-二甲基丙胺	32171	3	Ⅱ		1L	E2	
2267	二甲基硫代磷酰氯			81131	6.1	Ⅱ		100mL	E4	
2269	3,3′-亚氨基二丙胺(三丙撑三胺)		二丙三胺,3,3′-二氨基二丙胺	82515	8	Ⅲ		5L	E1	751

续上表

联合国编号	名称和说明	公路运输别名	铁路运输别名	中国编号	类别或项别	包装类别	特殊规定	有限数量	例外数量	对应安全卡页码
2270	乙胺水溶液,乙胺含量不低于50%,但不超过70%	氨基乙烷水溶液		31045	3	Ⅱ		1L	E2	752
2271	乙基戊基酮(乙戊酮)		乙基戊基(甲)酮	33584	3	Ⅲ		5L	E1	
2272	N-乙基苯胺			61756	6.1	Ⅲ		5L	E1	
2273	2-乙基苯胺		邻乙基苯胺,邻氨基乙苯	61754	6.1	Ⅲ		5L	E1	753
2274	N-乙基-N-苄基苯胺		苄乙基苯胺,N-苄基-N-乙基苯胺	61760	6.1	Ⅲ		5L	E1	
2275	2-乙基丁醇			33554	3	Ⅲ		5L	E1	
2276	2-乙基己胺			82511	3	Ⅲ		5L	E1	754
2277	甲基丙烯酸乙酯,稳定的		异丁烯酸乙酯(抑制了的)	32149	3	Ⅱ		1L	E2	755
2278	正庚烯	正戊基乙烯		32015	3	Ⅱ		1L	E2	756
2279	六氯丁二烯	全氯1,3-丁二烯		61580	6.1	Ⅲ		5L	E1	
2280	固态六亚甲基二胺(己撑二胺)		1,6-二氨基己烷,乙二胺	82031	8	Ⅲ		5kg	E1	
2281	1,6-二异氰酸正己酯(己撑二异氰酸酯)	六甲撑二异氰酸酯	1,6-二异氰酸己烷	61111	6.1	Ⅱ		100mL	E4	757
2282	己醇			33554	3	Ⅲ		5L	E1	
2283	甲基丙烯酸异丁酯,稳定的		甲基丙烯酸异丁酯(抑制了的)	33601	3	Ⅲ		5L	E1	758

续上表

联合国编号	名称和说明	公路运输别名	铁路运输别名	中国编号	类别或项别	包装类别	特殊规定	有限数量	例外数量	对应安全卡页码
2284	异丁腈	异丙基氰		32161	3	Ⅱ		1L	E2	759
2285	异氰酸三氟甲基苯酯	三氟甲苯异氰酸酯	异氰酸三氟甲苯酯	61109	6.1	Ⅱ		100mL	E4	
2286	五甲基庚烷			33507	3	Ⅲ		5L	E1	
2287	异庚烯			31011	3	Ⅱ		1L	E2	
2288	异己烯			31010	3	Ⅱ		1L	E2	
2289	异佛尔酮二胺	1-氨基-3-氨基甲基-3,5,5-三甲基环己烷;3,3,5-三甲基-4,6-二氨基-2-烯环己酮;4,6-二氨基-3,5,5-三甲基-2-环乙烯-1-酮		82516	8	Ⅲ		5L	E1	
2290	二异氰酸异佛尔酮酯		异佛尔酮二异氰酸酯	61654	6.1	Ⅲ		5L	E1	
2291	可溶铅化合物,未另作规定的				6.1	Ⅲ	199/274	5kg	E1	
2293	4-甲氧基-4-甲基-2-戊酮			33591	3	Ⅲ		5L	E1	
2294	*N*-甲基苯胺			61756	6.1	Ⅲ		5L	E1	760
2295	氯乙酸甲酯	氯醋酸甲酯		61102	6.1	Ⅰ			E5	761
2296	甲基环己烷	六氢(化)甲苯;环乙基甲烷		32012	3	Ⅱ		1L	E2	762

续上表

联合国编号	名称和说明	公路运输别名	铁路运输别名	中国编号	类别或项别	包装类别	特殊规定	有限数量	例外数量	对应安全卡页码
2297	甲基环己酮			33586	3	Ⅲ		5L	E1	
2298	甲基环戊烷			32011	3	Ⅱ		1L	E2	763
2299	二氯乙酸甲酯	二氯醋酸甲酯		61612	6.1	Ⅲ		5L	E1	764
2300	2-甲基-5-乙基吡啶			61839	6.1	Ⅲ		5L	E1	
2301	2-甲基呋喃			31041	3	Ⅱ		1L	E2	
2302	5-甲基-2-己酮			33583	3	Ⅲ		5L	E1	
2303	异丙烯基苯		2-苯基丙烯	33544	3	Ⅲ		5L	E1	
2304	熔融萘				4.1	Ⅲ				765
2305	硝基苯磺酸		邻、间、对硝基苯磺酸	81108	8	Ⅱ		1kg	E2	
2306	硝基三氟甲苯,液态	3-硝基三氟甲苯;间硝基三氟甲苯	硝基三氟甲苯	61060	6.1	Ⅱ		100mL	E4	
2307	3-硝基-4-氯三氟甲基苯	2-氯-5-三氟甲基硝基苯	3-硝基-4-氯三氟甲苯	61059	6.1	Ⅱ		100mL	E4	
2308	液态亚硝基硫酸	亚硝酰硫酸		81012	8	Ⅱ		1L	E2	766
2309	辛二烯			32018	3	Ⅱ		1L	E2	767
2310	2,4-戊二酮	乙酰丙酮		33587	3	Ⅲ		5L	E1	768
2311	氨基苯乙醚			61785	6.1	Ⅲ	279	5L	E1	
2312	熔融苯酚			61067	6.1	Ⅱ				
2313	甲基吡啶(皮考啉)			33614	3	Ⅲ		5L	E1	769
2315	多氯联苯,液态		多氯联苯	61062	9	Ⅱ	305	1L	E2	770

续上表

联合国编号	名称和说明	公路运输别名	铁路运输别名	中国编号	类别或项别	包装类别	特殊规定	有限数量	例外数量	对应安全卡页码
2316	固态氰亚铜酸钠		紫铜盐，紫铜矾，氰化铜钠，氰化亚铜三钠	61001	6.1	Ⅰ			E5	771
2317	氰亚铜酸钠溶液			61002	6.1	Ⅰ			E5	
2318	氢硫化钠，含结晶水低于25%		氢硫化钠	42011	4.2	Ⅱ			E2	772
2319	萜烃，未另作规定的				3	Ⅲ		5L	E1	
2320	四亚乙基五胺	三缩四乙二胺；四乙撑五胺		82505	8	Ⅲ		5L	E1	773
2321	液态三氯苯			61658	6.1	Ⅲ		5L	E1	774~777
2322	三氯丁烯	全氯乙烯		61580	6.1	Ⅱ		100mL	E4	
2323	亚磷酸三乙酯			33610	3	Ⅲ		5L	E1	778
2324	三聚异丁烯	三异丁烯		33513	3	Ⅲ		5L	E1	
2325	1,3,5-三甲基苯	均三甲苯		33536	3	Ⅲ		5L	E1	779
2326	三甲基环己胺			82513	8	Ⅲ		5L	E1	
2327	三甲基六亚甲基二胺	3,3,5-三甲基六亚甲基二胺	3,3,5-三甲基乙撑二胺	82514	8	Ⅲ		5L	E1	
2328	三甲基六亚甲基二异氰酸酯	二异氰酸三甲基六亚甲基酯	三甲基己基二异氰酸酯	61654	6.1	Ⅲ		5L	E1	
2329	亚磷酸三甲酯			33610	3	Ⅲ		5L	E1	780
2330	十一烷				3	Ⅲ		5L	E1	
2331	无水氯化锌		氯化锌	83504	8	Ⅲ		5kg	E1	781

续上表

联合国编号	名称和说明	公路运输别名	铁路运输别名	中国编号	类别或项别	包装类别	特殊规定	有限数量	例外数量	对应安全卡页码
2332	乙醛肟	亚乙基羟胺；亚乙基胲		33628	3	Ⅲ		5L	E1	782
2333	乙酸烯丙酯	醋酸烯丙酯		32133	3	Ⅱ		1L	E2	
2334	烯丙胺		3-氨基丙烯		6.1	Ⅰ	354			
2335	烯丙基乙基醚		乙基烯丙基醚	32086	3	Ⅱ		1L	E2	
2336	甲酸烯丙酯			32125	3	Ⅰ				
2337	苯硫酚	巯基苯；硫代苯酚	苯硫醇，苯基硫醇	61090	6.1	Ⅰ	354			783
2338	三氟甲苯			32057	3	Ⅱ		1L	E2	
2339	2-溴丁烷	仲丁基溴；溴代仲丁烷		32043	3	Ⅱ		1L	E2	
2340	2-溴乙基乙基醚		2-溴乙基乙醚	32092	3	Ⅱ		1L	E2	
2341	1-溴-3-甲基丁烷		氯化锌	32044	3	Ⅲ		5L	E1	784
2342	溴甲基丙烷	亚乙基羟胺；亚乙基胲		32043	3	Ⅱ		1L	E2	785
2343	2-溴戊烷	醋酸烯丙酯		32044	3	Ⅱ		1L	E2	786
2344	溴丙烷		3-氨基丙烯	32042	3	Ⅱ		1L	E2	787
				32042	3	Ⅲ	223	5L	E1	
2345	3-溴丙炔		乙基烯丙基醚	32046	3	Ⅱ		1L	E2	
2346	丁二酮			32081	3	Ⅱ		1L	E2	788
2347	丁硫醇	巯基苯；硫代苯酚	苯硫醇，苯基硫醇	32116	3	Ⅱ		1L	E2	

续上表

联合国编号	名称和说明	公路运输别名	铁路运输别名	中国编号	类别或项别	包装类别	特殊规定	有限数量	例外数量	对应安全卡页码
2348	丙烯酸丁酯,稳定的			33601	3	Ⅲ		5L	E1	789
2350	甲基丁基醚(甲丁醚)	仲丁基溴;溴代仲丁烷		32083	3	Ⅱ		1L	E2	
2351	亚硝酸丁酯		2-溴乙基乙醚	32153	3	Ⅱ		1L	E2	790
				32153	3	Ⅲ	223	5L	E1	
2352	乙烯基丁基醚,稳定的	正丁氧基乙烯	乙烯(基)正丁基醚,正丁基乙烯(基)醚(抑制了的)	32087	3	Ⅱ		1L	E2	
2353	丁酰氯	氯(化)丁酰	正丁酰氯	32121	3	Ⅱ		1L	E2	
2354	氯甲基乙基醚		氯甲基乙醚	32090	3	Ⅱ		1L	E2	
2356	2-氯丙烷	氯异丙烷;异丙基氯		31020	3	Ⅰ			E3	791
2357	环己胺	六氢苯胺;氨基环己烷		82021	8	Ⅱ		1L	E2	792
2358	环辛四烯		1,3,5,7-环辛四烯	32028	3	Ⅱ		1L	E2	
2359	二烯丙基胺			32179	3	Ⅱ		1L	E2	
2360	二烯丙基醚	烯丙基醚		32088	3	Ⅱ		1L	E2	
2361	二异丁胺			33619	3	Ⅲ		5L	E1	793
2362	1,1-二氯乙烷	乙叉二氯		32035	3	Ⅱ		1L	E2	
2363	乙硫醇	硫氢乙烷	巯基乙烷	31034	3	Ⅰ			E3	794
2364	正丙苯		丙苯,丙基苯	33538	3	Ⅲ		5L	E1	795
2366	碳酸二乙酯		碳酸(二)乙酯	33608	3	Ⅲ		5L	E1	796

续上表

联合国编号	名称和说明	公路运输别名	铁路运输别名	中国编号	类别或项别	包装类别	特殊规定	有限数量	例外数量	对应安全卡页码
2367	α-甲基戊醛			33573	3	Ⅱ		1L	E2	
2368	α-蒎烯	α-蒎松油萜	蒎烯	33642	3	Ⅲ		5L	E1	797
2370	1-己烯	丁基乙烯		31009	3	Ⅱ		1L	E2	798
2371	异戊烯			31007	3	Ⅰ			E3	
2372	1,2-二-(二甲氨基)乙烷	1,2-双(二甲基氨基)乙烷	四甲基乙二胺,*N*,*N*,*N*′,*N*′-四甲基乙二胺	32178	3	Ⅱ		1L	E2	
2373	二乙氧基甲烷	醛缩二乙醇;二乙醇缩甲醛	甲醇缩二乙醇	31031	3	Ⅱ		1L	E2	799
2374	3,3-二乙氧基丙烯	丙烯醛二乙缩醛;二乙基缩丙烯醛		32094	3	Ⅱ		1L	E2	
2375	二乙硫醚(二乙硫)	硫代乙醚;二乙硫	乙硫醚	32115	3	Ⅱ		1L	E2	800
2376	2,3-二氢吡喃			32102	3	Ⅱ		1L	E2	
2377	1,1-二甲氧基乙烷	二甲醇缩乙醛;乙醛缩二甲醇		31031	3	Ⅱ		1L	E2	801
2378	2-二甲氨基乙腈		2-(二甲氨基)乙腈,*N*,*N*-二甲基氨基乙腈	33630	3	Ⅱ		1L	E2	
2379	1,3-二甲基丁胺	2-氨基-4-甲基戊烷		32176	3	Ⅱ		1L	E2	
2380	二甲基二乙氧基硅烷	二乙氧基二甲基硅烷		32186	3	Ⅱ		1L	E2	802

续上表

联合国编号	名称和说明	公路运输别名	铁路运输别名	中国编号	类别或项别	包装类别	特殊规定	有限数量	例外数量	对应安全卡页码
2381	二甲二硫	甲基化二硫	二甲基二硫,二硫化二甲基	32114	3	Ⅱ		1L	E2	
2382	对称二甲肼		1,2-二甲基肼	32184	6.1	Ⅰ	354			803
2383	二丙胺		二正丙胺	32170	3	Ⅱ		1L	E2	804
2384	二正丙醚			31027	3	Ⅱ		1L	E2	805
2385	异丁酸乙酯			32141	3	Ⅱ		1L	E2	806
2386	1-乙基哌啶	*N*-乙基六氢吡啶		32108	3	Ⅱ		1L	E2	807
2387	氟苯		氟代苯	32054	3	Ⅱ		1L	E2	808
2388	氟代甲苯	邻氟甲苯;间氟甲苯;对氟甲苯	邻甲(基)氟苯;间甲(基)氟苯;对甲(基)氟苯;2-甲(基)氟苯;3-甲(基)氟苯;4-甲(基)氟苯;3-氟甲苯;4-氟甲苯	32056	3	Ⅱ		1L	E2	
2389	呋喃	氧杂茂		31040	3	Ⅰ		1L	E3	809
2390	2-碘丁烷	仲丁基碘;碘代仲丁烷		32048	3	Ⅱ		1L	E2	810
2391	碘甲基丙烷	异丁基碘;碘代异丁烷		32048	3	Ⅱ		1L	E2	811
2392	碘丙烷	正丙基碘;碘代正丙烷		32047	3	Ⅲ		5L	E1	812

续上表

联合国编号	名称和说明	公路运输别名	铁路运输别名	中国编号	类别或项别	包装类别	特殊规定	有限数量	例外数量	对应安全卡页码
2393	甲酸异丁酯			32123	3	Ⅱ		1L	E2	813
2394	丙酸异丁酯			32138	3	Ⅲ		5L	E1	814
2395	异丁酰氯	氯(化)异丁酰			3	Ⅱ		1L	E2	
2396	甲基丙烯醛,稳定的	异丁烯醛	α-甲基丙烯醛	32072	3	Ⅱ		1L	E2	815
2397	3-甲基-2-丁酮	甲基异丙基(甲)酮			3	Ⅱ		1L	E2	
2398	甲基叔丁基醚		MTBE	32084	3	Ⅱ		1L	E2	
2399	1-甲基哌啶		N-甲基哌啶,N-甲基六氢吡啶	32107	3	Ⅱ		1L	E2	
2400	异戊酸甲酯			32144	3	Ⅱ		1L	E2	
2401	哌啶	六氢吡啶;氮己环		32106	8	Ⅰ				816
2402	丙硫醇	硫代正丙醇	1-巯基丙烷,正丙硫醇	31035	3	Ⅱ		1L	E2	817
2403	乙酸异丙烯酯	醋酸异丙烯酯		32132	3	Ⅱ		1L	E2	
2404	丙腈	乙基氰		32160	3	Ⅱ		1L	E2	817
2405	丁酸异丙酯		正丁酸异丙酯	33598	3	Ⅲ		5L	E1	
2406	异丁酸异丙酯			32142	3	Ⅱ		1L	E2	818
2407	氯甲酸异丙酯			32152	6.1	Ⅰ	354			
2409	丙酸异丙酯			32137	3	Ⅱ		1L	E2	
2410	1,2,3,6-四氢吡啶		1,2,5,6-四氢吡啶	32105	3	Ⅱ		1L	E2	819
2411	丁腈	丙基氰	正丁腈	32161	3	Ⅱ		1L	E2	820

续上表

联合国编号	名称和说明	公路运输别名	铁路运输别名	中国编号	类别或项别	包装类别	特殊规定	有限数量	例外数量	对应安全卡页码
2412	四氢噻吩	四甲撑硫；四氢硫(杂)茂		32111	3	Ⅱ		1L	E2	
2413	原钛酸四丙酯		钛酸(四)正丙酯	32158	3	Ⅲ		5L	E1	821
2414	噻吩	硫杂茂；硫代呋喃		32110	3	Ⅱ		1L	E2	822
2416	硼酸三甲酯	三甲氧基硼烷	硼酸(三)甲酯	32156	3	Ⅱ		1L	E2	
2417	碳酰氟	氟化碳酰	羰基氟	23035	2.3					823
2418	四氟化硫			23019	2.3					
2419	溴三氟乙烯		三氟溴乙烯	20035	2.1					
2420	六氟丙酮			23032	2.3					824
2421	三氧化二氮	亚硝酐		23011	2.3					
2422	八氟-2-丁烯(制冷气体R1318)	全氟-2-丁烯；全氟异丁烯		22038	2.2			120mL	E1	
2424	八氟丙烷(制冷气体R218)	全氟丙烷	R218		2.2			120mL	E1	
2426	液态硝酸铵(热浓溶液)				5.1		252			
2427	氯酸钾水溶液			51031	5.1	Ⅱ		1L	E2	
				51031	5.1	Ⅲ	223	5L	E1	
2428	氯酸钠水溶液			51030	5.1	Ⅱ		1L	E2	
				51030	5.1	Ⅲ	223	5L	E1	
2429	氯酸钙水溶液			51036	5.1	Ⅱ		1L	E2	
				51036	5.1	Ⅲ	223	5L	E1	

续上表

联合国编号	名称和说明	公路运输别名	铁路运输别名	中国编号	类别或项别	包装类别	特殊规定	有限数量	例外数量	对应安全卡页码
2430	固态烷基苯酚，未另作规定的(包括C2～C12的同系物)			61702	8	Ⅰ				
				61702	8	Ⅱ		1kg	E2	
				61702	8	Ⅲ	223	5kg	E1	
2431	茴香胺			61784	6.1	Ⅲ		5L	E1	825～827
2432	N,N－二乙基苯胺		二乙氨基苯 N,N－二乙苯胺	61756	6.1	Ⅲ	279	5L	E1	828
2433	液态硝基氯甲苯	对氯邻硝基甲苯		61683	6.1	Ⅲ		5L	E1	
2434	二苄基二氯硅烷			81133	8	Ⅱ			E2	829
2435	乙基苯基二氯硅烷			81133	8	Ⅱ		1L	E2	
2436	硫代乙酸	硫代醋酸		32113	3	Ⅱ			E2	830
2437	甲基苯基二氯硅烷			81133	8	Ⅱ			E2	831
2438	三甲基乙酰氯	三甲基氯乙酰；特戊酰氯	新戊酰氯	81117	6.1	Ⅰ			E5	
2439	二氟化氢钠	酸性氟化钠	氟化氢钠	83004	8	Ⅱ		1kg	E2	832
2440	五水合四氯化锡		四氯化锡五水合物	81520	8	Ⅲ		5kg	E1	
2441	三氯化钛，发火的或三氯化钛混合物，发火的	氯化亚钛	三氯化钛	42008	4.2	Ⅰ				833
2442	三氯乙酰氯			81118	8	Ⅱ			E2	834
2443	三氯氧化钒		三氯化氧钒	83502	8	Ⅱ		1L	E2	835
2444	四氯化钒			81052	8	Ⅰ				
2446	硝基四苯酚，固态			61717	6.1	Ⅲ		5kg	E1	

续上表

联合国编号	名称和说明	公路运输别名	铁路运输别名	中国编号	类别或项别	包装类别	特殊规定	有限数量	例外数量	对应安全卡页码
2447	熔融白磷	白磷		42001	4.2	Ⅰ				
2448	熔融硫磺			41501	4.1	Ⅲ				
2451	三氟化氮			23016	2.2					836
2452	乙基乙炔,稳定的		乙基乙炔	21025	2.1					837
2453	乙基氟(制冷气体 R161)		氟乙烷,R161	21027	2.1					
2454	甲基氟(制冷所体 R41)		氟甲烷	21026	2.1					
2455	亚硝酸甲酯			21048	2.2			120mL	E1	
2456	2-氯丙烯	异丙烯基氯	烯丙基氯,γ-氯丙烯	31021	3	Ⅰ			E3	838
2457	2,3-二甲基丁烷	二异丙基		31005	3	Ⅱ		1L	E2	839
2458	己二烯			31014	3	Ⅱ		1L	E2	840
2459	2-甲基-1-丁烯	α-异戊烯		31007	3	Ⅰ			E3	841
2460	2-甲基-2-丁烯	β-异戊烯		31007	3	Ⅱ		1L	E2	842
2461	甲基戊二烯			31015	3	Ⅱ		1L	E2	
2463	氢化铝			43021	4.3	Ⅰ				
2464	硝酸铍			51061	5.1	Ⅱ		1kg	E2	
2465	二氯异氰脲酸,干的,或二氯异氰脲酸盐		二氯异氰尿酸	51077	5.1	Ⅱ	135	1kg	E2	843
2466	超氧化钾			51011	5.1	Ⅰ				
2468	三氯异氰脲酸,干的		三氯异氰尿酸	51078	5.1	Ⅱ		1kg	E2	
2469	溴酸锌			51510	5.1	Ⅲ		5kg	E1	844

续上表

联合国编号	名称和说明	公路运输别名	铁路运输别名	中国编号	类别或项别	包装类别	特殊规定	有限数量	例外数量	对应安全卡页码
2470	液态苯基乙腈	氰化苄;苄基氰	苯乙腈	61641	6.1	Ⅲ		5L	E1	845
2471	四氧化锇	锇(酸)酐		61026	6.1	Ⅰ			E5	846
2473	对氨苯基胂酸钠		对氨基苯胂酸钠,4－氨基苯胂酸钠	61856	6.1	Ⅲ		5kg	E1	847
2474	硫光气	硫代碳基氯	二氯硫化碳	61032	6.1	Ⅰ	279/354			848
2475	三氯化钒			81519	8	Ⅲ		5kg	E1	
2477	异硫氰酸甲酯	甲基芥子油	硫代异氰酸甲酯	32165	6.1	Ⅰ	354			
2478	异氰酸酯,易燃,毒性,未另作规定的或异氰酸酯溶液,易燃,毒性,未另作规定的				3	Ⅱ	274	1L	E2	
					3	Ⅲ	223/274	5L	E1	
2480	异氰酸甲酯	甲氧基甲基异氰酸酯		32164	6.1	Ⅰ	354			849
2481	异氰酸乙酯			32164	6.1	Ⅰ	354			850
2482	异氰酸正丙酯			32164	6.1	Ⅰ	354			851
2483	异氰酸异丙酯			32164	6.1	Ⅰ	354			852
2484	异氰酸叔丁酯			32164	6.1	Ⅰ	354			853
2485	异氰酸正丁酯			32164	6.1	Ⅰ	354			854
2486	异氰酸异丁酯			32164	6.1	Ⅰ	354			
2487	异氰酸苯酯	苯基异氰酸酯		61109	6.1	Ⅰ	354			855
2488	异氰酸环己酯	环己基异氰酸酯		61109	6.1	Ⅰ	354			
2490	二氯异丙醚		二氯异丙基醚	61087	6.1	Ⅱ		100mL	E4	

续上表

联合国编号	名称和说明	公路运输别名	铁路运输别名	中国编号	类别或项别	包装类别	特殊规定	有限数量	例外数量	对应安全卡页码
2491	乙醇胺或乙醇胺溶液	2-羟基乙胺	2-氨基乙醇	82504	8	Ⅲ	223	5L	E1	856
2493	六亚甲基胺			32182	3	Ⅱ		1L	E2	
2495	五氟化碘			51014	5.1	Ⅰ				857
2496	丙酸酐		丙酐	81614	8	Ⅲ		5L	E1	
2498	1,2,3,6-四氢化苯甲醛			33580	3	Ⅲ		5L	E1	
2501	氧化三-(1-氮丙啶基)膦溶液			61120	6.1	Ⅱ		100nL	E4	
				61120	6.1	Ⅲ	223	5L	E1	
2502	戊酰氯			81115	8	Ⅱ		1L	E2	858
2503	四氯化锆		氯化锆	81517	8	Ⅲ		5kg	E1	859
2504	四溴乙烷			61566	6.1	Ⅲ		5L	E1	
2505	氟化铵			61513	6.1	Ⅲ		5kg	E1	
2506	硫酸氢烷	酸式硫酸铵		81509	8	Ⅱ		1kg	E2	
2507	固态氯铂酸		氯铂酸	81507	8	Ⅲ		5kg	E1	
2508	五氯化钼			81514	8	Ⅲ		5kg	E1	860
2509	硫酸氢钾	酸式硫酸钾		81509	8	Ⅱ		1kg	E2	
2511	2-氯丙酸		2-氯代丙酸	81615	8	Ⅲ	223	5L	E1	
2512	氨基苯酚(邻、间、对)			61720	6.1	Ⅲ	279	5kg	E1	861~863
2513	溴乙酰溴	溴化溴乙酰		81112	8	Ⅱ		1L	E2	864
2514	溴苯			33547	3	Ⅲ		5L	E1	
2515	溴仿	三溴甲烷		61562	6.1	Ⅲ		5L	E1	
2516	四溴化碳	四溴甲烷		61563	6.1	Ⅲ		5kg	E1	

续上表

联合国编号	名称和说明	公路运输别名	铁路运输别名	中国编号	类别或项别	包装类别	特殊规定	有限数量	例外数量	对应安全卡页码
2517	1-氯-1,1-二氟乙烷(制冷气体R142b)		R142,二氟氯乙烷	21033	2.1					
2518	1,5,9-环十二碳三烯			61551	6.1	Ⅲ		5L	E1	
2520	环辛二烯			33519	3	Ⅲ		5L	E1	
2521	双烯酮,稳定的	二乙烯酮	乙酰(基)乙烯酮(抑制了的)		6.1	Ⅰ	354			865
2522	2-二甲氨基甲基丙烯酸乙酯	二甲氨基乙基异丁烯酸酯	甲基丙烯酸二甲基氨基乙酯	61115	6.1	Ⅱ		100mL	E4	
2524	原甲酸乙酯		三乙氧基甲烷,原甲酸三乙酯	33595	3	Ⅲ		5L	E1	866
2525	草酸乙酯	草酸二乙酯		61621	6.1	Ⅲ		5L	E1	867
2526	糠胺	2-呋喃甲胺;麸胺		33633	3	Ⅲ		5L	E1	868
2527	丙烯酸异丁酯,稳定的		丙烯酸异丁酯(抑制了的)	33601	3	Ⅲ		5L	E1	
2528	异丁酸异丁酯			33598	3	Ⅲ		5L	E1	869
2529	异丁酸			33592	3	Ⅲ		5L	E1	
2531	甲基丙烯酸,稳定的	异丁烯酸	甲基丙烯酸(抑制了的)	81618	8	Ⅱ		1L	E2	870
2533	三氯乙酸甲酯	三氯醋酸甲酯		61614	6.1	Ⅲ		5L	E1	
2534	甲基氯硅烷		氯甲基硅烷	21051	2.3					871
2535	4-甲基吗啉(*N*-甲基吗啉)				3	Ⅱ		1L	E2	872

续上表

联合国编号	名称和说明	公路运输别名	铁路运输别名	中国编号	类别或项别	包装类别	特殊规定	有限数量	例外数量	对应安全卡页码
2536	甲基四氢呋喃	四氢-2-甲基呋喃	2-甲基四氢呋喃	32100	3	Ⅱ		1L	E2	
2538	硝基萘			41513	4.1	Ⅲ		5kg	E1	873~875
2541	萜品油烯	萜二烯;异松油烯		33641	3	Ⅲ		5L	E1	
2542	三丁胺		三正丁胺	82510	6.1	Ⅱ		100mL	E4	876
2545	铪粉,干的		金属铪粉(干燥的)	42006	4.2	Ⅰ				877
				42006	4.2	Ⅱ			E2	
				42006	4.2	Ⅲ	223		E1	
2546	钛粉,干的		钛粉,金属钛粉(干燥的)	42007	4.2	Ⅰ				
				42007	4.2	Ⅱ			E2	
				42007	4.2	Ⅲ	223		E1	
2547	超氧化钠	三氧化三钠		51011	5.1	Ⅰ				
2548	五氟化氯			23021	2.3					878
2552	水合六氟丙酮,液态	全氟丙酮水合物	六氟丙酮水合物	61081	6.1	Ⅱ		100mL	E4	
2554	甲基烯丙基氯	2-甲基-3-氯丙烯;氯化异丁烯	甲基-3-氯丙烯	32039	3	Ⅱ		1L	E2	
2555	含水硝化纤维素(按质量含水不低于25%)		硝化棉,喷漆棉	41031	4.1	Ⅱ				
2556	含酒精硝化纤维素(按质量含乙醇不低于25%,按干重含氮不超过12.6%)		硝化棉,硝化纤维素	41031	4.1	Ⅱ				

续上表

联合国编号	名称和说明	公路运输别名	铁路运输别名	中国编号	类别或项别	包装类别	特殊规定	有限数量	例外数量	对应安全卡页码
2557	硝化纤维素，按干重含氮不超过12.6%，混合物含或不含增塑剂、含或不含颜料		硝化棉，硝化纤维素	41031	4.1	Ⅱ	241			881
2558	表溴醇	环氧溴丙烷	3-溴-1,2-环氧丙烷	61053	6.1	Ⅰ			E5	882
2560	2-甲基-2-戊醇			33554	3	Ⅲ		5L	E1	
2561	3-甲基-1-丁烯	异丙基乙烯		31007/32014	3	Ⅰ			E3	883
2564	三氯乙酸溶液			81606	8	Ⅱ		1L	E2	
				81606	8	Ⅲ	223	5L	E1	
2565	二环己胺			82512	8	Ⅲ		5L	E1	885
2567	五氯苯酚钠		五氯酚钠	61876	6.1	Ⅱ		500g	E4	
2570	镉化合物			61504	6.1	Ⅰ	274		E5	
				61504	6.1	Ⅱ	274	500g	E4	
				61504	6.1	Ⅲ	223/274	5kg	E1	
2571	烷基硫酸	酸式硫酸乙酯		81104	8	Ⅱ	274	1L	E2	
2572	苯肼	苯基联氨		61813	6.1	Ⅱ		100mL	E4	886
2573	氯酸铊			51039	5.1	Ⅱ		1kg	E2	
2574	磷酸三甲苯酯，含邻位异构物高于3%	增塑剂TCP	磷酸三甲酚酯	61112	6.1	Ⅱ		100mL	E4	887
2576	熔融三溴氧化磷	溴化磷酰		81055	8	Ⅱ				
2577	苯乙酰氯			81635	8	Ⅱ		1L	E2	

续上表

联合国编号	名称和说明	公路运输别名	铁路运输别名	中国编号	类别或项别	包装类别	特殊规定	有限数量	例外数量	对应安全卡页码
2578	三氧化二磷	亚磷酸酐	三氧化磷	81503	8	Ⅲ		5kg	E1	
2579	哌嗪		对二氮己环	82518	8	Ⅲ		5kg	E1	888
2580	溴化铝溶液		三溴化铝溶液	81522	8	Ⅲ	223	5L	E1	
2581	氯化铝溶液		三氯化铝溶液	81512	8	Ⅲ	223	5L	E1	
2582	氯化铁溶液		三氯化铁溶液，氯化铁，三氯化铁	81513	8	Ⅲ	223	5L	E1	
2583	固态烷基磺酸或固态芳基磺酸，含游离硫酸高于5%			81109	8	Ⅱ		1kg	E2	
2584	液态烷基磺酸或液态芳基磺酸，含游离硫酸高于5%			81109	8	Ⅱ		1L	E2	
2585	固态烷基磺酸或固态芳基磺酸，含游离硫酸不超过5%			81628	8	Ⅲ		5kg	E1	
2586	液态烷基磺酸或液态芳基磺酸，含游离硫酸不超过5%			81628	8	Ⅲ		5L	E1	
2587	苯醌			61822	6.1	Ⅱ		500g	E4	889
2588	固态农药，毒性，未另作规定的	氟乙酰苯胺		61137/61904	6.1	Ⅰ	61/274		E5	890～893
				61137/61904	6.1	Ⅱ	61/274	500g	E4	
				61137/61904	6.1	Ⅲ	61/223/274	5kg	E1	
2589	氯乙酸乙烯酯	乙烯基氯乙酸酯	氯醋酸乙烯酯	61102	6.1			100mL	E4	
2590	白石棉（温石棉，阳起石，直闪石，透闪石）			61906	9	Ⅲ	168		E1	

续上表

联合国编号	名称和说明	公路运输别名	铁路运输别名	中国编号	类别或项别	包装类别	特殊规定	有限数量	例外数量	对应安全卡页码
2591	冷冻液态氙	液氙	氙(液化的)	22016	2.2			120mL	E1	894
2599	三氟氯甲烷和三氟甲烷的共沸混合物,含三氟氯甲烷约60%(制冷气体R503)		氯三氟甲烷和三氟甲烷共沸物,R503	22051	2.2			120mL	E1	
2601	环丁烷			21015	2.1					
2602	二氯二氟甲烷和二氟乙烷的共沸混合物,含二氯二氟甲烷约74%(制冷气体R500)		二氯二氟甲烷和二氟乙烷共沸物,R500	22052	2.1			120mL	E1	
2603	环庚三烯		1,3,5-环庚三烯	32026	3	Ⅱ		1L	E2	
2604	三氟化硼合二乙醚		三氟化硼乙醚络合物	83005	8	Ⅰ				
2605	异氰酸甲氧基甲酯		甲氧基甲基异氰酸酯,甲氧基异氰酸甲酯	32164	6.1	Ⅰ	354			
2606	原硅酸甲酯	四甲氧基硅烷;硅酸四甲酯;正硅酸甲酯		32188	6.1	Ⅰ	354			895
2607	二聚丙烯醛,稳定的		二聚丙烯醛(抑制了的)	33577	3	Ⅲ		5L	E1	
2608	硝基丙烷			33522	3	Ⅲ		5L	E1	896
2609	硼酸三烯丙酯	三烯丙基硼酸酯	硼酸三烯丙基酯	61626	6.1	Ⅲ		5L	E1	897
2610	三烯丙胺	三(2-丙烯基)胺	三(2-丙烯基)胺,三烯丙(基)胺	33622	3	Ⅲ		5L	E1	898

续上表

联合国编号	名称和说明	公路运输别名	铁路运输别名	中国编号	类别或项别	包装类别	特殊规定	有限数量	例外数量	对应安全卡页码
2611	丙氯醇	2-氯-1-羟基丙烷		61584	6.1	Ⅱ		100mL	E4	
2612	甲基丙基醚(甲丙醚)			31028	3	Ⅱ		1L	E2	
2614	甲代烯丙醇	巴豆醇;丁烯醇;异丁烯醇	2-甲基烯丙醇	33558	3	Ⅲ		5L	E1	
2615	乙基丙基醚(乙丙醚)			31028	3	Ⅱ		1L	E2	
2616	硼酸三异丙酯		硼酸(三)异丙酯	33607	3	Ⅱ		1L	E2	
				33607	3	Ⅲ	223	5L	E1	
2617	甲基环乙醇,易燃	六氢甲酚		33557	3	Ⅲ		5L	E1	
2618	乙烯基甲苯,稳定的		乙烯基甲苯异构体混合物(抑制了的)	33543	3	Ⅲ		5L	E1	
2619	苄基二甲胺	*N*,*N*-二甲基苄胺		92023	8	Ⅱ		1L	E2	899
2620	丁酸戊酯			33598	3	Ⅲ		5L	E1	
2621	乙酰甲基甲醇		3-羟基-2-丁酮	33561	3	Ⅲ		5L	E1	900
2622	缩水甘油醛		2,3-环氧-1-丙醛	33578	3	Ⅱ		1L	E2	
2623	固态点火剂,含易燃液体				4.1	Ⅲ		5kg	E1	
2624	硅化镁			43031	4.3	Ⅱ		500g	E2	
2626	氯酸水溶液,含氯酸不超过10%			51028	5.1	Ⅱ		1L	E2	
2627	无机亚硝酸盐,未另作规定的			51525	5.1	Ⅱ	103/274	1kg	E2	
2628	氟乙酸钾	氟醋酸钾		61100	6.1	Ⅰ			E5	901

续上表

联合国编号	名称和说明	公路运输别名	铁路运输别名	中国编号	类别或项别	包装类别	特殊规定	有限数量	例外数量	对应安全卡页码
2629	氟乙酸钠	氟醋酸钠		61100	6.1	Ⅰ			E5	902
2630	硒酸盐或亚硒酸盐			61016/61017	6.1	Ⅰ	274		E5	903 ~909
2642	氟乙酸	氟醋酸		61099	6.1	Ⅰ			E5	910
2643	溴乙酸甲酯	溴醋酸甲酯		61103	6.1	Ⅱ		100mL	E4	911
2644	甲基碘	碘甲烷		61568	6.1	Ⅰ	354			912
2645	苯酰甲基溴	苯甲酰甲基溴	溴乙酰苯	61672	6.1	Ⅱ		500g	E4	913
2646	六氯环戊二烯	全氯环戊二烯		61055	6.1	Ⅰ	354			
2647	丙二腈	二氰甲烷;氰化亚甲基;缩苹果腈		61630	6.1	Ⅱ		500g	E4	914
2648	1,2 二溴 -3 - 丁酮			61684	6.1	Ⅱ		100mL	E4	915
2649	1,3 二氯丙酮			61602	6.1	Ⅱ		500g	E4	916
2650	1,1 二氯 -1 - 硝基乙烷			61579	6.1	Ⅱ		100mL	E4	
2651	4,4′ - 二氨基二苯基甲烷	亚甲基二苯胺	4,4′二氨基二苯甲烷	61809	6.1	Ⅲ		5kg	E1	
2653	苄基碘	α - 碘甲苯	碘化苄	61066	6.1	Ⅱ		100mL	E4	
2655	氟硅酸钾			61514	6.1	Ⅲ		5kg	E1	
2656	喹啉	苯并吡啶;氮杂萘		61847	6.1	Ⅲ		5L	E1	917
2657	二硫化硒			61020	6.1	Ⅱ		500g	E4	
2659	氯乙酸钠			61610	6.1	Ⅲ		5kg	E1	918
2660	一硝基甲苯胺			61779	6.1	Ⅲ		5kg	E1	
2661	六氯丙酮			61081	6.1	Ⅲ		5L	E1	919

续上表

联合国编号	名称和说明	公路运输别名	铁路运输别名	中国编号	类别或项别	包装类别	特殊规定	有限数量	例外数量	对应安全卡页码
2664	二溴甲烷	二溴化亚甲基		61561	6.1	Ⅲ		5L	E1	
2667	丁基甲苯			61695	6.1	Ⅲ		5L	E1	
2668	氯乙腈	氰化氯甲烷；氯甲基氰	氯代乙腈	61634	6.1	Ⅰ	354			
2669	氯甲酚溶液			61707	6.1	Ⅱ		100mL	E4	
				61707	6.1	Ⅲ	223	5L	E1	
2670	氰尿酰氯		三聚氰（酰）氯，三聚氯化氰	81641	8	Ⅱ		1kg	E2	
2671	氨基吡啶（邻、间、对）			61842	6.1	Ⅱ		500g	E4	922～924
2672	氨溶液，水溶液在15℃时的相对密度为0.880至0.975，含氨量不低于10%，但不超过35%	氨水		82503	8	Ⅲ		5L	E1	925
2673	2－氨基－4－氯苯酚	对氯邻氨基苯酚	4－氯－2－氨基苯酚	61723	6.1	Ⅱ		500g	E4	
2674	氟硅酸钠			61514	6.1	Ⅲ		5kg	E1	
2676	锑化氢	锑化三氢	睇	23008	2.3					
2677	氢氧化铷溶液			82004	8	Ⅱ		1L	E2	
				82004	8	Ⅲ	223	5L	E1	
2678	氢氧化铷			82004	8	Ⅱ		1kg	E2	926
2679	氢氧化锂溶液			82003	8	Ⅱ		1L	E2	
				82003	8	Ⅲ	223	5L	E1	

续上表

联合国编号	名称和说明	公路运输别名	铁路运输别名	中国编号	类别或项别	包装类别	特殊规定	有限数量	例外数量	对应安全卡页码
2680	氢氧化锂			82003	8	Ⅲ		1kg	E2	927
2681	氢氧化铯溶液			82005	8	Ⅱ		1L	E2	
				82005	8	Ⅲ	223	5L	E1	
2682	氢氧化铯			82005	8	Ⅱ		1kg	E2	928
2683	硫化铵溶液			82010	8	Ⅱ		1L	E2	
2684	3－二乙氨基丙胺	*N*,*N*－二乙基－1,3－二氨基丙烷		82509	3	Ⅲ		5L	E1	929
2685	*N*,*N*－二乙基乙撑二胺		*N*,*N*－二乙基乙二胺	82024	8	Ⅱ		1L	E2	930
2686	2－二乙氨基乙醇	2－(二乙胺基)乙醇	*N*,*N*－二乙基乙醇胺	22626	8	Ⅱ		1L	E2	
2687	亚硝酸二环己铵	二环己铵亚硝酸		61734	4.1	Ⅲ		5kg	E1	
2688	1－溴－3－氯丙烷		3－溴－1－氯丙烷		6.1	Ⅲ		5L	E1	
2689	3－氯－1,2－丙三醇	α－氯代丙三醇;3－氯－1,2－二羟基丙烷		61586	6.1	Ⅲ		5L	E1	
2690	*N*－正丁基咪唑	*N*－正丁基－1,3－二氮杂茂		61119	6.1	Ⅲ		100mL	E4	
2691	五溴化磷			81057	8	Ⅱ		1kg	E2	931
2692	三溴化硼			81059	8	Ⅰ				932
2693	酸式亚硫酸盐水溶液,未另作规定的		亚硫酸氢盐及其溶液	81510	8	Ⅲ	274	5L	E1	933～934

续上表

联合国编号	名称和说明	公路运输别名	铁路运输别名	中国编号	类别或项别	包装类别	特殊规定	有限数量	例外数量	对应安全卡页码
2698	四氢化邻苯二甲酸酐，含马亚酐大于0.05%	四氢酞酐	四氢邻苯二甲酸酐	81632	8	Ⅲ	29/169	5kg	E1	
2699	三氟乙酸	三氟醋酸		81102	8	Ⅰ				935
2705	1-戊醇			81134	8	Ⅱ		1L	E2	
2707	二甲基二恶烷		2,5-二甲基-1,4-二恶烷	33612	3	Ⅱ		1L	E2	936
				33612	3	Ⅲ	223	5L	E1	
2709	丁基苯			33540	3	Ⅲ		5L	E1	
2710	二丙酮	乳酮		33583	3	Ⅲ		5L	E1	938
2713	吖啶	10-氮杂蒽		61846	6.1	Ⅲ		5kg	E1	
2714	树脂酸锌			41545	4.1	Ⅲ		5kg	E1	
2715	树脂酸铝			41542	4.1	Ⅲ		5kg	E1	
2716	1,4-丁炔二醇	电镀发光剂		61582	6.1	Ⅲ		5kg	E1	
2717	樟脑，合成的			41536	4.1	Ⅲ		5kg	E1	939
2719	溴酸钡			51510	5.1	Ⅱ		1kg	E2	940
2720	硝酸铬			51522	5.1	Ⅲ		5kg	E1	941
2721	氯酸铜			51037	5.1	Ⅱ		1kg	E2	942
2722	硝酸锂			51054	5.1	Ⅲ		5kg	E1	943
2723	氯酸镁			51032	5.1	Ⅱ		1kg	E2	944
2724	硝酸锰	硝酸亚锰		51522	5.1	Ⅲ		5kg	E1	945
2725	硝酸镍	硝酸亚镍		51522	5.1	Ⅲ		5kg	E1	946
2726	亚硝酸镍			51525	5.1	Ⅲ		5kg	E1	947

续上表

联合国编号	名称和说明	公路运输别名	铁路运输别名	中国编号	类别或项别	包装类别	特殊规定	有限数量	例外数量	对应安全卡页码
2727	硝酸铊			61023	6.1	Ⅱ		500g	E4	948
2728	硝酸锆			51064	5.1	Ⅲ		5kg	E1	949
2729	六氯苯	六氯环已烷;六六六	六六六烟雾剂	61876	6.1	Ⅲ		5kg	E1	950
2730	液态硝基茴香醚			61697	6.1	Ⅲ		5L	E1	951～954
2732	液态硝基苯溴	硝基溴苯		61688	6.1	Ⅲ		5L	E1	
2733	胺,易燃,腐蚀性,未另作规定的或聚胺,易燃,腐蚀性,未另作规定的			82032	3	Ⅰ	274			
				82032	3	Ⅱ	274	1L	E2	
				82032	3	Ⅲ	223/274	5L	E1	
2734	液态胺,腐蚀性,易燃,未另作规定的或液态聚胺,腐蚀性,易燃,未另作规定的				8	Ⅰ	274			
					8	Ⅱ	274	1L	E2	
2735	液态胺,腐蚀性,未另作规定的或液态聚胺,腐蚀性,未另作规定的				8	Ⅰ	274			
					8	Ⅱ	274	1L	E2	
					8	Ⅲ	223/274	5L	E1	
2738	*N*－丁基苯胺		*N*－正丁基苯胺	61078	6.1	Ⅱ		100mL	E4	956
2739	丁酸酐			81621	8	Ⅲ		5L	E1	957
2740	氯甲酸正丙酯		氯甲酸丙酯	61101	6.1	Ⅰ			E5	
2741	次氯酸钡,含有效氯大于22%			51045	5.1	Ⅱ		1kg	E2	
2742	氯甲酸酯,毒性,腐蚀性,易燃,未另作规定的			61101	6.1	Ⅱ	274	100mL	E4	

续上表

联合国编号	名称和说明	公路运输别名	铁路运输别名	中国编号	类别或项别	包装类别	特殊规定	有限数量	例外数量	对应安全卡页码
2743	氯甲酸正丁酯			61609	6.1	Ⅱ		100mL	E4	958
2744	氯甲酸环丁酯			61101	6.1	Ⅱ		100mL	E4	
2745	氯甲酸氯甲酯			61101	6.1	Ⅱ		100mL	E4	
2746	氯甲酸苯酯			61101	6.1	Ⅱ		100mL	E4	
2747	氯甲酸叔丁基环己酯	叔丁基环己基氯甲酸酯	氯甲酸叔丁基环己基酯	61609	6.1	Ⅱ		5L	E1	
2748	氯甲酸-2-乙基己酯			61101	6.1	Ⅲ		100mL	E4	
2749	四甲基硅烷	四甲基硅		31049	3	Ⅰ			E3	959
2750	1,3-二氯-2-丙醇	1,3-二氯异丙醇;1,3-二氯甘油		61585	6.1	Ⅱ		100mL	E4	
2751	二乙基硫代磷酰氯			81132	8	Ⅱ		1L	E2	
2752	1,2-环氧-3-乙氧基丙烷			33611	3	Ⅲ		5L	E1	
2753	液态*N*-乙苄基甲苯胺		*N*-乙苄基甲苯胺	61762	6.1	Ⅲ		5L	E1	
2754	*N*-乙基甲苯胺			61078	6.1	Ⅱ		100mL	E4	960
2757	固态氨基甲酸酯农药,毒性			61888/61133	6.1	Ⅰ	61/274		E5	
				61888/61133	6.1	Ⅱ	61/274	500g	E4	
				61888/61133	6.1	Ⅲ	61/223/274	5kg	E1	
2758	液态氨基甲酸酯农药,易燃,毒性,闪点低于23℃			61134/61889	3	Ⅰ	61/274			
				61134/61889	3	Ⅱ	61/274	1L	E2	
2759	固态含砷农药,毒性			61878	6.1	Ⅰ	61/274		E5	961
				61878	6.1	Ⅱ	61/274	500g	E4	
				61878	6.1	Ⅲ	61/223/274	5kg	E1	

续上表

联合国编号	名称和说明	公路运输别名	铁路运输别名	中国编号	类别或项别	包装类别	特殊规定	有限数量	例外数量	对应安全卡页码
2760	液态含砷农药,易燃,毒性,闪点低于23℃			61879	3	Ⅰ	61/274			
				61879	3	Ⅱ	61/274	1L	E2	
2761	固态有机氯农药,毒性			61127/61876	6.1	Ⅰ	61/274		E5	963~970
				61127/61876	6.1	Ⅱ	61/274	500g	E4	
				61127/61876/61135	6.1	Ⅲ	61/223/274	5kg	E1	
2762	液态有机氯农药,易燃,毒性,闪点低于23℃			61128/61877	3	Ⅰ	61/274			
				61128/61877	3	Ⅱ	61/274	1L	E2	
2763	固态三嗪农药,毒性	三氮苯固态农药	三嗪固态农药	61898	6.1	Ⅰ	61/274		E5	
				61898	6.1	Ⅱ	61/274	500g	E4	
				61898	6.1	Ⅲ	61/274	5kg	E1	
2764	液态三嗪农药,易燃,毒性,闪点低于23℃	三氮苯液态农药	三嗪液态农药	61899	3	Ⅰ	61/274			
				61899	3	Ⅱ	61/274	1L	E2	
2771	固态硫代氨基甲酸酯农药,毒性	乙硫苯威 敌克威;庚硫威;特氨叉威		61888/61133	6.1	Ⅰ	61/274		E5	972~974
				61888/61133	6.1	Ⅱ	61/274	500g	E4	
				61888/61133	6.1	Ⅲ	61/223/274	5kg	E1	
2772	液态硫代氨基甲酸酯农药,易燃,毒性,闪点低于23℃			61134/61889	3	Ⅰ	61/274			
				61134/61889	3	Ⅱ	61/274	1L	E2	
2775	固态铜基农药,毒性			61886	6.1	Ⅰ	61/274		E5	
				61886	6.1	Ⅱ	61/274	500g	E4	
				61886	6.1	Ⅲ	61/223/274	5kg	E1	

续上表

联合国编号	名称和说明	公路运输别名	铁路运输别名	中国编号	类别或项别	包装类别	特殊规定	有限数量	例外数量	对应安全卡页码
2776	液态铜基农药，易燃，毒性，闪点低于23℃			61887	3	Ⅰ	61/274			
				61887	3	Ⅱ	61/274	1L	E2	
2777	固态汞基农药，毒性	乙酸苯汞；裕米农；龙汞 PMC		61129/61882	6.1	Ⅰ	61/274		E5	975～977
				61129/61882	6.1	Ⅱ	61/274	500g	E4	
				61129/61882	6.1	Ⅲ	61/223/274	5kg	E1	
2778	液态汞基农药，易燃，毒性，闪点低于23℃			61130/61883	3	Ⅰ	61/274			
				61130/61883	3	Ⅱ	61/274	1L	E2	
2779	固态取代硝基苯酚农药，毒性	消螨通	硝基苯酚固态农药	61892	6.1	Ⅰ	61/274		E5	
				61892	6.1	Ⅱ	61/274	500g	E4	
				61892	6.1	Ⅲ	61/223/274	5kg	E1	
2780	液态取代硝基苯酚农药，易燃，毒性，闪点低于23℃			61893	3	Ⅰ	61/274			
				61893	3	Ⅱ	61/274	1L	E2	
2781	固态联吡啶农药，毒性	对草快		61896	6.1	Ⅰ	61/274		E5	
				61896	6.1	Ⅱ	61/274	500g	E4	
				61896	6.1	Ⅲ	61/223/274	5kg	E1	
2782	液态联吡啶农药，易燃，毒性，闪点低于23℃		双吡啶液态农药	61897	3	Ⅰ	61/274			
				61897	3	Ⅱ	61/274	1L	E2	
2783	固态有机磷农药，毒性			61125/61874	6.1	Ⅰ	61/274		E5	978～992
				61125/61874	6.1	Ⅱ	61/274	500g	E4	
				61125/61874	6.1	Ⅲ	61/223/274	5kg	E1	

续上表

联合国编号	名称和说明	公路运输别名	铁路运输别名	中国编号	类别或项别	包装类别	特殊规定	有限数量	例外数量	对应安全卡页码
2784	液态有机磷农药,易燃,毒性,闪点低于23℃			61126/61875	3	Ⅰ	61/274			993～1002
				61126/61875	3	Ⅱ	61/274	1L	E2	
2785	4－硫杂戊醛	甲基巯基丙醛		61600	6.1	Ⅲ	61/274	5L	E1	
2786	固态有机锡农药,毒性			61131/61884	6.1	Ⅰ	61/274		E5	
				61131/61884	6.1	Ⅱ	61/274	500g	E4	
				61131/61884	6.1	Ⅲ	61/223/274	5kg	E1	
2787	液态有机锡农药,易燃,毒性,闪点低于23℃			61132/61885	3	Ⅰ	61/274			
				61132/61885	3	Ⅱ	61/274	1L	E2	
2788	液态有机锡化合物,未另作规定的	醋酸三甲基锡		61096	6.1	Ⅰ	43/274		E5	1003～1004
				61096	6.1	Ⅱ	43/274	100mL	E4	
				61096	6.1	Ⅲ	43/223/274	1L	E1	
2789	冰醋酸,或乙酸溶液,按质量含酸高于80%	醋酸		81601	8	Ⅱ		1L	E2	1005
2790	乙酸溶液,按质量含酸不低于50%,但不超过80%	醋酸溶液		81601	8	Ⅱ		1L	E2	
	乙酸溶液,按质量含酸不低于10%,但不超过50%	醋酸溶液		81601	8	Ⅲ		5L	E1	
2793	黑色金属的镗屑、刨屑、旋屑、切屑,易自热		含油金属屑		4.2	Ⅲ	223		E1	
2794	蓄电池,湿的,装有酸液,蓄电		蓄电池(注有酸液)	81530	8		295	1L		

续上表

联合国编号	名称和说明	公路运输别名	铁路运输别名	中国编号	类别或项别	包装类别	特殊规定	有限数量	例外数量	对应安全卡页码
2795	蓄电池，湿的，装有碱液，蓄电		蓄电池（注有碱液）	82520	8		295	1L		
2796	硫酸，含酸不超过51%，或酸性电池液		电池液（酸性的）	81066	8	Ⅱ		1L	E2	
2797	碱性电池液		电池液（碱性的）	82016	8	Ⅱ		1L	E2	
2798	苯基二氯化磷	苯膦化二氯	苯基二氯磷，二氯化磷苯	83010	8	Ⅱ		1L	E2	1006
2799	苯基硫代磷酰二氯	硫代二氯化膦苯	苯硫代磷酰二氯	81130	8	Ⅱ		1L	E2	
2800	蓄电池，湿的，密封的蓄电				8		238	1L		
2801	液态染料，腐蚀性，未另作规定的，或液态染料中间产品，腐蚀性，未另作规定的		染料或染料中间体（腐蚀性的，未另列明的）	83511	8	Ⅰ	274			
				83511	8	Ⅱ	274	1L	E2	
				83511	8	Ⅲ	223/274	5L	E1	
2802	氯化铜			83503	8	Ⅲ		5kg	E1	1007
2803	镓	金属镓		83506	8	Ⅲ		5kg		
2805	溶凝固态氢化锂			43016	4.3	Ⅱ		500g	E2	1008
2806	氮化锂			43024	4.3	Ⅰ				1009
2807	磁化材料			91001	9	Ⅲ	106			1010
2809	汞	水银		83505	8	Ⅲ		5kg		1011
2810	有机毒性液体，未另作规定的	塔崩		61139/61908	6.1	Ⅰ	274/315		E5	
				61139/61908	6.1	Ⅱ	274	100mL	E4	
				61139/61908	6.1	Ⅲ	223/274	5L	E1	

续上表

联合国编号	名称和说明	公路运输别名	铁路运输别名	中国编号	类别或项别	包装类别	特殊规定	有限数量	例外数量	对应安全卡页码
2811	有机毒性固体，未另作规定的	塔崩		61139/61908	6.1	Ⅰ	274		E5	
					6.1	Ⅱ	274	500g	E4	
					6.1	Ⅲ	223/274	5kg	E1	
2812	固态铝酸钠		铝酸钠(固体)	82502	8	Ⅲ	106	5kg	E1	
2813	遇水反应固体，未另作规定的			43051/43510	4.3	Ⅰ	274			
				43051/43510	4.3	Ⅱ	274	500g	E2	
				43051/43510	4.3	Ⅲ	223/274	1kg	E1	
2814	感染性物质，对人感染			62001	6.2		318/341			
2815	*N*-氨乙基哌嗪	1-呱嗪乙胺；*N*-(2-氨基乙基)呱嗪	*N*-氨基乙基呱嗪	82519	8	Ⅲ		5L	E1	
2817	二氟化氢铵溶液			83003	8	Ⅱ		1L	E2	
				83003	8	Ⅲ	223	5L	E1	
2818	多硫化铵溶液			82009	8	Ⅱ		1L	E2	
				82009	8	Ⅲ	223	5L	E1	
2819	酸式磷酸戊酯	酸式磷酸二戊酯	二戊基磷酸	81645	8	Ⅲ		5L	E1	
2820	丁酸			81620	8	Ⅲ		5L	E1	
2821	苯酚溶液			81068	6.1	Ⅱ		100mL	E4	
				81068	6.1	Ⅲ	223	5L	E1	
2822	2-氯吡啶			61118	6.1	Ⅱ		100mL	E4	1012
2823	丁烯酸(巴豆酸)		2-丁烯酸	81623	8	Ⅲ		5kg	E1	
2826	氯硫代甲酸乙酯		硫代氯甲酸乙酯	83008	8	Ⅱ			E2	1014

续上表

联合国编号	名称和说明	公路运输别名	铁路运输别名	中国编号	类别或项别	包装类别	特殊规定	有限数量	例外数量	对应安全卡页码
2829	己酸			81622	8	Ⅲ		5L	E1	
2830	锂硅铁		硅铁锂	43028	4.3	Ⅱ		500g	E2	
2831	1,1,1-三氯乙烷	甲基氯仿	三氯乙烷	61555	6.1	Ⅲ		5L	E1	1015~1016
2834	亚磷酸			81502	8	Ⅲ		5kg	E1	1017
2835	氢化铝钠	四氢化铝钠		43023	4.3	Ⅱ		500g	E2	
2837	硫酸氢盐水溶液	酸式硫酸氢钠溶液		81509	8	Ⅱ		1L	E2	
				81509	8	Ⅲ	223	5L	E1	
2838	丁酸乙烯酯,稳定的	乙烯基丁酸酯	正丁酸乙烯酯(抑制了的)	32143	3	Ⅱ		1L	E2	
2839	丁间醇醛	3-丁醇醛		61598	6.1	Ⅱ		100mL	E4	1018
2840	丁醛肟			33629	3	Ⅲ		5L	E1	1019
2841	二正戊胺		二戊胺	61733	3	Ⅲ		5L	E1	
2842	硝基乙烷			33521	3	Ⅲ		5L	E1	
2844	钙锰硅合金		硅锰钙	43503	4.3	Ⅲ		1kg	E1	
2845	有机发火液体,未另作规定的			42037	4.2	Ⅰ	274			
2846	有机发火固体,未另作规定的			42037	4.2	Ⅰ	274			
2849	3-氯-1-丙醇	三亚甲基氯醇		61584	6.1	Ⅲ		5L	E1	
2850	四聚丙烯	四丙烯		33512	3	Ⅲ		5L	E1	
2851	二水合三氟化硼	三氟化硼水合物		81060	8	Ⅱ		1L	E2	

续上表

联合国编号	名称和说明	公路运输别名	铁路运输别名	中国编号	类别或项别	包装类别	特殊规定	有限数量	例外数量	对应安全卡页码
2852	二苦硫,湿的,按质量含水不低于10%	二苦基硫	六硝基二苯硫(含水≥10%)	41020	4.1	Ⅰ	28			
2853	氟硅酸镁			61514	6.1	Ⅲ		5kg	E1	
2854	氟硅酸铵			61514	6.1	Ⅲ		5kg	E1	
2855	氟硅酸锌			61514	6.1	Ⅲ		5kg	E1	
2856	氟硅酸盐(酯),未另作规定的			61514	6.1	Ⅲ	274	5kg	E1	
2857	制冷机,含非易燃、无毒气体或氨溶液(UN2672)				2.2		119			
2858	锆金属,干的,成卷线材、精整金属薄板、带材(厚度18μm~254μm)		金属锆片	41508	4.1	Ⅲ		5kg	E1	
2859	偏钒酸铵			61029	6.1	Ⅱ		500g	E4	
2861	多钒酸铵		聚钒酸铵	61029	6.1			500g	E4	
2862	五氧化二钒,非熔凝状态		钒酸酐,钒酐	61028	6.1	Ⅲ		5kg	E1	
2863	钒酸铵钠			61029	6.1	Ⅱ		500g	E4	
2864	偏钒酸钾			61029	6.1	Ⅱ		500g	E4	
2865	硫酸胲		硫酸羟胺	81508	8	Ⅲ		5kg	E1	
2869	三氯化钛混合物			81050	8	Ⅱ		1kg	E2	
				81050	8	Ⅲ	223	5kg	E1	
2870	氢硼化铝		硼氢化铝	42015	4.2	Ⅰ				1020
	在装置中的氢硼化铝			42015	4.2	Ⅰ				

续上表

联合国编号	名称和说明	公路运输别名	铁路运输别名	中国编号	类别或项别	包装类别	特殊规定	有限数量	例外数量	对应安全卡页码
2871	锑粉			61505	6.1	Ⅲ		5kg	E1	1021
2872	二溴氯丙烷			61904/61905	6.1	Ⅱ		100mL	E4	
				61904/61905	6.1	Ⅲ	223	5L	E1	
2873	二丁氨基乙醇	*N*,*N*-二(正)丁基乙醇胺	2-二丁氨基乙醇	61588	6.1	Ⅲ		5L	E1	
2874	糠醇		2-呋喃甲醇	61590	6.1	Ⅲ		5L	E1	
2875	六氯酚			61709	6.1	Ⅲ		5kg	E1	
2876	间苯二酚	1,3-苯二酚		61725	6.1	Ⅲ		5kg	E1	1022
2878	颗粒状海绵钛或海绵钛粉末	海绵钛粒		41505	4.1	Ⅲ	223	5kg	E1	
2879	二氯氧化硒	氧化亚硒酰	氧氯化硒	81039	8	Ⅰ				1023
2880	水合次氯酸钙，或水合次氯酸钙混合物，含水不低于5.5%，但不超过16%			51509	5.1	Ⅱ	314/322	1kg	E2	
				51509	5.1	Ⅲ	223/314	5kg	E1	
2881	金属催化剂，干的			42004	4.2	Ⅰ	274			
				42004	4.2	Ⅱ	274		E2	
				42004	4.2	Ⅲ	223/274		E1	
2900	感染性物质，只对动物感染			62002	6.2		318/341			
2901	氯化溴	溴化氯		23026	2.3					
2902	液态农药，毒性，未另作规定的	乙基大蒜素		61138/61905	6.1	Ⅰ	61/274		E5	
				61138/61905	6.1	Ⅱ	61/274	100mL	E4	
				61138/61905	6.1	Ⅲ	61/223/274	5L	E1	

续上表

联合国编号	名称和说明	公路运输别名	铁路运输别名	中国编号	类别或项别	包装类别	特殊规定	有限数量	例外数量	对应安全卡页码
2903	液态农药，毒性，易燃，未另作规定的，闪点不低于23℃	乙基大蒜素		61138	6.1	Ⅰ	61/274		E5	
				61905	6.1	Ⅱ	61/274	100mL	E4	
				61138/61905	6.1	Ⅲ	61/223/274	5L	E1	
2904	液态氯苯酚盐或液态苯酚盐				8	Ⅲ		5L	E1	
2905	固态氯苯酚盐或固态苯酚盐				8	Ⅲ		5kg	E1	
2907	异山梨醇二硝酸酯混合物，含有不低于60%的乳糖、甘露糖、淀粉或磷酸氢钙	混合异山梨醇二硝酸酯		41034	4.1	Ⅱ	127			
2908	放射性物质例外货包　运输放射性物质的空包装				7		290			
2909	放射性物质例外货包　天然铀或贫化铀或天然钍的制品				7		290			
2910	放射性物质例外货包　有限的放射性物质			71009	7		290/325			1024
2911	放射性物质例外货包　含有放射性物质的仪器或物品				7		290			
2912	Ⅰ类低比活度放射性物质（LSA－Ⅰ），非易裂变的或例外的易裂变的	低比活度放射物质		71010	7		172/317/325			1025
2913	放射性表面污染物体（SCO－Ⅰ或SCO－Ⅱ），非易裂变的或例外的易裂变的			71008	7		172/317/336			1026

续上表

联合国编号	名称和说明	公路运输别名	铁路运输别名	中国编号	类别或项别	包装类别	特殊规定	有限数量	例外数量	对应安全卡页码
2915	放射性物质A型货包，非特殊形式的非易裂变的或非特殊形式的例外易裂变的				7		172/317/325			
2916	放射性物质B(U)型货包，非易裂变的或例外的易裂变的				7		172/317/325/337			
2917	放射性物质B(M)型货包，非易裂变的或例外的易裂变的				7		172/317/325/337			
2919	特殊安排下运输的放射性物质，非易裂变的或例外的易裂变的				7		172/317/325			
2920	腐蚀性液体，易燃，未另作规定的				8	Ⅰ	274			
					8	Ⅱ	274	1L	E2	
2921	腐蚀性固体，易燃，未另作规定的				8	Ⅰ	274			
					8	Ⅱ	274	1kg	E2	
2922	腐蚀性液体，毒性，未另作规定的				8	Ⅰ	274			
					8	Ⅱ	274	1L	E2	
					8	Ⅲ	223/274	5L	E1	
2923	腐蚀生固体，毒性，未另作规定的				8	Ⅰ	274			
					8	Ⅱ	274	1kg	E2	
					8	Ⅲ	223/274	5kg	E1	

续上表

联合国编号	名称和说明	公路运输别名	铁路运输别名	中国编号	类别或项别	包装类别	特殊规定	有限数量	例外数量	对应安全卡页码
2924	易燃液体,腐蚀性,未另作规定的				3	Ⅰ	274			
					3	Ⅱ	274	1L	E2	
					3	Ⅲ	223/274	5L	E1	
2925	有机易燃固体,腐蚀性,未另作规定的			41060	4.1	Ⅱ	274	1kg	E2	
				41060	4.1	Ⅲ	223/274	5kg	E1	
2926	有机易燃固体,毒性,未另作规定的			41060/41553	4.1	Ⅱ	274	1kg	E2	
				41060/41553	4.1	Ⅲ	223/274	5kg	E1	
2927	有机毒性液体,腐蚀性,未另作规定的				6.1	Ⅰ	274/315		E5	
					6.1	Ⅱ	274	100mL	E4	
2928	有机毒性固体,腐蚀性,未另作规定的				6.1	Ⅰ	274		E5	
					6.1	Ⅱ	274	100mL	E4	
2929	有机毒性液体,易燃,未另作规定的				6.1	Ⅰ	274/315		E5	
					6.1	Ⅱ	274	100mL	E4	
2930	有机毒性固体,易燃,未另作规定的				6.1	Ⅰ	274		E5	
					6.1	Ⅱ	274	500g	E4	
2931	硫酸氧钒	硫酸钒酰		61029	6.1	Ⅱ		500g	E4	
2933	2-氯丙酸甲酯			33604	3	Ⅲ		5L	E1	1028
2934	2-氯丙酸异丙酯			33604	3	Ⅲ		5L	E1	
2935	2-氯丙酸乙酯			33604	3	Ⅲ		5L	E1	1029
2936	硫代乳酸		2-巯基丙酸	61092	6.1	Ⅱ		100mL	E4	
2937	α-甲基苄基醇,液态	苯(基)甲基甲醇	α-甲基苄醇	61589	6.1	Ⅲ		5L	E1	

续上表

联合国编号	名称和说明	公路运输别名	铁路运输别名	中国编号	类别或项别	包装类别	特殊规定	有限数量	例外数量	对应安全卡页码
2940	9-磷杂二环壬烷(环辛二烯膦)		9-磷杂双环壬烷	42032	4.2	Ⅱ			E2	
2941	氟苯胺			61762	6.1	Ⅲ		5L	E1	
2942	2-三氟甲基苯胺		2-氨基三氟甲苯	61763	6.1	Ⅲ		5L	E1	
2943	四氢化糠胺		四氢糠胺	33634	3	Ⅲ		5L	E1	
2945	*N*-甲基丁胺		*N*-甲基(正)丁胺	32173	3	Ⅱ		1L	E2	
2946	2-氨基-5-二乙氨基戊烷		2-氨基-5-二乙基氨基戊烷	61731	6.1	Ⅲ		5L	E1	1030
2947	氯乙酸异丙酯		氯醋酸异丙酯	33603	3	Ⅲ		5L	E1	
2948	3-三氟甲基苯胺		3-氨基三氟甲苯,间三氟甲基苯胺	61763	6.1	Ⅱ		100mL	E4	
2949	氢硫化钠,含结晶水不低于25%	硫氢化钠	氢硫化钠	82014	8	Ⅱ		1kg	E2	
2950	颗粒状镁,涂层的,粒径不小于149μm		镁粒(有涂层的,粒度≥149μm)	43501	4.3	Ⅲ		1kg	E1	
2956	5-叔丁基-2,4,6-三硝基间二甲苯(二甲苯麝香)			41520	4.1	Ⅲ	132/133	5kg	E1	
2965	三氟化硼合二甲醚			43047	4.3	Ⅰ				
2966	硫甘醇			61091	6.1	Ⅱ		100mL	E4	1032
2967	氨基磺酸			81506	8	Ⅲ		5kg	E1	
2968	代森锰,稳定的,或代森锰制剂,稳定的,加防自热稳定剂			43509	4.3	Ⅲ	223	1kg	E1	

续上表

联合国编号	名称和说明	公路运输别名	铁路运输别名	中国编号	类别或项别	包装类别	特殊规定	有限数量	例外数量	对应安全卡页码
2969	蓖麻籽或蓖麻粉或蓖麻油渣或蓖麻片			61907	9	Ⅱ	141	5kg	E2	
2977	放射性物质六氟化铀，易裂变			71006	7					1036
2978	放射性物质六氟化铀，非易裂变的或例外的易裂变的			71007	7		317			1037
2983	环氧乙烷和氧化丙烯混合物，含环氧乙烷不不超过30%	氧化乙烯和氧化丙烯混合物		31052	3	Ⅰ				
2984	过氧化氢水溶液、过氧化氢含量不低于8%，但不高于20%（必要时加稳定剂）	双氧水		51501	5.1	Ⅲ	65	5L	E1	1042
2985	氯硅烷，易燃，腐蚀性，未另作规定的				3	Ⅱ			E2	
2986	氯硅烷，腐蚀性，易燃，未另作规定的				8	Ⅱ			E2	
2987	氯硅烷，腐蚀性，未另作规定的				8	Ⅱ			E2	
2988	氯硅烷，遇水反应，易燃，腐蚀性，未另作规定的				4.3	Ⅰ				
2989	亚磷酸二氢铅		二盐基亚磷酸铅；二盐	41005	4.1	Ⅱ		1kg	E2	1043
				41005	4.1	Ⅲ	223	5kg	E1	

续上表

联合国编号	名称和说明	公路运输别名	铁路运输别名	中国编号	类别或项别	包装类别	特殊规定	有限数量	例外数量	对应安全卡页码
2990	救生设备,自动膨胀式				9		296			
2991	液态氨基甲酸酯农药,毒性,易燃,闪点不低于23℃	异兰;异索兰		61134/61889	6.1	Ⅰ	61/274		E5	
				61134/61889	6.1	Ⅱ	61/274	100mL	E4	
				61134/61889	6.1	Ⅲ	61/223/274	5L	E1	
2992	液态氨基甲酸酯农药,毒性	异兰;异索兰		61134/61889	6.1	Ⅰ	61/274		E5	1044~1045
				61134/61889	6.1	Ⅱ	61/274	100mL	E4	
				61134/61889	6.1	Ⅲ	61/223/274	5L	E1	
2993	液态含砷农药,毒性,易燃,闪点不低于23℃			61879	6.1	Ⅰ	61/274		E5	
				61879	6.1	Ⅱ	61/274	100mL	E4	
				61879	6.1	Ⅲ	61/223/274	5L	E1	
2994	液态含砷农药,毒性			61879	6.1	Ⅰ	61/274		E5	
				61879	6.1	Ⅱ	61/274	100mL	E4	
				61879	6.1	Ⅲ	61/223/274	5L	E1	
2995	液态有机氯农药,毒性,易燃,闪点不低于23℃			61128/61877	6.1	Ⅰ	61/274		E5	
				61128/61877	6.1	Ⅱ	61/274	100mL	E4	
				61128/61877	6.1	Ⅲ	61/223/274			
2996	液态有机氯农药,毒性			61128/61877	6.1	Ⅰ	61/223/274		E5	
				61128/61877	6.1	Ⅱ	61/274	100mL	E4	
				61128/61877	6.1	Ⅲ	61/223/274	5L	E1	

续上表

联合国编号	名称和说明	公路运输别名	铁路运输别名	中国编号	类别或项别	包装类别	特殊规定	有限数量	例外数量	对应安全卡页码
2997	液态三嗪农药,毒性,易燃,闪点不低于23℃			61899	6.1	Ⅰ	61/274		E5	
				61899	6.1	Ⅱ	61/274	100mL	E4	
				61899	6.1	Ⅲ	61/223/274	5L	E1	
2998	液态三嗪农药,毒性			61899	6.1	Ⅰ	61/274		E5	
				61899	6.1	Ⅱ	61/274	100mL	E4	
				61899	6.1	Ⅲ	61/223/274	5L	E1	
3005	液态硫代氨基甲酸酯农药,毒性,易燃,闪点不低于23℃			61899	6.1	Ⅰ	61/274		E5	
				61899	6.1	Ⅱ	61/274	100mL	E4	
				61899	6.1	Ⅲ	61/223/274	5L	E1	
3006	液态硫代氨基甲酸酯农药,毒性			61899	6.1	Ⅰ	61/274		E5	
				61899	6.1	Ⅱ	61/274	100mL	E4	
				61899	6.1	Ⅲ	61/223/274	5L	E1	
3009	液态铜基农药,毒性,易燃,闪点不低于23℃			61887	6.1	Ⅰ	61/274		E5	
				61887	6.1	Ⅱ	61/274	100mL	E4	
				61887	6.1	Ⅲ	61/223/274	5L	E1	
3010	液态铜基农药,毒性			61887	6.1	Ⅰ	61/274		E5	
				61887	6.1	Ⅱ	61/274	100mL	E4	
				61887	6.1	Ⅲ	61/223/274	5L	E1	
3011	液态汞基农药,毒性,易燃,闪点不低于23℃			61130/61883	6.1	Ⅰ	61/274		E5	
				61130/61883	6.1	Ⅱ	61/274	100mL	E4	
				61130/61883	6.1	Ⅲ	61/223/274	5L	E1	

续上表

联合国编号	名称和说明	公路运输别名	铁路运输别名	中国编号	类别或项别	包装类别	特殊规定	有限数量	例外数量	对应安全卡页码
3012	液态汞基农药，毒性			61130/61883	6.1	Ⅰ	61/274		E5	
				61130/61883	6.1	Ⅱ	61/274	100mL	E4	
				61130/61883	6.1	Ⅲ	61/223/274	5L	E1	
3013	液态取代硝基苯酚农药，毒性，易燃，闪点不低于23℃			61893	6.1	Ⅰ	61/274		E5	
				61893	6.1	Ⅱ	61/274	100mL	E4	
				61893	6.1	Ⅲ	61/223/274	5L	E1	
3014	液态取代硝基苯酚农药，毒性			61893	6.1	Ⅰ	61/274		E5	
				61893	6.1	Ⅱ	61/274	100mL	E4	
				61893	6.1	Ⅲ	61/223/274	5L	E1	
3015	液态联吡啶农药，毒性，易燃，闪点不低于23℃	对草快水剂		61897	6.1	Ⅰ	61/274		E5	
				61897	6.1	Ⅱ	61/274	100mL	E4	
				61897	6.1	Ⅲ	61/223/274	5L	E1	
3016	液态联吡啶农药，毒性			61897	6.1	Ⅰ	61/274		E5	
				61897	6.1	Ⅱ	61/274	100mL	E4	
				61897	6.1	Ⅲ	61/223/274	5L	E1	
3017	液态有机磷农药，毒性，易燃，闪点不低于23℃			61126/61875	6.1	Ⅰ	61/274		E5	
				61126/61875	6.1	Ⅱ	61/274	100mL	E4	
				61126/61875	6.1	Ⅲ	61/223/274			
				61126/61875	6.1	Ⅰ	61/274	5L	E1	
3018	液态有机磷农药，毒性			61126/61875	6.1	Ⅱ	61/274	100mL	E4	1046～1053
				61126/61875	6.1	Ⅲ	61/223/274	5L	E1	

续上表

联合国编号	名称和说明	公路运输别名	铁路运输别名	中国编号	类别或项别	包装类别	特殊规定	有限数量	例外数量	对应安全卡页码
3019	液态有机锡农药，毒性，易燃，闪点不低于23℃	氯化三丙基锡；三丙锡氯		61132/61885	6.1	Ⅰ	61/274		E5	
				61132/61885	6.1	Ⅱ	61/274	100mL	E4	
				61132/61885	6.1	Ⅲ	61/223/274	5L	E1	
3020	液态有机锡农药，毒性	氯化三丙基锡；三丙锡氯		61132/61885	6.1	Ⅰ	61/274		E5	
				61132/61885	6.1	Ⅱ	61/274	100mL	E4	
				61132/61885	6.1	Ⅲ	61/223/274	5L	E1	
3021	液态农药，易燃，毒性，未另作规定的，闪点不低于23℃	乙基大蒜素		61138/61905	3	Ⅰ	61/274			
				61138/61905	3	Ⅱ	61/274	1L	E2	
3022	1,2 丁撑氧，稳定的	氧化丁烯		32097	3	Ⅱ		1L	E2	
3023	2－甲基－2 庚硫醇			61591	6.1	Ⅰ	354			
3024	液态香豆素衍生物农药，易燃，毒性，闪点不低于23℃		杂环类液态农药	61895	3	Ⅰ	61/274			
				61895	3	Ⅱ	61/274	1L	E2	
3025	液态香豆素衍生物农药，毒性，易燃，闪点不低于23℃		杂环类液态农药	61895	6.1	Ⅰ	61/274		E5	
				61895	6.1	Ⅱ	61/274	100mL	E4	
				61895	6.1	Ⅲ	61/223/274	5L	E1	
3026	液态香豆素衍生物农药，毒性	克啉菌	杂环类液态农药	61895	6.1	Ⅰ	61/274		E5	
				61895	6.1	Ⅱ	61/274	100mL	E4	
				61895	6.1	Ⅲ	61/223/274	5L	E1	
3027	固态香豆素衍生物农药，毒性		杂环类液态农药	61894	6.1	Ⅰ	61/274		E5	1054～1056
				61894	6.1	Ⅱ	61/274	500g	E4	
				61894	6.1	Ⅲ	61/223/274	5kg	E1	

续上表

联合国编号	名称和说明	公路运输别名	铁路运输别名	中国编号	类别或项别	包装类别	特殊规定	有限数量	例外数量	对应安全卡页码
3028	干蓄电池，含有固态氢氧化钾，蓄电		蓄电池(含氢氧化钾固体)	82520	8		295/304	2kg		
3048	磷化铝农药			61124	6.1	Ⅰ	153		E5	
3054	环已硫醇		环已(基)硫醇	33563	3	Ⅲ		5L	E1	
3055	2-(2-氨基乙氧基)乙醇			82506	8	Ⅲ		5L	E1	1071
3056	正庚醛			33574	3	Ⅲ		5L	E1	
3057	三氟乙酰氯	氯化三氟乙酰		23037	2.3					1072
3064	硝化甘油乙醇溶液，含硝化甘油不低于1%，但不超过5%			32062	3	Ⅱ				
3065	乙醇饮料，按体积含乙醇高于70%				3	Ⅱ	146	5L	E2	
3065	乙醇饮料，按体积含乙醇不低于24%，但不超过70%	含酒精饮料		33551	3	Ⅲ	144/145/247	5L	E1	
3066	涂料(包括色漆、喷漆、搪瓷、着色剂、虫胶、清漆、抛光剂、液态填料和液态喷漆基料)或涂料的相关材料(包括涂料稀释剂或冲淡剂)				8	Ⅱ	163	1L	E2	
					8	Ⅲ	163/223	5L	E1	
3070	环氧乙烷和二氯二氟甲烷混合物，含环氧乙烷不超过12.5%	二氯二氟甲烷和氧化乙烯混合物	二氯二氟甲烷和氧化乙烯混合物(含环氧乙烷不超过12.5%)	23050	2.2			120mL	E1	

续上表

联合国编号	名称和说明	公路运输别名	铁路运输别名	中国编号	类别或项别	包装类别	特殊规定	有限数量	例外数量	对应安全卡页码
3071	液态硫醇，毒性，易燃，未另作规定的，或液态硫醇混合物，毒性，易燃，未另作规定的			61591	6.1	Ⅱ	274	100mL	E4	1073～1079
3072	非自动膨胀式救生设备，装备中含有危险物品				9		296			
3073	乙烯基吡啶，稳定的			61840	6.1	Ⅱ		100mL	E4	
3077	对环境有害的固态物质，未另作规定的				9	Ⅲ	274/331/335	5kg	E1	
3078	铈，切屑或粗粉		铈（粉、屑）	43015	4.3	Ⅱ		500g	E2	
3079	甲基丙烯腈，稳定的	异丁烯腈	甲基丙烯腈（抑制了的）	32163	6.1	Ⅰ	354			1080
3080	异氰酸酯，毒性，易燃，未另作规定的，或异氰酸酯溶液，毒性，易燃，未另作规定的			61110	6.1	Ⅱ	274	100mL	E4	
3082	对环境有害的液态物质，未另作规定的				9	Ⅲ	274/331/335	5L	E1	
3083	氟化高氯酰（高氯酰氟）	氟化过氯氧；氟化过氯酰	过氯酰氟	23036	2.3					1081
3084	腐蚀性固体，氧化性，未另作规定的				8	Ⅰ	274			
					8	Ⅱ	274	1kg	E2	

续上表

联合国编号	名称和说明	公路运输别名	铁路运输别名	中国编号	类别或项别	包装类别	特殊规定	有限数量	例外数量	对应安全卡页码
3085	氧化性固体,腐蚀性,未另作规定的			83512/83021/51080/51527	5.1	Ⅰ	274			
				83512/83021/51080/51527	5.1	Ⅱ	274	1kg	E2	
				83512/83021/51080/51527	5.1	Ⅲ	223/274	5kg	E1	
3086	毒性固体,氧化性,未另作规定的			61034/61520	6.1	Ⅰ	274		E5	
				61034/61520	6.1	Ⅱ	274	500g	E4	
3087	氧化性固体,毒性,未另作规定的			51080/51527	5.1	Ⅰ	274			
				51080/51527	5.1	Ⅱ	274	1kg	E2	
				51080/51527	5.1	Ⅲ	223/274	5kg	E1	
3088	有机自然固体,未另作规定的			42037/42511	4.2	Ⅱ	274		E2	
				42037/42511	4.2	Ⅲ	223/274		E1	
3089	金属粉,易燃,未另作规定的				4.1	Ⅱ		1kg	E2	
					4.1	Ⅲ	223	5kg	E1	
3090	锂电池组(包括锂合金电池组)				9	Ⅱ	188/230/310			
3091	装在设备中的锂电池组或同设备包装在一起的锂电池组(包括锂合金电池组)				9	Ⅱ	188/230			
3092	1-甲氧基-2-丙醇				3	Ⅲ		5L	E1	

续上表

联合国编号	名称和说明	公路运输别名	铁路运输别名	中国编号	类别或项别	包装类别	特殊规定	有限数量	例外数量	对应安全卡页码
3093	腐蚀性液体，氧化性，未另作规定的				8	Ⅰ	274			
					8	Ⅱ	274	1L	E2	
3094	腐蚀性液体，遇水反应，未另作规定的				8	Ⅰ	274			
					8	Ⅱ	274	1L	E2	
3095	腐蚀性固体，自热性，未另作规定的				8	Ⅰ	274			
					8	Ⅱ	274	1kg	E2	
3096	腐蚀性固体，遇水反应，未另作规定的				8	Ⅰ	274			
					8	Ⅱ	274	1kg	E2	
3097	易燃固体，氧化性，未另作规定的				4.1	Ⅱ	274	1kg	E2	
					4.1	Ⅲ	223/274	5kg	E1	
3098	氧化性液体，腐蚀性，未另作规定的				5.1	Ⅰ	274			
					5.1	Ⅱ	274	1L	E2	
					5.1	Ⅲ	223/274	5L	E1	
3099	氧化性液体，毒性，未另作规定的				5.1	Ⅰ	274			
					5.1	Ⅱ	274	1L	E2	
					5.1	Ⅲ	223/274	5L	E1	
3100	氧化性固体，自热性，未另作规定的				5.1	Ⅰ	274			
					5.1	Ⅱ	274		E2	
3101	液态B型有机过氧化物				5.2		122/181/195/274/323	25mL		
3102	固态B型有机过氧化物				5.2		122/181/195/274/323	100g		

续上表

联合国编号	名称和说明	公路运输别名	铁路运输别名	中国编号	类别或项别	包装类别	特殊规定	有限数量	例外数量	对应安全卡页码
3103	液态 C 型有机过氧化物				5.2		122/195/274/323	25mL		
3104	固态 C 型有机过氧化物				5.2		122/195/274/323	100g		
3105	液态 D 型有机过氧化物				5.2		122/274/323	125mL		
3106	固态 D 型有机过氧化物				5.2		122/274/323	500g		
3107	液态 E 型有机过氧化物				5.2		122/274/323	125mL		
3108	固态 E 型有机过氧化物				5.2		122/274/323	500g		
3109	液态 F 型有机过氧化物				5.2		122/274/323	125mL		
3110	固态 F 型有机过氧化物				5.2		122/274/323	500g		
3111	液态 B 型有机过氧化物，控制温度的				5.2		122/181/195/274/323			
3112	固态 B 型有机过氧化物，控制温度的				5.2		122/181/195/274/323			
3113	液态 C 型有机过氧化物，控制温度的				5.2		122/195/274/323			

续上表

联合国编号	名称和说明	公路运输别名	铁路运输别名	中国编号	类别或项别	包装类别	特殊规定	有限数量	例外数量	对应安全卡页码
3114	固态 C 型有机过氧化物，控制温度的				5.2		122/195/274/323			
3115	液态 D 型有机过氧化物，控制温度的				5.2		122/274/323			
3116	固态 D 型有机过氧化物，控制温度的				5.2		122/274/323			
3117	液态 E 型有机过氧化物，控制温度的				5.2		122/274/323			
3118	固态 E 型有机过氧化物，控制温度的				5.2		122/274/323			
3119	液态 F 型有机过氧化物，控制温度的				5.2		122/274/323			
3120	固态 F 型有机过氧化物，控制温度的				5.2		122/274/323			
3121	氧化性固体，遇水反应，未另作规定的				5.1	Ⅰ	274			
					5.1	Ⅱ	274	1kg	E2	
3122	毒性液体，氧化性，未另作规定的				6.1	Ⅰ	274/315		E5	
					6.1	Ⅱ	274	100mL	E4	
3123	毒性液体，遇水反应，未另作规定的				6.1	Ⅰ	274/315		E5	
					6.1	Ⅱ	274	100mL	E4	
3124	毒性固体，自热性，未另作规定的				6.1	Ⅰ	274		E5	
					6.1	Ⅱ	274		E4	

续上表

联合国编号	名称和说明	公路运输别名	铁路运输别名	中国编号	类别或项别	包装类别	特殊规定	有限数量	例外数量	对应安全卡页码
3125	毒性固体,遇水反应,未另作规定的				6.1	Ⅰ	274		E5	
					6.1	Ⅱ	274	500g	E4	
3126	有机自热固体,腐蚀性,未另作规定的				4.2	Ⅱ	274		E2	
					4.2	Ⅲ	223/274		E1	
3127	自热固体,氧化性,未另作规定的				4.2	Ⅱ	274		E2	
					4.2	Ⅲ	223/274		E1	
3128	有机自热固体,毒性,未另作规定的				4.2	Ⅱ	274		E2	
					4.2	Ⅲ	223/274		E1	
3129	遇水反应液体,腐蚀性,未另作规定的				4.3	Ⅰ	274			
					4.3	Ⅱ	274	500mL	E2	
					4.3	Ⅲ	223/274	1L	E1	
3130	遇水反应液体,毒性,未另作规定的				4.3	Ⅰ	274			
					4.3	Ⅱ	274	500mL	E2	
					4.3	Ⅲ	223/274	1L	E1	
3131	遇水反应固体,腐蚀性,未另作规定的				4.3	Ⅰ	274			
					4.3	Ⅱ	274	500g	E2	
					4.3	Ⅲ	223/274	1kg	E1	
3132	遇水反应固体,易燃,未另作规定的				4.3	Ⅰ	274			
					4.3	Ⅱ	274	500g	E2	
					4.3	Ⅲ	223/274	1kg	E1	

续上表

联合国编号	名称和说明	公路运输别名	铁路运输别名	中国编号	类别或项别	包装类别	特殊规定	有限数量	例外数量	对应安全卡页码
3133	遇水反应固体,氧化性,未另作规定的				4.3	Ⅱ	274	500g	E2	
					4.3	Ⅲ	223/274	1kg	E1	
3134	遇水反应固体,毒性,未另作规定的				4.3	Ⅰ	274			
					4.3	Ⅱ	274	500g	E2	
					4.3	Ⅲ	223/274	1kg	E1	
3135	遇水反应固体,自热性,未另作规定的				4.3	Ⅰ	274			
					4.3	Ⅱ	274		E2	
					4.3	Ⅲ	223/274		E1	
3136	冷冻液态三氟甲烷				2.2			120mL	E1	
3137	氧化性固体,易燃,未另作规定的				5.1	Ⅰ	274			
3138	冷冻液态乙烯、乙炔和丙烯混合物,含乙烯至少71.5%,乙炔不超过22.5%,丙烯不超过6%				2.1					
3139	氧化性液体,未另作规定的				5.1	Ⅰ	274			
					5.1	Ⅱ	274	1L	E2	
					5.1	Ⅲ	223/274	5L	E1	
3140	液态生物碱,未另作规定的或液态生物碱盐类,未另作规定的				6.1	Ⅰ	43/274		E5	
					6.1	Ⅱ	43/274	100mL	E4	
					6.1	Ⅲ	43/223/274	5L	E1	

续上表

联合国编号	名称和说明	公路运输别名	铁路运输别名	中国编号	类别或项别	包装类别	特殊规定	有限数量	例外数量	对应安全卡页码
3141	液态无机锑化合物，未另作规定的			61506	6.1	Ⅲ	45/274	5L	E1	
3142	液态消毒剂，毒性，未另作规定的				6.1	Ⅰ	274		E5	
					6.1	Ⅱ	274	100mL	E4	
					6.1	Ⅲ	223/274	5L	E1	
3143	固态染料，毒性，未另作规定的或固态染料中间产品，毒性，未另作规定的			61873/61122	6.1	Ⅰ	274		E5	
				61873/61122	6.1	Ⅱ	274	500g	E4	
				61873/61122	6.1	Ⅲ	223/274	5kg	E1	
3144	液态烟碱化合物，未另作规定的或液态烟碱制剂，未另作规定的				6.1	Ⅰ	43/274		E5	
					6.1	Ⅱ	43/274	100mL	E4	
					6.1	Ⅲ	43/223/274	5L	E1	
3145	液态烷基苯酚，未另作规定的（包括 C_2 ~ C_{12} 的同系物）				8	Ⅰ				
					8	Ⅱ		1L	E2	
					8	Ⅲ	223	5L	E1	
3146	固态有机锡化合物，未另作规定的	过氯酰氟			6.1	Ⅰ	43/274		E5	
					6.1	Ⅱ	43/274	500g	E4	
					6.1	Ⅲ	43/223/274	5kg	E1	
3147	固态染料，腐蚀性，未另作规定的或固态染料中间产品，腐蚀性，未另作规定的				8	Ⅰ	274			
					8	Ⅱ	274	1kg	E2	
					8	Ⅲ	223/274	5kg	E1	

续上表

联合国编号	名称和说明	公路运输别名	铁路运输别名	中国编号	类别或项别	包装类别	特殊规定	有限数量	例外数量	对应安全卡页码
3148	遇水反应液体，未另作规定的				4.3	Ⅰ	274			
					4.3	Ⅱ	274	500mL	E2	
					4.3	Ⅲ	223/274	1L	E1	
3149	过氧化氢和过乙酸混合物，含酸(类)、水和不超过5%的过氧乙酸，稳定的				5.1	Ⅱ	196	1L	E2	
3150	以烃类气体作能源的小型装置或小型装置的烃类气体充气罐，带有释放装置				2.1					
3151	液态多卤联苯或液态多卤三联苯				9	Ⅱ	203/305	1L	E2	
3152	固态多卤联苯或固态多卤三联苯				9	Ⅱ	203/305	1kg	E2	
3153	全氟(甲基乙烯基醚)				2.1					
3154	全氟(乙基乙烯基醚)				2.1					
3155	五氯酚				6.1	Ⅱ	43	500g	E4	
3156	压缩气体，氧化性，未另作规定的				2.2		274			
3157	液化气体，氧化性，未另作规定的				2.2		274			

续上表

联合国编号	名称和说明	公路运输别名	铁路运输别名	中国编号	类别或项别	包装类别	特殊规定	有限数量	例外数量	对应安全卡页码
3158	冷冻液态气体，未另作规定的				2.2		274	120mL	E1	
3159	1,1,1,2-四氟乙烷（制冷气体 R134a）		R134a		2.2			120mL	E1	
3160	液化气体，毒性，易燃，未另作规定的				2.3		274		E1	
3161	液态气体，易燃，未另作规定的				2.1		274			
3162	液化气体，毒性，未另作规定的				2.3		274			
3163	液化气体，未另作规定的				2.2		274	120mL	E1	
3164	气压或液压物品（含有非易燃气体）				2.2		283	120mL		
3165	飞行器液压动力装置燃料箱（装有无水肼和甲肼混合液）（M86 号燃料）				3	I				
3166	发动机、内燃机或易燃气体动力车辆，或易燃液体动力车辆，或燃料电池、易燃液体动力发动机，或燃料电池、易燃气体动力车辆，或燃料电池、易燃液体动力车辆				9		106/312/356			

续上表

联合国编号	名称和说明	公路运输别名	铁路运输别名	中国编号	类别或项别	包装类别	特殊规定	有限数量	例外数量	对应安全卡页码
3167	未压缩气体样品，易燃，未另作规定的，非冷冻液体				2.1		209			
3168	未压缩气体样品，毒性，易燃，未另作规定的，非冷冻液体				2.3		209			
3169	未压缩气体样品，毒性，未另作规定的，非冷冻液体				2.3		209			
3170	铝熔炼副产品或铝再熔副产品				4.3	Ⅱ	244	500g	E2	
					4.3	Ⅲ	223/244	1kg	E1	
3171	电池供电车辆或电池供电设备				9		106/240			
3172	液态毒素，从生物体提取的，未另作规定的				6.1	Ⅰ	210/274		E5	
					6.1	Ⅱ	210/274	100mL	E4	
					6.1	Ⅲ	210/223/274	5L	E1	
3174	二硫化钛				4.2	Ⅲ			E1	
3175	含易燃液体的固体，未另作规定的				4.1	Ⅱ	216/274	1kg	E2	
3176	有机熔融易燃固体，未另作规定的				4.1	Ⅱ	274			
					4.1	Ⅲ	223/274			
3178	无机易燃固体，未另作规定的				4.1	Ⅱ	274	1kg	E2	
					4.1	Ⅲ	223/274	5kg	E1	

续上表

联合国编号	名称和说明	公路运输别名	铁路运输别名	中国编号	类别或项别	包装类别	特殊规定	有限数量	例外数量	对应安全卡页码
3179	无机易燃固体，毒性，未另作规定的				4.1	Ⅱ	274	1kg	E2	
					4.1	Ⅲ	223/274	5kg	E1	
3180	无机易燃固体，腐蚀性，未另作规定的				4.1	Ⅱ	274	1kg	E2	
					4.1	Ⅲ	223/274	5kg	E1	
3181	有机化合物的金属盐，易燃，未另作规定的				4.1	Ⅱ	274	1kg	E2	
					4.1	Ⅲ	223/274	5kg	E1	
3182	金属氢化物，易燃，未另作规定的				4.1	Ⅱ	274	1kg	E2	
					4.1	Ⅲ	223/274	5kg	E1	
3183	有机自热液体，未另作规定的				4.2	Ⅱ	274		E2	
					4.2	Ⅲ	223/274		E1	
3184	有机自热的液体，毒性，未另作规定的				4.2	Ⅱ	274		E2	
					4.2	Ⅲ	223/274		E1	
3185	有机自热液体，腐蚀性，未另作规定的				4.2	Ⅱ	274		E2	
					4.2	Ⅲ	223/274		E1	
3186	无机自热液体，未另作规定的				4.2	Ⅱ	274		E2	
					4.2	Ⅲ	223/274		E1	
3187	无机自热液体，毒性，未另作规定的				4.2	Ⅱ	274		E2	
					4.2	Ⅲ	223/274		E1	
3188	无机自热液体，腐蚀性，未另作规定的				4.2	Ⅱ	274		E2	
					4.2	Ⅲ	223/274		E1	

续上表

联合国编号	名称和说明	公路运输别名	铁路运输别名	中国编号	类别或项别	包装类别	特殊规定	有限数量	例外数量	对应安全卡页码
3189	自热金属粉,未另作规定的				4.2	Ⅱ	274		E2	
					4.2	Ⅲ	223/274		E1	
3190	无机自热固体,未另作规定的				4.2	Ⅱ	274		E2	
					4.2	Ⅲ	223/274		E1	
3191	无机自热固体,毒性,未另作规定的				4.2	Ⅱ	274		E2	
					4.2	Ⅲ	223/274		E1	
3192	无机自热固体,腐蚀性,未另作规定的				4.2	Ⅱ	274		E2	
					4.2	Ⅲ	223/274		E1	
3194	无机发火液体,未另作规定的				4.2	Ⅰ	274			
3200	无机发火固体,未另作规定的				4.2	Ⅰ	274			
3205	碱土金属醇化物,未另作规定的				4.2	Ⅱ	183/274		E2	
					4.2	Ⅲ	183/223/274		E1	
3206	碱土金属醇化物,自热性,腐蚀性,未另作规定的				4.2	Ⅱ	182/274		E2	
					4.2	Ⅲ	182/223/274		E1	
3208	金属物质,遇水反应,未另作规定的				4.3	Ⅰ	274			
					4.3	Ⅱ	274	500g	E2	
					4.3	Ⅲ	223/274	1kg	E1	
3209	金属物质,遇水反应,自热性,未另作规定的				4.3	Ⅰ	274			
					4.3	Ⅱ	274		E2	
					4.3	Ⅲ	223/274		E1	

续上表

联合国编号	名称和说明	公路运输别名	铁路运输别名	中国编号	类别或项别	包装类别	特殊规定	有限数量	例外数量	对应安全卡页码
3210	无机氯酸盐水溶液，未另作规定的				5.1	Ⅱ	274/351	1L	E2	
					5.1	Ⅲ	223/274/351	5L	E1	
3211	无机高氯酸盐水溶液，未另作规定的				5.1	Ⅱ		1L	E2	
					5.1	Ⅲ	223	5L	E1	
3212	无机次氯酸盐，未另作规定的				5.1	Ⅱ	274/349	1kg	E2	
3213	无机溴酸盐水溶液，未另作规定的				5.1	Ⅱ	274/350	1L	E2	
					5.1	Ⅲ	223/274/350	5L	E1	
3214	无机高锰酸盐水溶液，未另作规定的				5.1	Ⅱ	206/274/353	1L	E2	
3215	无机过硫酸盐，未另作规定的				5.1	Ⅲ		5kg	E1	
3216	无机过硫酸盐水溶液，未另作规定的				5.1	Ⅲ		5L	E1	
3218	无机硝酸盐水溶液，未另作规定的				5.1	Ⅱ	270	1L	E2	
					5.1	Ⅲ	223/270	5L	E1	
3219	无机亚硝酸盐水溶液，未另作规定的				5.1	Ⅱ	103/274	1L	E2	
					5.1	Ⅲ	103/223/274	5L	E1	
3220	五氟乙烷（制冷气体 R125）		R125		2.2			120mL	E1	
3221	B 型自反应液体				4.1		181/274	25mL		
3222	B 型自反应固体				4.1		181/274	100g		

续上表

联合国编号	名称和说明	公路运输别名	铁路运输别名	中国编号	类别或项别	包装类别	特殊规定	有限数量	例外数量	对应安全卡页码
3223	C 型自反应液体				4.1		274	25mL		
3224	C 型自反应固体				4.1		274	100g		
3225	D 型自反应液体				4.1		274	125mL		
3226	D 型自反应固体				4.1		274	500g		
3227	E 型自反应液体				4.1		274	125mL		
3228	E 型自反应固体				4.1		274	500g		
3229	F 型自反应液体				4.1		274	125mL		
3230	F 型自反应固体				4.1		274	500g		
3231	B 型自反液体,控制温度的				4.1		181/194/274			
3232	B 型自反固体,控制温度的				4.1		181/194/274			
3233	C 型自反液体,控制温度的				4.1		194/274			
3234	C 型自反固体,控制温度的				4.1		194/274			
3235	D 型自反液体,控制温度的				4.1		194/274			
3236	D 型自反固体,控制温度的				4.1		194/274			
3237	E 型自反液体,控制温度的				4.1		194/274			
3238	E 型自反固体,控制温度的				4.1		194/274			
3239	F 型自反液体,控制温度的				4.1		194/274			
3240	F 型自反固体,控制温度的				4.1		194/274			
3241	2－溴－2－硝基丙烷－1,3－二醇				4.1	Ⅲ	246	5kg	E1	
3242	偶氮甲酰胺		发泡剂 AC		4.1	Ⅱ	215	1kg	E2	

续上表

联合国编号	名称和说明	公路运输别名	铁路运输别名	中国编号	类别或项别	包装类别	特殊规定	有限数量	例外数量	对应安全卡页码
3243	含有毒性液体的固体，未另作规定的				6.1	Ⅱ	217/274	500g	E4	
3244	含腐蚀性液体的固体，未另作规定的				8	Ⅱ	218/274	1kg	E2	
3245	经基因修改的微生物或经基因修改的生物体				9		219			
3246	甲磺酰氯				6.1	Ⅰ	354			
3247	无水过硼酸钠		过硼酸钠；高硼酸钠	51505	5.1	Ⅱ		1kg	E2	
3248	药物，液态，易燃，毒性，未另作规定的				3	Ⅱ	220/221	1L	E2	
					3	Ⅲ	220/221/223	5L	E1	
3249	药物，固态，毒性，未另作规定的				6.1	Ⅱ	221	500g	E4	
					6.1	Ⅲ	221/223	5kg	E1	
3250	熔融氯乙酸				6.1	Ⅱ				
3251	异山梨醇-5--硝酸酯				4.1	Ⅲ	132/226	5kg	E1	
3252	二氟甲烷（制冷气体 R32）				2.1					
3253	三氧硅酸二钠		硅酸钠		8	Ⅲ		5kg	E1	
3254	三丁基磷烷				4.2	Ⅰ				
3255	次氯酸叔丁酯				4.2	Ⅰ				
3256	高温液体，易燃，未另作规定的，闪点高于60℃，温度等于或高于其闪点				3	Ⅲ	274			

续上表

联合国编号	名称和说明	公路运输别名	铁路运输别名	中国编号	类别或项别	包装类别	特殊规定	有限数量	例外数量	对应安全卡页码
3257	高温液体,未另作规定的,温度等于或高于100℃、低于其闪点(包括熔融金属、熔融盐类等)				9	Ⅲ	232/274			
3258	高温固体,未另作规定的,温度等于或高于240℃				9	Ⅲ	232/274			
3259	固态胺,腐蚀性,未另作规定的或固态聚胺,腐蚀性,未另作规定的				8	Ⅰ	274			
					8	Ⅱ	274	1kg	E2	
					8	Ⅲ	223/274	5kg	E1	
3260	无机酸性腐蚀性固体,未另作规定的				8	Ⅰ	274			
					8	Ⅱ	274	1kg	E2	
					8	Ⅲ	223/274	5kg	E1	
3261	有机酸性腐蚀性固体,未另作规定的				8	Ⅰ	274			
					8	Ⅱ	274	1kg	E2	
					8	Ⅲ	223/274	5kg	E1	
3262	无机碱性腐蚀性固体,未另作规定的				8	Ⅰ	274			
					8	Ⅱ	274	1kg	E2	
					8	Ⅲ	223/274	5kg	E1	
3263	有机碱性腐蚀性固体,未另作规定的				8	Ⅰ	274			
					8	Ⅱ	274	1kg	E2	
					8	Ⅲ	223/274	5kg	E1	

续上表

联合国编号	名称和说明	公路运输别名	铁路运输别名	中国编号	类别或项别	包装类别	特殊规定	有限数量	例外数量	对应安全卡页码
3264	无机酸性腐蚀性液体，未另作规定的				8	Ⅰ	274			
					8	Ⅱ	274	1L	E2	
					8	Ⅲ	223/274	5L	E1	
3265	有机酸性腐蚀性液体，未另作规定的				8	Ⅰ	274			
					8	Ⅱ	274	1L	E2	
					8	Ⅲ	223/274	5L	E1	
3266	无机碱性腐蚀性液体，未另作规定的				8	Ⅰ	274			
					8	Ⅱ	274	1L	E2	
					8	Ⅲ	223/274	5L	E1	
3267	有机碱性腐蚀性液体，未另作规定的				8	Ⅰ	274			
					8	Ⅱ	274	1L	E2	
					8	Ⅲ	223/274	5L	E1	
3268	气袋充气器，或气袋模件，或安全带预拉装置				9	Ⅲ	280/289			
3269	聚酯树脂器材				3	Ⅱ	236/340	5L		
					3	Ⅲ	236/340	5L		
3270	硝化纤维素滤膜，按干重含氮不超过12.6%				4.1	Ⅱ	237/286	1kg	E2	
3271	醚类，未另作规定的				3	Ⅱ	274	1L	E2	
					3	Ⅲ	223/274	5L	E1	

续上表

联合国编号	名称和说明	公路运输别名	铁路运输别名	中国编号	类别或项别	包装类别	特殊规定	有限数量	例外数量	对应安全卡页码
3272	酯类,未另作规定的				3	Ⅱ	274	1L	E2	
					3	Ⅲ	223/274	5L	E1	
3273	腈类,易燃,毒性,未另作规定的				3	Ⅰ	274			
					3	Ⅱ	274	1L	E2	
3274	醇化物乙醇溶液,未另作规定的				3	Ⅱ	274	1L	E2	
3275	腈类,毒性,易燃,未另作规定的				6.1	Ⅰ	274/315		E5	
					6.1	Ⅱ	274	100mL	E4	
3276	腈类,毒性,液态,未另作规定的				6.1	Ⅰ	274/315		E5	
					6.1	Ⅱ	274	100mL	E4	
					6.1	Ⅲ	223/274	5L	E1	
3277	氯甲酸酯,毒性,腐蚀性,未另作规定的				6.1	Ⅱ	274	100mL	E4	
3278	有机磷化合物,毒性,液态,未另作规定的				6.1	Ⅰ	43/274/315		E5	
					6.1	Ⅱ	43/274	100mL	E4	
					6.1	Ⅲ	43/223/274	5L	E1	
3279	有机磷化合物,毒性,易燃,未另作规定的				6.1	Ⅰ	43/274/315		E5	
					6.1	Ⅱ	43/274	100mL	E4	
3280	有机砷化合物,液态,未另作规定的				6.1	Ⅰ	274/315		E5	
					6.1	Ⅱ	274	100mL	E4	
				61856	6.1	Ⅲ	223/274	5L	E1	

续上表

联合国编号	名称和说明	公路运输别名	铁路运输别名	中国编号	类别或项别	包装类别	特殊规定	有限数量	例外数量	对应安全卡页码
3281	羰基金属，液体，未另作规定的				6.1	Ⅰ	274/315		E5	
					6.1	Ⅱ	274	100mL	E4	
				61031	6.1	Ⅲ	223/274	5L	E1	
3282	有机金属化合物，毒性，液体，未另作规定的				6.1	Ⅰ	274		E5	
					6.1	Ⅱ	274	100mL	E4	
					6.1	Ⅲ	223/274	5L	E1	
3283	硒化合物，固态，未另作规定的			61018/61019	6.1	Ⅰ	274		E5	
				61018/61019	6.1	Ⅱ	274	500g	E4	
				61018/61019	6.1	Ⅲ	223/274	5kg	E1	
3284	碲化合物，未另作规定的			61510	6.1	Ⅰ	274		E5	
				61510	6.1	Ⅱ	274	500g	E4	
				61510	6.1	Ⅲ	223/274	5kg	E1	
3285	钒化合物，未另作规定的				6.1	Ⅰ	274		E5	
					6.1	Ⅱ	274	500g	E4	
					6.1	Ⅲ	223/274	5kg	E1	
3286	易燃液体，毒性，腐蚀性，未另作规定的				3	Ⅰ	274			
					3	Ⅱ	274	1L	E2	
3287	无机毒性液体，未另作规定的				6.1	Ⅰ	274/315		E5	
					6.1	Ⅱ	274	100mL	E4	
					6.1	Ⅲ	223/274	5L	E1	

续上表

联合国编号	名称和说明	公路运输别名	铁路运输别名	中国编号	类别或项别	包装类别	特殊规定	有限数量	例外数量	对应安全卡页码
3288	无机毒性固体，未另作规定的				6.1	Ⅰ	274		E5	
					6.1	Ⅱ	274	500g	E4	
					6.1	Ⅲ	223/274	5kg	E1	
3289	无机毒性液体，腐蚀性，未另作规定的				6.1	Ⅰ	274/315		E5	
					6.1	Ⅱ	274	100mL	E4	
3290	无机毒性固体，腐蚀性，未另作规定的				6.1	Ⅰ	274		E5	
					6.1	Ⅱ	274	500g	E4	
3291	医院诊所废弃物，未具体说明的，未另作规定的，或（生物）医学废弃物，未另作规定的，或管制的医学废弃物，未另作规定的				6.2	Ⅱ				
3292	含钠电池组或含钠电池				4.3	Ⅱ	239			
3293	肼水溶液，按质量含肼不超过37%				6.1	Ⅲ	223	5L	E1	
3294	氰化氢酒精溶液，含氰化氢不超过45%				6.1	Ⅰ			E5	
3295	液态烃类，未另作规定的				3	Ⅰ		500mL	E3	
					3	Ⅱ		1L	E2	
					3	Ⅲ	223	5L	E1	
3296	七氟丙烷（制冷气体R227）		硅酸钠		2.2			120mL	E1	

续上表

联合国编号	名称和说明	公路运输别名	铁路运输别名	中国编号	类别或项别	包装类别	特殊规定	有限数量	例外数量	对应安全卡页码
3297	环氧乙烷和四氟氯乙烷混合物,含环氧乙烷不超过8.8%				2.2			120mL	E1	
3298	环氧乙烷和五氟氯乙烷混合物,含环氧乙烷不超过7.9%				2.2			120mL	E1	
3299	环氧乙烷和四氟乙烷混合物,含环氧乙烷不超过5.6%				2.2			120mL	E1	
3300	环氧乙烷和二氧化碳混合物,含环氧乙烷不超过87%				2.3					
3301	腐蚀性液体,自热性,未另作规定的				8	I	274			
					8	II	274		E2	
3302	2-丙烯酸二甲氨基乙酯				6.1	II		100mL	E4	
3303	压缩气体,毒性,氧化性,未另作规定的				2.3		274			
3304	压缩气体,毒性,腐蚀性,未另作规定的				2.3		274			
3305	压缩气体,毒性,易燃,腐蚀性,未另作规定的				2.3		274			
3306	压缩气体,毒性,氧化性,腐蚀性,未另作规定的				2.3		274			
3307	液化气体,毒性,氧化性,未另作规定的				2.3		274			

续上表

联合国编号	名称和说明	公路运输别名	铁路运输别名	中国编号	类别或项别	包装类别	特殊规定	有限数量	例外数量	对应安全卡页码
3308	液体气体，毒性，腐蚀性，未另作规定的				2.3		274			
3309	液体气体，毒性，易燃，未另作规定的				2.3		274			
3310	液体气体，毒性，氧化性，腐蚀性，未另作规定的				2.3		274			
3311	冷冻液态气体，氧化性，未另作规定的				2.2		274			
3312	冷冻液态气体，易燃，未另作规定的				2.1		274			
3313	有机颜料，自热性				4.2	Ⅱ			E2	
					4.2	Ⅲ	223		E1	
3314	模塑化合物，呈揉塑团、薄片或挤压出的绳索状，会放出易燃蒸气				9	Ⅲ	207	5kg	E1	
3315	化学样品，毒性				6.1	Ⅰ	250		E5	
3316	化学品箱或急救箱				9		251/340			
3317	2－氨基－4,6－二硝基酚，湿的，按质量含水不低于20%		二硝基氨基苯酚，苦氨酸		4.1	Ⅰ	28			
3318	氨溶液，水溶液在15℃时相对密度小于0.880，含氨量高于50%				2.3		23			

续上表

联合国编号	名称和说明	公路运输别名	铁路运输别名	中国编号	类别或项别	包装类别	特殊规定	有限数量	例外数量	对应安全卡页码
3319	固态硝化甘油混合物，减敏的，未另作规定的，按质量含硝化甘油不低于2%，但不超过10%				4.1	Ⅱ	272/274			
3320	硼氢化钠和氢氧化钠溶液，按质量含硼氢化钠的不超过12%，含氢氧化钠不超过40%				8	Ⅱ		1L	E2	
					8	Ⅲ	223	5L	E1	
3321	Ⅱ类低比活度放射性物质（LSA－Ⅱ），非易裂变的或例外易裂变的				7		172/317/325/336			
3322	Ⅲ类低比活度放射性物质（LSA－Ⅲ），非易裂变的或例外易裂变的				7		172/317/325/336			
3323	放射性物质C型货包，非易裂变的或例外易裂变的				7		172/317/325			
3324	Ⅱ类低比活度放射性物质（LSA－Ⅱ），易裂变的				7		172/326/336			
3325	Ⅲ类低比活度放射性物质（LSA－Ⅲ），易裂变				7		172/326/336			
3326	放射性表面污染物体（SCO－Ⅰ或SCO－Ⅱ），易裂变的				7		172/336			

续上表

联合国编号	名称和说明	公路运输别名	铁路运输别名	中国编号	类别或项别	包装类别	特殊规定	有限数量	例外数量	对应安全卡页码
3327	放射性物质A型货包，易裂变的，非特殊形式的				7		172/326			
3328	放射性物质B(U)型货包，易裂变的				7		172/326/337			
3329	放射性物质B(M)型货包，易裂变的				47		172/326/337			
3330	放射性物质C型货包，易裂变的				7		172/326			
3331	特殊安排下运输的放射性物质，易裂变的				7		172/326			
3332	放射性物质A型货包，特殊形式的非易裂变的或特殊形式的例外的易裂变的				7		172/317			
3333	放射性物质A型货包，特殊形式的，易裂变的				7		172			
3334	空运受管制的液体，未另作规定的				9		106/274/276			
3335	空运受管制的固体，未另作规定的				9		106/274/276			
3336	液态硫醇，易燃，未另作规定的，或液态硫醇混合物，易燃，未另作规定的				3	Ⅰ	274		E3	
					3	Ⅱ	274	1L	E2	
					3	Ⅲ	223/274	5L	E1	

续上表

联合国编号	名称和说明	公路运输别名	铁路运输别名	中国编号	类别或项别	包装类别	特殊规定	有限数量	例外数量	对应安全卡页码
3337	制冷气体 R404A				2.2			120mL	E1	
3338	制冷气体 R407A				2.2			120mL	E1	
3339	制冷气体 R407B				2.2			120mL	E1	
3340	制冷气体 R407C				2.2			120mL	E1	
3341	二氧化硫脲				4.2	Ⅱ			E2	
					4.2	Ⅲ	223		E1	
3342	黄原酸盐				4.2	Ⅱ			E2	
					4.2	Ⅲ	223		E1	
3343	液态硝化甘油混合物，减敏的，易燃，未另作规定的，按质量含硝化甘油不超过30%				3		274/278			
3344	固态季戊四醇四硝酸酯（季戊四醇 四硝酸酯 季戊炸药）混合物，减敏的，未另作规定的，按质量含季戊四硝酸酯不低于10%，但不超过20%				4.1	Ⅱ	272/274			
3345	固态苯氧基乙酸衍生物农药，毒性				6.1	Ⅰ	61/274		E5	
					6.1	Ⅱ	61/274	500g	E4	
					6.1	Ⅲ	61/223/274	5kg	E1	
3346	液态苯氧基乙酸衍生物农药，易燃，毒性，闪点低于23℃				3	Ⅰ	61/274			
					3	Ⅱ	61/274	1L	E2	

续上表

联合国编号	名称和说明	公路运输别名	铁路运输别名	中国编号	类别或项别	包装类别	特殊规定	有限数量	例外数量	对应安全卡页码
3347	液态苯氧基乙酸衍生物农药,毒性,易燃,闪点不低于23℃				6.1	Ⅰ	61/274		E5	
					6.1	Ⅱ	61/274	100mL	E4	
					6.1	Ⅲ	61/223/274	5L	E1	
3348	液态苯氧基乙酸衍生物农药,毒性				6.1	Ⅰ	61/274		E5	
					6.1	Ⅱ	61/274	100mL	E4	
					6.1	Ⅲ	61/223/274	5L	E1	
3349	固态拟除虫菊酯农药,毒性				6.1	Ⅰ	61/274		E5	
					6.1	Ⅱ	61/274	500g	E4	
					6.1	Ⅲ	61/223/274	5kg	E1	
3350	液态拟除虫菊酯农药,易燃,毒性,闪点低于23℃				3	Ⅰ	61/274			
					3	Ⅱ	61/274	1L	E2	
3351	液态拟除虫菊酯农药,毒性,易燃,闪点不低于23℃				6.1	Ⅰ	61/274		E5	
					6.1	Ⅱ	61/274	100mL	E4	
					6.1	Ⅲ	61/223/274	5L	E1	
3352	液态拟除虫菊酯农药,毒性				6.1	Ⅰ	61/274		E5	
					6.1	Ⅱ	61/274	100mL	E4	
					6.1	Ⅲ	61/223/274	5L	E1	
3354	气体杀虫剂,易燃,未另作规定的				2.1		274			
3355	气体杀虫剂,毒性,易燃,未另作规定的				2.3		274			

续上表

联合国编号	名称和说明	公路运输别名	铁路运输别名	中国编号	类别或项别	包装类别	特殊规定	有限数量	例外数量	对应安全卡页码
3356	化学氧气发生器				5.1	Ⅱ	284			
3357	液态硝化甘油混合物,减敏的,未另作规定的,按质量含硝化甘油不超过30%				3	Ⅱ	274/288			
3358	制冷机,装有易燃无毒液化气体				2.1		291			
3359	熏蒸过的货物运输装置				9		302			
3360	植物纤维,干的				4.1		29/117/299			
3361	氯硅烷,毒性,腐蚀性,未另作规定的				6.1	Ⅱ	274		E4	
3362	氯硅烷,毒性,腐蚀性,易燃,未另作规定的				6.1	Ⅱ	274		E4	
3363	机器中的危险货物或仪器中的危险货物				9		301			
3364	三硝基苯酚(苦味酸),湿的,按质量含水不低于10%				4.1	Ⅰ	28			
3365	三硝基氯苯(苦基氯),湿的,按质量含水不低于10%				4.1	Ⅰ	28			
3366	三硝基甲苯(梯恩梯),湿的,按质量含水不低于10%				4.1	Ⅰ	28			

续上表

联合国编号	名称和说明	公路运输别名	铁路运输别名	中国编号	类别或项别	包装类别	特殊规定	有限数量	例外数量	对应安全卡页码
3367	三硝基苯,湿的,按质量含水不低于10%				4.1	Ⅰ	28			
3368	三硝基苯甲酸,湿的,按质量含水不低于10%				4.1	Ⅰ	28			
3369	二硝基邻甲苯酚钠,湿的,按质量含水不低于10%				4.1	Ⅰ	28			
3370	硝酸脲,湿的,按质量含水不低于10%				4.1	Ⅰ	28			
3371	2-甲基丁醛				3	Ⅱ		1L	E2	
3373	B类生物物质				6.2		319/341			
3374	乙炔,无溶剂				2.1					
3375	硝酸铵乳胶,或悬浮体或凝胶,爆破炸药的中间体				5.1	Ⅱ	309		E2	
3376	4-硝基苯肼,按质量含水不低于30%				4.1	Ⅰ	28			
3377	过硼酸钠一水合物				5.1	Ⅲ		5kg	E1	
3378	过氧化碳酸钠水合物				5.1	Ⅱ		1kg	E2	
					5.1	Ⅲ		5kg	E1	
3379	液态减敏爆炸物,未另作规定的				3	Ⅰ	274/311			
3380	固态减敏爆炸物,未另作规定的				4.1	Ⅰ	274/311			

续上表

联合国编号	名称和说明	公路运输别名	铁路运输别名	中国编号	类别或项别	包装类别	特殊规定	有限数量	例外数量	对应安全卡页码
3381	吸入毒性液体，未另作规定的的，吸入毒性低于或等于 200mL/m^3，且饱和蒸汽浓度高于或等于 $500LC_{50}$				6.1	I	274			
3382	吸入毒性液体，未另作规定的的，吸入毒性低于或等于 1000mL/m^3，且饱和蒸汽浓度高于或等于 $10LC_{50}$				6.1	I	274			
3383	吸入毒性液体，易燃，未另作规定的，吸入毒性低于或等于 200mL/m^3，且饱和蒸汽浓度高于或等于 $500LC_{50}$				6.1	I	274			
3384	吸入毒性液体，易燃，未另作规定的，吸入毒性低于或等于 1000mL/m^3，且饱和蒸汽浓度高于或等于 $10LC_{50}$				6.1	I	274			
3385	吸入毒性液体，遇水反应，未另作规定的，吸入毒性低于或等于 200mL/m^3，且饱和蒸汽浓度高于或等于 $500LC_{50}$				6.1	I	274			

续上表

联合国编号	名称和说明	公路运输别名	铁路运输别名	中国编号	类别或项别	包装类别	特殊规定	有限数量	例外数量	对应安全卡页码
3386	吸入毒性液体,遇水反应,未另作规定的,吸入毒性低于或等于 1000mL/m³,且饱和蒸汽浓度高于或等于 $10LC_{50}$				6.1	I	274			
3387	吸入毒性液体,氧化性,未另作规定的,吸入毒性低于或等于 200mL/m³,且饱和蒸汽浓度高于或等于 $500LC_{50}$				6.1	I	274			
3388	吸入毒性液体,氧化性,未另作规定的,吸入毒性低于或等于 1000mL/m³,且饱和蒸汽浓度高于或等于 $10LC_{50}$				6.1	I	274			
3389	吸入毒性液体,腐蚀性,未另作规定的,吸入毒性低于或等于 200mL/m³,且饱和蒸汽浓度高于或等于 $500LC_{50}$				6.1	I	274			
3390	吸入毒性液体,腐蚀性,未另作规定的,吸入毒性低于或等于 1000mL/m³,且饱和蒸汽浓度高于或等于 $10LC_{50}$				6.1	I	274			

续上表

联合国编号	名称和说明	公路运输别名	铁路运输别名	中国编号	类别或项别	包装类别	特殊规定	有限数量	例外数量	对应安全卡页码
3391	固态有机金属物质,发火				4.2	Ⅰ	274			
3392	液态有机金属物质,发火				4.2	Ⅰ	274			
3393	固态有机金属物质,发火,遇水反应				4.2	Ⅰ	274			
3394	液态有机金属物质,发火,遇水反应				4.2	Ⅰ	274			
3395	固态有机金属物质,遇水反应				4.3	Ⅰ	274			
					4.3	Ⅱ	274	500g	E2	
					4.3	Ⅲ	223/274	1kg	E1	
3396	固态有机金属物质,遇水反应,易燃				4.3	Ⅰ	274			
					4.3	Ⅱ	274	500g	E2	
					4.3	Ⅲ	223/274	1kg	E1	
3397	固态有机金属物质,遇水反应,自热性				4.3	Ⅰ	274			
					4.3	Ⅱ	274	500g	E2	
					4.3	Ⅲ	223/274	1kg	E1	
3398	液态有机金属物质,遇水反应				4.3	Ⅰ	274			
					4.3	Ⅱ	274	500mL	E2	
					4.3	Ⅲ	223/274	1L	E1	
3399	液态有机金属物质,遇水反应,易燃				4.3	Ⅰ	274			
					4.3	Ⅱ	274	500mL	E2	
					4.3	Ⅲ	223/274	1L	E1	

续上表

联合国编号	名称和说明	公路运输别名	铁路运输别名	中国编号	类别或项别	包装类别	特殊规定	有限数量	例外数量	对应安全卡页码
3400	固态有机金属物质,自热性				4.2	Ⅱ	274	500g	E2	
					4.2	Ⅲ	223/274	1kg	E1	
3401	固态碱金属汞齐				4.3	Ⅰ	182			
					4.3	Ⅰ	182			
3402	固态碱土金属汞齐				4.3	Ⅰ	183			
3403	固态钾金属合金				4.3	Ⅰ				
3404	固态钾钠合金				4.3	Ⅰ				
3405	氯酸钡溶液				5.1	Ⅱ		1L	E2	
					5.1	Ⅲ	223	5L	E1	
3406	高氯酸钡溶液				5.1	Ⅱ		1L	E2	
					5.1	Ⅲ	223	5L	E1	
3407	氯酸盐和氯化镁混合物溶液				5.1	Ⅱ		1L	E2	
					5.1	Ⅲ	223	5L	E1	
3408	高氯酸铅溶液				5.1	Ⅱ		1L	E2	
					5.1	Ⅲ	223	5L	E1	
3409	液态硝基氯苯				6.1	Ⅱ	279	100mL	E4	
3410	盐酸盐对氯邻甲苯胺溶液				6.1	Ⅲ	223	5L	E1	
3411	β-萘胺溶液				6.1	Ⅱ		100mL	E4	
					6.1	Ⅲ	223	5L	E1	

续上表

联合国编号	名称和说明	公路运输别名	铁路运输别名	中国编号	类别或项别	包装类别	特殊规定	有限数量	例外数量	对应安全卡页码
3412	甲酸，按质量含酸不低于10%，但不超过85%				8	Ⅱ		1L	E2	
	甲酸，按质量含酸不低于5%，但低于10%				8	Ⅲ		5L	E1	
3413	氰化钾溶液				6.1	Ⅰ			E5	
					6.1	Ⅱ		100mL	E4	
					6.1	Ⅲ	223	5L	E1	
3414	氰化钠溶液				6.1	Ⅰ			E5	
					6.1	Ⅱ		100mL	E4	
					6.1	Ⅲ	223	5L	E1	
3415	氟化钠溶液				6.1	Ⅲ	223	5L	E1	
3416	液态氯乙酰苯				6.1	Ⅱ			E4	
3417	固态甲苄基溴（二甲苯基溴）				6.1	Ⅱ			E4	
3418	2,4－甲苯二胺溶液				6.1	Ⅲ	223	5L	E1	
3419	固态三氟化硼合乙酸				8	Ⅱ		1kg	E2	
3420	固态三氟化硼合丙酸				8	Ⅱ		1kg	E2	
3421	二氟化氢钾溶液				8	Ⅱ		1L	E2	
					8	Ⅲ	223	5L	E1	
3422	氟化钾溶液				6.1	Ⅲ	223	5L	E1	
3423	固态氢氧化四甲铵				8	Ⅱ		1kg	E2	

续上表

联合国编号	名称和说明	公路运输别名	铁路运输别名	中国编号	类别或项别	包装类别	特殊规定	有限数量	例外数量	对应安全卡页码
3424	二硝基邻甲酚铵溶液				6.1	Ⅱ		100mL	E4	
					6.1	Ⅲ	223	5L	E1	
3425	固态溴乙酸				8	Ⅱ		1kg	E2	
3426	丙烯酰胺溶液				6.1	Ⅲ	223	5L	E1	
3427	固态氯苯甲基氯				6.1	Ⅲ		5kg	E1	
3428	固态异氰酸3－氯－4－甲基苯酯				6.1	Ⅱ		500g	E4	
3429	液态甲基氯苯胺				6.1	Ⅲ		5L	E1	
3430	液态二甲苯酚				6.1	Ⅱ		100mL	E4	
3431	固态硝基三氟甲苯				6.1	Ⅱ		500g	E4	
3432	固态多氯联苯				9	Ⅱ	305	1kg	E2	
3434	液态硝基甲苯酚				6.1	Ⅲ		5L	E1	
3436	固态水合六氟丙酮				6.1	Ⅱ		500g	E4	
3437	固态氯甲酚				6.1	Ⅱ		500g	E4	
3438	固态 α－甲基苄基醇				6.1	Ⅲ		5kg	E1	
3439	固态腈类，毒性，未另作规定的				6.1	Ⅰ	274		E5	
					6.1	Ⅱ	274	500g	E4	
					6.1	Ⅲ	223/274	5kg	E1	
3440	液态硒化合物，未另作规定的				6.1	Ⅰ	274		E5	
					6.1	Ⅱ	274	100mL	E4	
					6.1	Ⅲ	223/274	5L	E1	

续上表

联合国编号	名称和说明	公路运输别名	铁路运输别名	中国编号	类别或项别	包装类别	特殊规定	有限数量	例外数量	对应安全卡页码
3441	固态二硝基氯苯		2,4-二硝基氯苯,1-氯-2,4-二硝基苯,二硝基氯化苯		6.1	Ⅱ	279	500g	E4	
3442	固态二氯苯胺				6.1	Ⅱ	279	500g	E4	
3443	固态二硝基苯				6.1	Ⅱ		500g	E4	
3444	固态盐酸烟碱				6.1	Ⅱ	43	500g	E4	
3445	固态硫酸烟碱				6.1	Ⅱ		500g	E4	
3446	固态硝基甲苯				6.1	Ⅱ		500g	E4	
3447	固态硝基二甲苯				6.1	Ⅱ		500g	E4	
3448	固态催泪性毒气物质,未另作规定的				6.1	Ⅰ	274		E5	
					6.1	Ⅱ	274		E4	
3449	固态溴苄基氰				6.1	Ⅰ	138		E5	
3450	固态二苯氯胂				6.1	Ⅰ			E5	
3451	固态甲苯胺				6.1	Ⅱ	279	500g	E4	
3452	固态二甲基苯胺		二甲基苯胺		6.1	Ⅱ		500g	E4	
3453	固态磷酸		磷酸,正磷酸		8	Ⅲ		5kg	E1	
3454	固态二硝基甲苯		2,4-二硝基甲苯,2,6-二硝基甲苯		6.1	Ⅱ		500g	E4	
3455	固态甲酚				6.1	Ⅱ		500g	E4	
3456	固态亚硝基硫酸		亚硝酰硫酸,亚硝基硫酸		8	Ⅱ		1kg	E2	

续上表

联合国编号	名称和说明	公路运输别名	铁路运输别名	中国编号	类别或项别	包装类别	特殊规定	有限数量	例外数量	对应安全卡页码
3457	固态硝基氯甲苯				6.1	Ⅲ		5kg	E1	
3458	固态硝基茴香醚				6.1	Ⅲ	279	5kg	E1	
3459	固态硝基苯溴				6.1	Ⅲ		5kg	E1	
3460	固态 *N*－乙苄基甲苯胺				6.1	Ⅲ		5kg	E1	
3462	固态毒素,从生物体提取,未另作规定的				6.1	Ⅰ	210/274		E5	
					6.1	Ⅱ	210/274	500g	E4	
					6.1	Ⅲ	210/223/274	5kg	E1	
3463	丙酸,按质量含酸不低于9%				8	Ⅱ		1L	E2	
3464	固态有机磷化合物,毒性,未另作规定的				6.1	Ⅰ	43/274		E5	
					6.1	Ⅱ	43/274	500g	E4	
					6.1	Ⅲ	43/223/274	5kg	E1	
3465	固态有机砷化合物,未另作规定的				6.1	Ⅰ	274		E5	
					6.1	Ⅱ	274	500g	E4	
					6.1	Ⅲ	223/274	5kg	E1	
3466	固态羰基金属,未另作规定的				6.1	Ⅰ	274		E5	
					6.1	Ⅱ	274	500g	E4	
					6.1	Ⅲ	223/274	5kg	E1	
3467	固态有机金属化合物,毒性,未另作规定的				6.1	Ⅰ	274		E5	
					6.1	Ⅱ	274	500g	E4	
					6.1	Ⅲ	223/274	5kg	E1	

续上表

联合国编号	名称和说明	公路运输别名	铁路运输别名	中国编号	类别或项别	包装类别	特殊规定	有限数量	例外数量	对应安全卡页码
3468	金属氢储存系统中的氢或装在设备上的金属氢储存系统所含的氢，或与设备包装在一起的金属氢储存系统所含的氢	液体烃			2.1		321/356			
3469	涂料、易燃、腐蚀性（包括色漆、喷漆、搪瓷、着色剂、虫胶、清漆、抛光剂、液态填料和液态喷漆基料）或涂料的相关材料，易燃，腐蚀性（包括涂料稀释剂或冲淡剂）				3	Ⅰ	163			
					3	Ⅱ	163	1L	E2	
					3	Ⅲ	163/223	5L	E1	
3470	涂料、腐蚀性、易燃（包括色漆、喷漆、搪瓷、着色剂、虫胶、清漆、抛光剂、液态填料和液态喷漆基料）或涂料的相关材料，腐蚀性，易燃（包括涂料稀释剂或冲淡剂）				8	Ⅱ	163	1L	E2	
3471	二氟氢化物溶液，未另作规定的				8	Ⅱ		1L	E2	
					8	Ⅲ	223	5L	E1	
3472	丁烯酸，液态				8	Ⅲ		5L	E1	
3473	燃料电池盒或装在设备中的燃料电池盒，或与设备包装在一起的燃料电池盒，含易燃液体				3		328	1L		

续上表

联合国编号	名称和说明	公路运输别名	铁路运输别名	中国编号	类别或项别	包装类别	特殊规定	有限数量	例外数量	对应安全卡页码
3474	1-羟基苯并三唑水合物				4.1	Ⅰ				
3475	乙醇和汽油混合物,乙醇含量高于10%				3	Ⅱ	333	1L	E2	
3476	燃料电池盒或装在设备中的燃料电池盒,或与设备包装在一起的燃料电池盒,含遇水反应物质				4.3		328/334	500mL或500g		
3477	燃料电池盒或装在设备中的燃料电池盒,或与设备包装在一起的燃料电池盒,含腐蚀性物质				8		328/334	1L或1kg		
3478	燃料电池盒或装在设备中的燃料电池盒,或与设备包装在一起的燃料电池盒,含液化可燃气体				2.1		328/338	120mL		
3479	燃料电池盒或装在设备中的燃料电池盒,或与设备包装在一起的燃料电池盒,含在金属氢中贮存的氢				2.1		328/339	120mL		

续上表

联合国编号	名称和说明	公路运输别名	铁路运输别名	中国编号	类别或项别	包装类别	特殊规定	有限数量	例外数量	对应安全卡页码
3480	锂离子电池(包括聚合物锂离子电池)				9	Ⅱ	188/230/310/348			
3481	装在设备中的锂离子电池组或同设备包装在一起的锂离子电池组(包括聚合物锂离子电池组)				9	Ⅱ	188/230/348			
3482	碱金属分散体,易燃,或碱土金属分散体,易燃				4.3	Ⅰ	182/183			
3483	发动机燃料抗爆剂,易燃				6.1	Ⅰ			E5	
3484	肼水溶液,易燃,按质量含肼超过37%				8	Ⅰ				
3485	次氯酸钙,干的,腐蚀性,或次氯酸钙混合物,干的,腐蚀性,含有效氯高于39%(有效氧8.8%)				5.1	Ⅱ	314	1kg	E2	
3486	次氯酸钙混合物,干的,腐蚀性,含有效氯不低于10%,但不超过39%				5.1	Ⅱ	314	5kg	E1	
3487	水合次氯酸钙,腐蚀性,或水合次氯酸钙混合物,腐蚀性,含水不低于5.5%,但不超过16%				5.1	Ⅱ	314/322	1kg	E2	
						Ⅲ	223/314	5kg	E1	

续上表

联合国编号	名称和说明	公路运输别名	铁路运输别名	中国编号	类别或项别	包装类别	特殊规定	有限数量	例外数量	对应安全卡页码
3488	吸入毒性液体,易燃,腐蚀性,未另作规定的,吸入毒性低于或等于200mL/m^3,且饱和蒸汽浓度大于或等于500LC_{50}				6.1	I	274			
3489	吸入毒性液体,易燃,腐蚀性,未另作规定的,吸入毒性低于或等于1000mL/m^3,且饱和蒸汽浓度大于或等于10LC_{50}				6.1	I	274			
3490	吸入毒性液体,遇水反应,易燃,未另作规定的,吸入毒性低于或等于200mL/m^3,且饱和蒸汽浓度大于或等于500LC_{50}				6.1	I	274			
3491	吸入毒性液体,遇水反应,易燃,未另作规定的,吸入毒性低于或等于1000mL/m^3,且饱和蒸汽浓度大于或等于10LC_{50}				6.1	I	274			
3492	吸入毒性液体,腐蚀性,易燃,未另作规定的,吸入毒性低于或等于200mL/m^3,且饱和蒸汽浓度大于或等于500LC_{50}				6.1	I	274			

续上表

联合国编号	名称和说明	公路运输别名	铁路运输别名	中国编号	类别或项别	包装类别	特殊规定	有限数量	例外数量	对应安全卡页码
3493	吸入毒性液体，腐蚀性，易燃，未另作规定的，吸入毒性低于或等于 $1000mL/m^3$，且饱和蒸汽浓度大于或等于 $10LC_{50}$				6.1	Ⅰ	274			
3494	含硫原油，易燃，毒性				3	Ⅰ	343			
					3	Ⅱ	343	1L	E2	
					3	Ⅲ	343	5L	E1	
3495	碘				8	Ⅲ	279	5kg	E1	

附　　录

附录 1　适用于某些物品或物质的特殊规定

注:“附录 1”内容摘自《危险货物品名表》(GB 12268—2012)附录 B,原文如下:

附录 B
(规范性附录)
适用于某些物品或物质的特殊规定

B.1　当危险货物品名表“特殊规定”一栏列出与物质或物品有关的特殊规定时,该特殊规定的意义和要求说明如下。

16　用以进行试验、分类、研究和发展、质量控制,或作为商业样品的、新的、或现有的爆炸性物质或物品样品,应按照有关主管机关的规定运输。未湿润或未减敏的爆炸品样品,应装入有关主管机关规定的小包件,质量限制在 10kg 内。湿润的或减敏的爆炸品样品,质量限制在 25kg 内。

23　即使这种物质有易燃危险,但这种危险只是在满足密闭区内有猛烈火烧的条件时才显示出来。

26　大量运输时可能引发爆炸,因此不允许用便携式罐体或容量超过 450L 的中型散货集装箱运输。

28　可按 4.1 项危险货物的相关要求运输,条件是其包装应保证稀释剂的百分率在运输过程的任何时候都不低于对应条目所规定的百分率。

29　可不贴标签,但应标明危险性类别或项别。

32　呈任何其他形状时,不作为危险货物运输。

37　硅铝粉,如有涂层,即不作为危险货物运输。

38　氰氨化钙,如含碳化钙不超过 0.1%,即不作为危险货物运输。

39　硅铁,如含硅低于 30% 或不低于 90%,即不作为危险货物运输。

43　作为农药托运时,应在有关农药的条目之下,按有关农药的规定运输。

45　锑的硫化物和氧化物,如按总质量计算的含砷量不超过 0.5%,即不作为危险货物运输。

47　铁氰化合物和亚铁氰化合物不作为危险货物运输。

48 如含氰氢酸高于20%，除非经有关主管机关特别批准，否则禁止运输。

59 如含镁不超过50%，即不作为危险货物运输。

60 高氯酸，如按质量含酸浓度大于72%，除非经有关主管机关特别批准，否则禁止运输。

61 作为正式运输名称之补充的技术名称，应是国际标准化组织所定的通用名称、《世界卫生组织建议的农药按危险性的分类和分类准则》中的其他名称或有效成分物质的名称。

62 碱石灰，如含氢氧化钠不超过4%，即不作为危险货物运输。

63 第2类的具体项别和次要危险性由喷雾器内装物的性质决定。应适用下列规定：

a）如内装物按质量含85%或以上的易燃物成分，且化学燃烧热在30kJ/g或以上，即适用第2.1项；

b）如内装物按质量含1%或以下的易燃物成分，且燃烧热不到20kJ/g，即适用2.2项；

c）否则，应按联合国《关于危险货物运输的建议书 试验和标准手册》（第5修订版）（以下简称《试验和标准手册》）第三部分第31节规定的试验，经过试验分类。极为易燃和易燃性气雾剂，应列入第2.1项；非易燃剂列入第2.2项；

d）2.3项的气体不得用作喷雾器的喷射剂；

e）如喷雾器喷射出来的喷射剂以外的内装物被归类为6.1项Ⅱ类或Ⅲ类包装或第8类Ⅱ类或Ⅲ类包装，则喷雾器具有6.1项或第8类次要危险性；

f）其内装物的毒性或腐蚀性符合Ⅰ类包装标准的喷雾器禁止运输；

g）空运可能要求贴次要危险性标签。易燃成分包括《试验和标准手册》第三部分第31.1.3小节注1至3中规定的易燃液体、易燃固体，或易燃气体和气体混合物。不包括发火、自热或遇水反应物质。确定化学燃烧值应选用以下方法之一：ASTM D 240、ISO/FDIS 13943：1999（E/F）86.1至86.3或NFPA 30B。

65 过氧化氢水溶液如含过氧化氢少于8%，即不作为危险货物运输。

66 氯化亚汞和一硫化汞不作为危险货物运输。

103 禁止运输亚硝酸铵以及铵盐和无机亚硝酸盐的混合物。

105 符合UN2556或UN2557的说明的硝化纤维素可划归4.1项。

106 仅在空运时作为危险货物。

113 化学性质不稳定的混合物禁止运输。

117 仅在海运时作为危险货物。

119 制冷机包括专门为在内隔间低温保存食品或其他物品设计的机器或器具，以及空调装置。制冷机和制冷机部件如所包含的2.2项气体少于12kg或包含的氨溶液（UN2672）少于12L，即不作为危险货物运输。

122 现已划定的有机过氧化物配制品的次要危险性、控制温度和危急温度（如果有的话）、类属条目编号见《规章范本》2.5.3.2.4。

127 其他惰性物质或惰性物质混合物可由有关主管机关确定是否适用本条目，前提条件是该惰性物质具有同样的减敏性质。

131 减敏物质的敏感度应明显低于干的季戊炸药。

132 在运输过程中应避免阳光直射，并贮存在阴凉、通风的场所,远离一切热源。

133 如在容器中受到过度限制,该物质可能会表现出具有爆炸性。根据《规章范本》第4部分包装规范P409,允许使用的容器包括:

a)纤维质桶(1G)可配备衬里或涂层;最大净重50kg。

b)组合容器:内装单个塑料袋的纤维板箱(4G);最大净重50kg。

c)组合容器:有每个最多装5kg的塑料内容器的纤维板箱(4G)或纤维质桶(1G);最大净重25kg。

d)上述容器应满足《规章范本》4.1.1和4.1.3关于危险货物使用容器和有关包装规范的一般规定。

当有关主管机关根据《规章范本》4.1.3.7批准使用包装规范P409规定以外的其他容器时,包装应加贴"爆炸品"次要危险性标签,除非因试验数据证明该容器中的物质不呈现爆炸性,有关主管机关允许对使用的具体容器免贴这一标签,但应在危险货物运输票据中加以说明。还应考虑《规章范本》7.1.3.1的规定。

135 二氯异氰脲酸的二水合钠盐不作为危险货物运输。

138 对溴苄基氰不作为危险货物运输。

141 做过充分的热处理而使其在运输期间不呈现任何危险性的产品,不作为危险货物运输。

142 采用溶剂提取过油的大豆粗粉,若含油不超过1.5%、含水不超过11%,且基本上不含有易燃溶剂时,不作为危险货物运输。

144 按体积含乙醇不超过24%的水溶液,不作为危险货物运输。

145 除空运外,Ⅲ类包装的乙醇饮料如采用不超过250L的容器装运,则不作为危险货物运输。

146 除空运和海运外,Ⅱ类包装的乙醇饮料如采用不超过5L的容器装运,则不作为危险货物运输。

152 高氯酸铵的分类随粒径和容器的不同而异,其分类应按《规章范本》2.1.3中的分类程序进行。

153 本条目仅适用于下述物质:经试验证明,该物质与水接触时既不燃烧,也不表现自发引燃的倾向,并且所放出的气体混合物是不易燃的。

163 在危险货物品名表(表1)中以名称具体列出的物质不得按本条目运输。按本条目运输的物质可含有不超过20%的硝化纤维素,但硝化纤维素的含氮量按干质量计算不得超过12.6%。

168 如石棉浸没或固定于天然或人造粘合剂(如水泥、塑料、沥青、树脂或矿石)中,从而在运输过程中不会有危险数量的可吸入石棉纤维逸出,即不作为危险货物运输。含有石棉又未达到上述要求的制成品,如其包装做到在运输过程中不会有危险数量的可吸入石棉纤维逸出,也不作为危险货物运输。

169 固态邻苯二甲酸酐和四氢化邻苯二甲酸酐如含马来酸酐不超过0.05%,即不作为危险货物运输。熔融邻苯二甲酸酐如温度高于其闪点且含马来酸酐不超过0.05%,应划入UN3256。

172 具有次要危险性的放射性物质应:

a)贴有与物质所具有的各项次要危险性相对应的次要危险标签,对应的揭示牌应按《规章范本》5.3.1的有关规定贴在运输装置上;

b)根据《规章范本》第2部分规定,对应于最突出的次要危险性的包装类别标准,酌情将其划归Ⅰ类、Ⅱ类或Ⅲ类包装。

危险货物说明所需的附加资料中，应包括各项次要危险性的说明(例如"次要危险性:3、6.1")、对构成各项次要危险性起最大作用的成分名称以及适用的包装类别。

用于运输具有次要危险性的放射性物质的容器、中型散货箱或罐体应完全符合《规章范本》第6部分有关各章的要求以及《规章范本》第4.1章或第4.2章中适用于该次要危险性的要求。

177 硫酸钡不作为危险货物运输。

178 只有在危险货物品名表(表1)上未列明其他适当名称，并且经有关主管机关批准后，方可使用本条目。

181 装有本条目物质的包件应贴"爆炸品"次要危险性标签，除非由试验数据证明该物质装在该容器里不呈现爆炸性，经有关主管机关准许可不贴这种标签，但应在危险货物运输票据中注明。还应考虑《规章范本》7.1.3.1的规定。

182 碱金属包括锂、钠、钾、铷和铯。

183 碱土金属包括镁、钙、锶和钡。

186 在确定硝酸铵含量时，所有硝酸根离子，只要混合物中存在等效分子的铵离子，都应计入硝酸铵含量。

188 交付运输的电池和电池组如满足下列要求，即不作为危险货物运输:

a)对于锂金属或锂合金电池，锂含量不超过1g，对于锂离子电池，瓦特-小时的额定值不超过20Wh。

b)对于锂金属或锂合金电池组，合计锂含量不超过2g，对于锂离子电池组，瓦特-小时的额定值不超过100Wh。适用本条规定的锂离子电池组，须在外壳上标明瓦特-小时的额定值，2009年1月1日前制造的锂离子电池组除外，该日期前制造的锂离子电池组可在2010年12月31日前根据本项特殊规定运输而无需作此标记。

c)单个电池或电池组都是经证明符合《试验和标准手册》第三部分第38.3节中每项试验所要求的型号。

d)电池和电池组，除安装在设备上的之外，应使用内容器包装，将电池和电池组完全包裹。应防止电池和电池组发生短路，包括防止在同一容器内与导电材料接触而导致的短路。内容器应放置于符合《规章范本》4.1.1.1、4.1.1.2和4.1.1.5规定的坚固外容器内。

e)安装在设备上的电池和电池组，应防止受到损坏和发生短路，设备应配备防止发生意外启动的有效装置。当电池组安装在设备上时，除非安装电池组的设备对其已有相当的保护，否则设备应使用坚固的外容器包装，容器的制造应采用足够强度的适当材料，容器的设计应与容器的容量和用途相符。

f)除非包件内的纽扣电池是安装在设备(包括电路板)上的、设备安装的电池不超过四个或是设备安装的电池组不超过两个，否则每个包件均应作以下标记:

1)根据情况，标明包件内装有"锂金属"或"锂离子"电池或电池组;

2)标明包件应小心轻放，如果包件损坏，有着火的危险;

3)标明如包件受到损坏，应遵守的特别程序，包括检查和必要时重新包装;

4)了解该包件其他情况的电话号码。

g)每批交运的货物，包含一个或多个按f)标记的包件时，应附带一份包括以下内容的单据:

1)根据情况，标明包件内装有"锂金属"或"锂离子"电池或电池组；

2）标明包件应小心轻放，如果包件损坏，有着火的危险；

3）标明如包件受到损坏，应遵守的特别程序，包括检查和必要时重新包装；

4）了解该批货物其他情况的电话号码。

h）除安装在设备上的电池组外，每个包件应确保：在从任何方向进行1.2m跌落试验时，都能够不使其中所装的电池或电池组受损。不使内装物移动以致电池组与电池组（或电池与电池）互相接触，并且没有内装物释出。

i）除非电池组安装在设备上或与没备包装在一起，否则包件总重不得超过30kg。

本标准使用的"锂含量"，是指锂金属或锂合金电池阳极中锂的质量。

锂金属电池组和锂离子电池组条目单列，以方便使用具体运输方式运输这类电池组，也便于采取不同的应急反应措施。

190 喷雾器应有防意外排放的保护装置。仅装有无毒性成分且容量不超过50mL的喷雾器不作为危险货物运输。

191 装有气体的小型贮器，不带释放装置。仅装有无毒性成分且容量不超过50mL的贮器，不作为危险货物运输。

193 本条目仅适用于氮、磷或钾类的均匀硝酸铵基化肥混合物，其硝酸铵含量不超过70%且总可燃物质（以碳计的有机物质）含量不超过0.4%，或者含不超过45%的硝酸铵和不限量的可燃物质。上述化肥仅在空运或海运时作为危险货物，并且如果槽式试验（《试验和标准手册》第三部分第38.2节）证明其不会自持分解，即不作为危险货物。

194 现已划定的自反应物质的控制温度和危急温度（如果有的话）以及类属条目编号见表B.1。

195 对于某些B型或C型有机过氧化物，须使用比包装方法OP5或OP6分别允许的容器更小的容器（见《规章范本》4.1.7和2.5.3.2.4）。

196 配制品如在实验室试验中既不在空化状态下起爆也不爆燃，在封闭条件下加热也不显示危险效应并且不显示爆炸力，可在本条目下运输；配制品也应是热稳定的（即50kg包件的自加速分解温度等于或高于60℃）。不符合上述标准的配制品应根据5.2项危险货物的规定运输，见《规章范本》2.5.3.2.4。

198 硝化纤维素含量不超过20%的硝化纤维素溶液，可视情况作为涂料、香料产品或印刷油墨运输。见UN1210、UN1263、UN1266、UN3066、UN3469和UN3470。

199 铅化合物如以1:1000的比例与0.07mol的氢氯酸混合并在23℃ ±2℃的温度下搅拌1h，呈现的溶解率为5%或更低（见ISO 3711:1990"铬酸铅颜料和铬酸盐－钼铅颜料——规格和试验方法"），则视作不溶解的，则不作为危险货物运输，除非其满足列入其他危险类别或项别的标准。

201 打火机和打火机加油器应符合其加油时所在国家的相关规定，且应具备防意外泄漏的保护装置。气体的液化部分不得超过贮器容量的85%（15℃时）。贮器，包括封闭装置，应能够承受两倍于液化石油气压力（55℃时）的内压。阀门装置和点火装置应牢固密封、缚好或以其他方式关紧，或其设计能防止在运输期间装置被起动或者防止油气泄漏。打火机装的液化石油气不得超过10g。打火机加油器装的液化石油气不得超过65g。

203 本条目不得用于编号为 UN2315 的多氯联苯。

204 含有符合第 8 类标准的具有腐蚀性发烟物质的物品，应贴有“腐蚀性”次要危险性标签。

205 本条目不得用于编号为 UN3155 的五氯苯酚。

206 本条目不包括高锰酸铵，高锰酸铵应禁止运输，除非得到有关主管机关的特别批准。

207 聚合珠粒和模塑化合物可以是由聚苯乙烯、聚甲基丙烯酸甲酯或其他聚合物质制成的。

208 商品级的硝酸钙化肥，当其成分主要是复盐（硝酸钙和硝酸铵），且硝酸铵的含量不超过 10% 且含有不少于 12% 的结晶水时，不作为危险货物运输。

209 在密封系统关闭时，封装的气体压力应与周围大气压力相等，且绝对压力不得超过 105kPa。

210 从含有感染性物质的植物、动物或细菌来源提取的毒素，或包含在感染性物质中的毒素，应划入 6.2 项。

215 本条目仅适用于自加速分解温度高于 75℃ 的工业纯物质或其配制品，不适用于自反应物质的配制品。偶氮甲酰胺含量按质量不超过 35%，且含惰性物质至少 65% 的同质混合物不作为危险货物运输，除非其满足其他危险性类别和项别的标准。

216 非危险货物的固体和易燃液体的混合物可在本条目下运输，而无须先适用 4.1 项的分类标准，但在装货时或在容器或运输装置关闭时应无可见的游离液体。运输装置采用散货容器时应密封。被固态物质吸收的Ⅱ类或Ⅲ类包装易燃液体的密封小包件和物品，如易燃液体含量小于 10mL，且小包件或物品内无游离液体，即不作为危险货物运输。

217 非危险货物的固体和毒性液体的混合物可在本条目下运输，而无须先适用 6.1 项的分类标准，但需满足在装货时或在容器或运输装置关闭时应无可见的游离液体。运输装置采用散货容器时应密封。本条目不得用于含有Ⅰ类包装液体的固体。

218 非危险货物的固体和腐蚀性液体的混合物可在本条目下运输，而无须先适用第 8 类的分类标准，但需满足在装货时或在容器或运输装置关闭时应无可见的游离液体。运输装置采用散货容器时应密封。

219 经过基因修改的微生物（转基因微生物）和经过基因修改的生物体（转基因生物体），除了根据《规章范本》包装规范 P904 包装并作标记外，可免除危险货物运输的其他要求。

符合列入 6.1 项毒性物质或 6.2 项感染性物质定义和标准的转基因微生物或转基因生物体，应适用毒性物质或感染性物质的危险货物运输要求。

220 溶液或混合物的易燃液体成分的技术名称应在正式运输名称之后的括弧内注明。

221 Ⅰ类包装的物质不得使用本条目。

223 适用本条目的物质，如其化学或物理性质在试验时不符合危险货物品名表（表 1）中“类别或项别”一栏所列的类别或项别或任何其他类别或项别的定义标准，则不作为危险货物运输。

224 适用本条目的物质，除非能够由试验证明在凝固状态下的敏感性不高于其在液体状态下的敏感性，则在正常运输条件下应保持液态。适用本条目的物质在温度高于 -15℃ 时，不得凝固。

225 适用本条目的灭火器可包括安装好的起动弹药筒（1.4C 或 1.4S 项的动力装置用弹药筒），在满足每个灭火器的爆燃（推进）

炸药总量不超过3.2g的条件下,仍划入2.2项。

226 不挥发、非易燃的此类物质配制品,当减敏剂含量不低于30%时,不作为危险货物运输。

227 当用水和无机惰性物质减敏时,硝酸脲的含量按质量不得超过75%,并且混合物在进行《试验和标准手册》第一部分的系列1类型(a)试验时不会起爆。

228 不符合易燃气体(2.1项)标准的混合物应按UN3163运输。

230 本条目适用于含有任何形态锂的锂电池和电池组,包括锂聚合物和锂离子电池和电池组。每一锂电池和电池组如符合下列要求可按本条目运输:

a)电池或电池组都是经证明符合《试验和标准手册》第三部分第38.3节每一项试验所要求的型号;

b)电池和电池组装有安全排气装置,或在正常运输条件下,其设计能防止发生剧烈破裂现象;

c)电池和电池组装有防止外部短路的有效装置;

d)包含并联的多个电池或电池系列的电池组装有防止危险的反向电流所需的有效装置(例如二极管、保险丝等)。

232 只有当物质不符合任何其他危险性类别和项别的标准时才可适用本条目。采用多式联运罐体以外的货物运输装置运输时,应按照有关主管机关规定的标准进行。

235 本条目适用于装有第1类爆炸性物质并且也可能装有其他类危险货物的物品。上述物品用作救生用的车辆安全气囊气体发生器或安全气囊模块或安全带卷收器。

236 聚酯树脂器材包括两个组成部分:基底材料(第3类,Ⅱ类包装或Ⅲ类包装)和活化剂(有机过氧化物)。有机过氧化物应是D型、E型或F型,不需要温度控制。根据适用于基底材料的第3类的标准,包装类别应是Ⅱ类或Ⅲ类包装。《规章范本》第32章危险货物一览表有限数量一栏所列的数量限制,适用于基底材料。

237 滤膜,包括运输时所用的分隔纸、覆盖或背衬材料等,在进行《试验和标准手册》第一部分试验系列1(a)试验时,应不易传播爆炸。

此外,相关主管机关可根据适当的燃烧速率试验结果,同时参考《试验和标准手册》第三部分第33.2.1节的标准试验,由试验结果确定该形态的硝化纤维素滤膜是否适用4.1项易燃固体。

238 a)电池如果能够经受下述的振动试验和压差试验而没有电池液泄漏,则可认为是密封的。

振动试验:电池牢固地夹在振动机平台上,施加振幅为0.8mm(最大总偏移1.6mm)的简谐振动。频率在10Hz~55Hz之间按1Hz/min变化。对电池的各安装位置(振动方向)来回施加全部振动频率范围,所需时间是95min±5min。对电池的三个互相垂直的位置(包括注入孔和排气孔(如有的话)的倒转位置)都进行相等时间的试验。

压差试验:在振动试验之后,将电池在24℃±4℃下存放6h,同时施加至少88kPa的压差。对电池的三个互相垂直的位置[包括注入孔和排气孔(如有的话)的倒转位置]都进行至少6h的试验。

注:密封型电池如果是机械或电子设备的组成部分并且是开动设备所必需的,则应固定在设备的电池座上并且加以保护以防损坏和短路。

b)密封的电池如满足下列条件,则不作为危险货物运输:在温度55℃时,电解液不会从破裂的或有裂缝的外壳流出并且不存在可能发生泄漏的游离液体；而且在包装供运输时已经对电极作了防短路保护。

239 电池组或电池不得含有钠、硫和/或多硫化合物以外的危险货物。在运输温度下，若电池组或电池中存在液态钠元素，则不得交付运输，除非得到有关主管机关批准并且在其确定的运输条件下运输。

电池应封装在可以把危险货物完全密闭的金属外壳内，其构造和封闭方式能防止危险货物在正常运输条件下发生泄漏。

电池组包括的多个电池应完全封装在金属保护外壳内，其构造和封闭方式应能防止危险货物在正常运输条件下发生泄漏。

除空运外，安装在车辆上的电池组（UN3171）不作为危险货物运输。

240 本条目只适用于用湿电池、钠电池或锂电池供电的、并且运输时电池安装在里面的车辆和设备（如电动汽车、剪草机、轮椅和其他移动辅助设备）。由内燃机和湿电池、钠电池或锂电池推动的混合动力车辆，在装有电池（组）运输时，应酌情按 UN3166，易燃气体推动车辆或 UN3166，易燃液体推动车辆条目的规定交运。装有燃料电池的车辆，应酌情按 UN3166，易燃气体驱动的燃料电池车辆，或 UN3166，易燃液体驱动的燃料电池车辆条目规定交运。

241 配制品的配制方式应使它在运输过程中保持均匀不分离。硝化纤维素含量低的配制品如分别根据《试验和标准手册》第一部分试验系列 1(a)、2(b) 和 2(c) 试验，其在规定的封闭条件下加热时起爆、爆燃或爆炸的可能性时不显示危险性质，而且根据《试验和标准手册》第三部分第 33.2.1.4 节中的试验 N.1 进行试验时，证明不是易燃固体（片屑在必要时压碎并筛滤至粒径小于 1.25mm），即不作为危险货物运输。

242 硫磺如做成某种形状（如小球、颗粒、丸状、锭状或薄片），即不作为危险货物运输。

243 火花点火式发动机（如汽车发动机、固定发动机和其他发动机）使用的各种汽油和燃油，不论挥发性如何，均划入本条目。

244 本条目包括例如铝浮渣、铝撇渣、用过的阴极、用过的电解槽衬料和铝盐渣。

246 应按照《规章范本》第 4 部分的 OP6 包装方法包装。在运输过程中，应防阳光直晒，并且存放（或保存）在阴凉通风处，远离一切热源。

247 按体积含乙醇 24% ~70% 的乙醇饮料如作为制造工序的一部分运输，可酌情装在容量 250L ~ 500L、符合《规章范本》4.1.1 一般要求的木制琵琶桶中运输，但应符合下列条件：

a）木制琵琶桶在盛装之前应进行检查并紧固；

b）考虑到液体的膨胀性，应留有足够的空隙（不少于 3%）；

c）木制琵琶桶运输时桶口应朝上；

d）木制琵琶桶应放在符合 1972 年经修订的《国际集装箱安全公约》要求的集装箱中运输。每个木制琵琶桶应固定在专用的托架上并用适当方法楔住，以防在运输过程发生移动。

249 铁含量至少 10%、进行过防腐蚀稳定处理的铈铁合金不作为危险货物运输。

250 本条目只能用于为进行与《关于禁止发展、生产、储存和使用化学武器及销毁此种武器的公约》执行情况有关的分析而提取的化学品样品。按本条目运输物质应依据禁止化学武器组织规定的保管链和安全程序。

化学品样品只有经有关主管机关或禁止化学武器组织总干事事先批准并且该样品符合以下要求才可以运输：

a)按照《国际民航组织危险货物空中安全运输技术指示》的包装规范623包装；

b)在运输过程中，随带运输批准书复印件，表明数量限制和包装要求。

251 “化学品箱或急救箱”条目，拟适用于装少量各种危险货物的箱子或盒子，例如用于医疗、分析、试验或修理等目的。这种箱子不得装有《规章范本》第3.2章危险货物一览表有限数量一栏中标示“0”数量的危险货物。

各组成部分之间不得发生危险反应。单个箱子中的危险货物总数量不得超过1L或1kg。

为整个箱子划定的包装类别，应是箱子内各物质包装类别要求最为严格的。

为急救或手术目的而放在车辆上运输的箱子不作为危险货物运输。

放在内容器中的装有危险货物的化学品箱和急救箱，如果不超过《规章范本》第3.2章危险货物一览表有限数量一栏规定的有限数量限制，可按照《规章范本》第3.4章运输。

252 硝酸铵若在任何运输条件下都处于溶液中，则含可燃物质不超过0.2%且浓度不超过80%的硝酸铵水溶液不作为危险货物运输。

266 适用本条目的物质如果所含的乙醇、水或减敏剂少于规定含量时，除非得到有关主管机关特别批准，否则不得运输。

267 含有氯酸盐的任何C型爆破炸药应与含有硝酸铵或其他铵盐的爆炸品隔离。

270 5.1项无机固态硝酸盐物质的水溶液，如在运输过程中可能遇到的最低温度下，溶液中无机硝酸盐浓度均不超过饱和限度的80%，即被认为不符合5.1项的标准。

271 乳糖或葡萄糖或类似材料可以用作减敏剂，条件是该物质按质量含有不少于90%的减敏剂。

有关主管机关可根据对三个及以上准备好供运输的包件进行的《试验和标准手册》第一部分第16节试验系列6(c)的结果确定是否将这些混合物划入4.1项。按质量含减敏剂至少98%的混合物不作为危险货物运输。装有按质量含减敏剂不少于90%的混合物的包件无需贴“毒性”次要危险性标签。

272 除非得到有关主管机关特别批准，否则不得按4.1项的规定运输(见UN0143)。

273 添加防自热稳定剂的代森锰和代森锰制剂，如能通过试验证明体积$1m^3$的物质不自行引燃，并且当样品保持在温度不低于75℃ ±2℃的条件下24h后，样品中心的温度不超过200℃，就不需要划入4.2项。

274 在票据或包件标记上，正式运输名称应有技术名称作补充。

276 包括不属于任何其他危险性类别和项别，但具有麻醉性、毒害性或其他特性(如在飞机上发生溢出或外漏时可能造成机组人员烦躁或不适，以致不能正确执行任务)的物质。

277 对于装有毒性物质的喷雾器或贮器，有限数量数值是120mL；其他喷雾器或贮器，有限数量数值是1000mL。

278 本条目物质的分类和运输，应由有关主管机关根据对准备好供运输的包件进行《试验和标准手册》第一部分的系列2各项试验和系列6(c)试验的结果予以批准。有关主管机关应根据《规章范本》第2.3章的标准及《试验和标准手册》第一部分系列6(c)试验所用的包件类型划定包装类别。

279 物质划入该类别或包装类别所依据的是人类经验而不是《规章范本》所定分类标准的严格应用。

280 本条目适用于用作救生用的车辆安全气囊气体发生器或安全气囊模块或安全带卷收器,并且装有第1类爆炸性物质或其他类危险货物的物品,并且在作为部件运输时以及在这些物品提交运输时已按照《试验和标准手册》第一部分试验系列6(c)进行过试验,其结果是装置没有爆炸、装置外壳或压力容器没有碎裂,在装置紧邻处救火或其他应急行动时,不会发生明显妨碍应急行动的抛射危险或热效应。

281 用油浸湿、弄潮或沾染的干草、禾杆或碎稻草和稻壳禁止海运。其他方式的运输也应禁止,除非有关主管机关特别批准。

未用油浸湿、弄潮或沾染的干草、禾杆或碎稻草和稻壳,仅在海运时作为危险货物运输。

283 装有气体、拟用作减震器的物品,包括撞击缓冲器,或空气弹簧,不作为危险货物运输,但每一物品应符合下列条件:

a)气隙容积不大于1.6L,充气压力不超过280bar,气隙容积(L)和充气压力(bar)的乘积不大于80(即0.5L气隙和160bar充气压力,1L气隙和80bar充气压力,1.6L气隙和50bar充气压力,0.28L气隙和280bar充气压力);

b)20℃时的最小爆烈压力:气隙容积不大于0.5L的产品为充气压力的4倍,气隙容积大于0.5L的产品为充气压力的5倍;

c)所用制造材料破裂时不会变成碎片;

d)按照有关主管机关可接受的质量保证标准制造;

e)设计型号已经过火烧试验证明物品通过火灼分解型密封装置或其他降压装置降低压力,因此物品不会破裂,并且物品不会飞速上升。

284 含氧化性物质的化学氧气发生器应符合下列条件:

a)含有爆炸式启动装置的发生器,当满足下列条件而被排除于第1类之外时才可按本条目运输:其中所含爆炸性物质的数量或特性,不会使其在运输过程中偶然或意外被点燃或引发后因迸射、发火、冒烟、发热或巨响而在装置外部产生任何影响;

b)发生器在无容器的情况下应能耐受从1.8m处以最易受损部位跌落在坚硬、无弹性、平坦的水平表面上的试验,既不使内装物泄漏,也不造成启动;

c)有启动装置的发生器应有至少两种能防意外启动的有效装置。

286 本条目包括的硝化纤维素滤膜,如每片滤膜的质量不超过0.5g而且分别装在其他物品或密封小包件中,即不作为危险货物运输。

288 本条目物质不得进行分类和运输,除非有关主管机关根据对准备好供运输的包件进行《试验和标准手册》第一部分的系列2各项试验和系列6(c)试验得出的结果予以批准。

289 装于运输工具中,或装于转向杆、车门镶板、车座等成品车辆部件内的气袋气体发生器、气囊模块或预缩式安全带不作为危险货物运输。

290 本条目放射性材料若符合《规章范本》第2部分规定的其

他类别或项别的定义和标准时,应根据以下条件分类:

a)当物质符合《规章范本》第3.5章规定的例外数量包装的危险货物标准,容器应符合《规章范本》3.5.2的规定,达到《规章范本》3.5.3的试验要求。另外应满足《规章范本》1.5.1.5的要求。

b)如数量超过《规章范本》3.5.1.2规定的限制,该物质应根据最主要的次要危险性分类。危险货物运输单证应以适用于该类别的危险货物编号和正式运输名称说明该物质,并应列出根据危险货物品名表(表1)"名称和说明"栏适用于放射性例外包件的名称,按适用于该危险货物编号的规定运输。危险货物运输单证应显示的信息举例如下:

UN1993 易燃液体,未另作规定的,(乙醇和甲苯混合物),放射性材料,例外包件——材料数量有限,第3类,Ⅱ类包装;

此外,还应适用《规章范本》2.7.2.4.1关于例外包件的分类要求。

c)《规章范本》第3.4章有限数量包装的危险货物运输规定,不适用于根据第b)条规定分类的物质。

d)如该物质满足特殊规定而使其免除其他类别危险货物相关规定的限制,则该物质应按第7类的适用危险货物编号分类,并应满足《规章范本》1.5.1.5的要求。

291 易燃液化气体应封装在制冷机部件内。该部件的设计和试验压强应达到制冷机工作压强的至少3倍。制冷机的设计和制造应能够盛装液化气体并使保压部件在正常运输条件下不会有爆裂或破裂的危险。制冷机和制冷机部件所装的液化气体如少于12kg,即不作为危险货物运输。

293 适用于各种火柴的定义如下:

a)耐风火柴是火柴头用摩擦敏感的点火剂和燃烧火焰很小或无火焰但温度很高的烟火材料配制的火柴;

b)安全火柴是与盒、册或卡结合或附在其上,只有在特别处理的表面上摩擦才能点燃的火柴;

c)可随处划燃火柴是在硬表面上摩擦可以点燃的火柴;

d)"维斯塔"蜡火柴是在特别处理的表面上或在硬表面上摩擦都可点燃的火柴。

294 安全火柴和"维斯塔"蜡火柴如按照《规章范本》第4部分包装规范P407包装、装在外容器中而且净重不超过25kg,除标记要求外,不受危险货物运输的其他要求约束。

295 如果货盘贴有适当的标记和标签,则电池组不需要单独作标记和贴标签。

296 适用于救生器材,如救生艇、单人漂浮装置和自动膨胀式滑板等。UN2990适用于自动膨胀式器材,而UN3072适用于非自动膨胀式的救生器材。救生器材可包括:

a)信号装置(第1类),可包括发烟和照明信号装置;装在可防止被意外触发的容器内;

b)仅对UN2990而言,1.4项的弹药筒、动力装置,配装组S,可作为自动膨胀装置的组成部分运输,条件是每件器材的爆炸物质量不得超过3.2g;

c)2.2项压缩气体;

d)蓄电池(第8类)和锂电池(第9类);

e)急救箱或包括少量危险货物在内的维修箱(如第3类、4.1项、5.2项,第8或9类物质);

f)"可随处划燃"的火柴,装在可防止不慎点燃的容器中。

297 对于空运，托运人和(各)运输人之间应为每批托运货物进行协调安排，以确保其遵守排气安全程序。

装有固态二氧化碳的运输装置如由海船运载，应在两侧醒目标明“警告，固态二氧化碳(干冰)”。装有固态二氧化碳的其他容器如由海船运载应标明“固态二氧化碳——不得堆置在甲板下”。

固态二氧化碳(干冰)，如果包件上标有“固态二氧化碳”或“干冰”，并且标明冷藏的物质是供诊断或治疗用(例如，冷冻的医疗样品)，可免受运输票据要求的约束。

299 根据 ISO 8115:1986，密度不低于 360kg/m^3 的干棉花，装在封闭的运输装置中的，不作为危险货物运输。

300 鱼粉或鱼屑如在装载时温度超过 35℃或者比周围温度高出 5℃(以较高者为准)，不得运输。

301 本条目只适用于装有危险物质残余物的机器或仪器，或机器或仪器的组成部分。本条目不得用于在危险货物品名表(表1)中已有正式运输名称的机器或仪器。按本条目运输的机器和仪器只能装有允许根据《规章范本》第 3.4 章有限数量规定运输的危险货物。机器或仪器中的危险货物数量不得超过《规章范本》第 3.2 章危险货物货物一览表中有限数量一栏对所装的每一项危险货物规定的数量限制。如果机器或仪器装有不止一项危险货物，则物质之间不得发生下列危险反应：燃烧和/或放出大量的热、放出易燃、毒性或窒息性气体、产生腐蚀性物质、产生不稳定物质等。当需要确保液体危险货物保持在指定方向时，符合 ISO 780:1997 规格的包件方向标签应至少贴在两个相对的垂直侧面上，箭头指向正确方向。

有关主管机关可以豁免对在本条目下运输的其他机器或仪器的危险货物运输要求。装在机器或仪器中的危险货物数量超过《规章范本》第 3.2 章危险货物一览表中有限数量一栏规定的数量时，如得到有关主管机关批准，可以运输。

302 未装载其他危险货物的熏蒸过的货物运输装置，仅受到有关熏蒸装置票据和标志的规定限制。

303 贮器应划入所装气体或气体混合物按照《规章范本》第 2.2 章规定所确定的项别和次要危险性(如有的话)。

304 干电池组如所装的腐蚀性电解液在电池组外壳有裂缝时不发生泄漏，即不作为危险货物运输，但电池组应包装牢固并采取防短路的保护措施。这类电池组如：碱 - 锰、锌 - 碳、镍 - 金属氢化物和镍 - 镉电池组。

然而，在对海运镍 - 金属氢电池组(不包括纽扣电池)适用上述豁免时，应满足以下要求：

a)托运应附有单证，说明电池组为“镍 - 金属氢电池组”，包括托运人的签字声明，声明电池组已经妥善包装和保护，不会发生短路，但装载应远离热源。

b)单位货载和货物运输装置，须使用高度不低于 65mm 的大写字母作标记：“STOW AWAY FROM SOURCES OF HEAT(装载远离热源)”。

305 本条目物质如浓度不大于 50mg/kg，即不作为危险货物运输。

306 本条目只能用于根据第 1 类的试验系列 1 和 2(见《试验和标准手册》第一部分)进行试验时不显示第 1 类爆炸性质的物质。

307 本条目只能用于硝酸铵为主要成分，并且组成限值符合下列条件之一的均匀混合物：

a)不低于90%的硝酸铵、总数不超过0.2%的可燃物质(以碳计算的有机物质)以及任何不与硝酸铵起作用的无机添加物质;

b)低于90%但高于70%的硝酸铵与其他无机物质混合,或者高于80%但低于90%的硝酸铵与碳酸钙和/或白云石和/或矿物硫酸钙混合,以及总数不超过0.4%的可燃物质(以碳计算的有机物质);

c)含有硝酸铵和硫酸铵混合物的氮类硝酸铵基化肥,含有高于45%但低于70%的硝酸铵和总数不超过0.4%的可燃物质(以碳计算的有机物质),但所含硝酸铵和硫酸铵的百分率之和高于70%。

308 鱼屑或鱼粉在托运时应至少含有百万分之一百的抗氧化剂(乙氧基醌)。

309 本条目适用于主要由硝酸铵和燃料的混合物组成的未敏化乳胶、悬浮体和凝胶,用于在使用前经过进一步加工后生产E型爆破炸药。

乳胶混合物一般含有下列成分:60%~85%硝酸铵,5%~30%水,2%~8%燃料,0.5%~4%乳化剂,0~10%可溶防燃剂和微量添加剂。其他无机硝酸盐可取代部分硝酸铵。

悬浮体和凝胶混合物一般含有下列成分:60%~85%硝酸铵,0~5%高氯酸钠或高氯酸钾,0~17%硝酸六胺或硝酸—甲胺,5%~30%水,2%~15%燃料,0.5%~4%稠化剂,0~10%可溶防燃剂和微量添加剂。其他无机硝酸盐可取代部分硝酸铵。

物质应顺利通过《试验和标准手册》第一部分第18节的试验系列8,并得到有关主管机关的批准。

310 《试验和标准手册》第38.3章的试验要求不适用于少于100个电池和电池组的生产批次,也不适用于为进行试验而运输的前期生产的锂电池和电池组原型,前提是满足下列条件:

a)电池和电池组运输时所用的外容器是符合Ⅰ类包装容器标准的金属、塑料或胶合板桶或金属、塑料或木制箱;

b)每个电池和电池组都个别地包装在外容器内的独立内容器中,并用不燃烧、不导电的衬垫材料围着。

311 本条目下的物质非经有关主管机关根据《试验和标准手册》第一部分相关试验的结果予以批准,不得运输。容器应确保稀释液的百分比在运输过程中的任何时刻都不低于有关主管机关批准时规定的水平。

312 由燃料电池发动机驱动的车辆或机器,应根据情况,按UN3166,易燃气体驱动燃料电池车辆,或UN3166,易燃液体驱动燃料电池车辆,或UN3166,易燃气体驱动燃料电池发动机,或UN3166,易燃液体驱动燃料电池发动机条目的规定交运。上述条目包括由燃料电池和内燃机共同驱动的混合动力电动汽车,其湿电池、钠电池或锂电池组在运输时已经安装在车或机器上。

装有内燃机的其他车辆,应根据情况按UN3166,易燃气体动力车辆或UN3166,易燃液体动力车辆条目的规定交运。上述条目包括由内燃机和湿电池组、钠电池组或锂电池组为动力的混合动力汽车,运输时带有安装的电池(组)。

314 a)本条目物质有可能在较高的温度下发热分解。产生分解的原因可能是热或有杂质[如金属粉末(铁、锰、钴、镁)及其化合物];

b)在运输过程中,本条目物质应避免直接日照和一切热源,并应置于充分通风的场所。

315 本条目不应用于满足GB 6944规定的Ⅰ类包装吸入毒性

标准的6.1项物质。

316 本条目只适用于以非易碎片剂的形式运输的、干的次氯酸钙。

317 “例外的可裂变”只适用于符合《规章范本》6.4.11.2的包件。

318 正式运输名称应附带技术名称。技术名称无须在包件上写明。如对运输的感染性物质尚不了解,但怀疑可能符合列入A类的标准,划为UN2814或UN2900,应在运输单据上正式运输名称之后在括号内注明“怀疑为A类感染性物质”,但无须在外包装上注明。

319 根据《规章范本》第4部分包装规范P650包装和标记的物质,不受危险货物运输的其他要求约束。

321 应始终认为储存系统载有氢。

322 以非易碎的片状运输时,货物可划入Ⅲ类包装。

323 符合联合国《关于危险货物运输的建议书 规章范本》(第13修订版)规定式样的标签,可用到2010年12月31日。

324 本条目物质在浓度不超过99%时需加稳定剂。

325 如果是不裂变或例外的易裂变六氟化铀,则应划入UN2978。

326 如果是易裂变六氟化铀,则应划入UN2977。

327 因再加工或处理目的而托运的废弃喷雾器(放射性废料除外),可在本条目下运输,但应在正式运输名称之后加上“废料”字样,除非其正式运输名称中已包括“废料”字样。无需为这类废弃喷雾器安置防止意外释放的保护装置,但应采取防止压力升高造成危险的措施和防止形成危险性大气氛围的措施。废弃喷雾器,渗漏或严重变形者除外,应按照包装规范P003和特殊包装规定PP87,或包装规范LP02和特殊包装规定L2包装。渗漏或严重变形的喷雾器,应装在救助容器内运输,且应采取适当措施,确保不会出现压力升高造成危险。废弃喷雾器不得装在密封的货物集装箱中运输。

注:包装规范P003、LP02和特殊包装规定PP87、L2见《规章范本》第4部分。

328 本条目适用于燃料电池盒,包括安装在设备上的和与设备包装在一起的燃料电池盒。装在燃料电池系统中的或作为燃料电池系统组成部分的燃料电池盒,均视为装在设备上的燃料电池盒。燃料电池盒,系指储存燃料、通过阀门控制向燃料电池释放燃料的物品。燃料电池盒,包括安装在设备上的燃料电池,其设计和制造,应能够防止在正常运输条件下的燃料泄漏。

使用液体燃料的燃料电池盒,其设计型号应通过100kPa(表压)的内部压力试验,而不发生泄漏。

含有金属氢化物的燃料电池盒,应符合特殊规定339,除此种电池盒外,其他各种燃料电池盒的设计型号,都应标明在最有可能造成装载系统破坏的方向上,已通过在坚硬表面上进行的1.2m跌落试验而无内装物外漏。

331 符合《规章范本》2.9.3标准的危害环境物质(水生环境),应外加《规章范本》5.2.1.6和5.3.2.3规定的标记。

332 六水硝酸镁不作为危险货物运输。

333 用于火花点火式发动机(如汽车、固定发动机和其他发动机)的各种乙醇与汽油的混合物,无论其挥发性如何,均应划入本条目。

334 燃料电池盒可含有活化剂,但应装有两个独立的装置,防止运输过程中与燃料意外混合。

335 不作为危险货物运输的固体混合物，和有环境危险的液体或固体，分类应划入UN3077，可在本条目下运输，条件是在装载物质时，或在关闭容器或运输装置后，表面无自由液体。每个危险货物运输装置在作为散装货箱使用时，应防止泄漏。如果在装载混合物时，或在封闭容器或货物运输装置后，表面无自由液体，该混合物应划为UN3082。装载有环境危险的液体，容量小于10mL，用固体物质吸收，包裹或物品表面无自由液体，或装载有环境危险的固体小于10g的密封小包裹和物品，不作为危险货物运输。

336 装有不可燃固态Ⅱ类低比活度物质（LSA－Ⅱ）或Ⅲ类低比活度物质（LSA－Ⅲ）的单个包件，空运时放射性活度不得大于3000A_2。

337 B(U)型和B(M)型包件，空运时所含的放射性强度不得大于下述规定的数值：

a）对于低弥散放射性物质：批准证书规定的包件设计允许值；

b）对于特殊形式放射性物质：3000A_1 或 100000A_2，取其中之较低者；

c）对于所有其他放射性物质：3000A_2。

338 按设计装有可燃液化气体、在本条目下运输的每个燃料电池盒，应满足下列条件：

a）能够在55℃条件下，承受至少两倍于内装物平衡压力的压力，而不发生泄漏或破裂；

b）装载的可燃液化气体不超过200mL，蒸汽压力在55℃时不超过1000kPa；

c）通过《规章范本》6.2.4.1中所述的热水槽试验。

339 在本条目下运输的含有金属氢的燃料电池盒，其水容量应小于或等于120mL。

燃料电池盒内的压力，在55℃时不得超过5MPa。设计型号，应能够承受55℃时两倍于燃料盒设计压力的压力，或55℃时高于燃料盒设计压力200kPa的压力，取二者中之较高者。进行该试验所需的压力，参见“跌落试验”和“氢循环试验”中的“最低瓶体爆裂压力”。

填装燃料电池盒，应按照制造商规定的程序进行。制造商应为每一个燃料电池盒提供以下信息：

a）在第一次填装和重装燃料电池盒之前的检查程序；

b）应了解的安全注意事项和可能的危险；

c）确定何时达到额定容量的方法；

d）最低和最高压力范围；

e）最低和最高温度范围；

f）第一次填装和重装应满足的所有其他要求，包括第一次填装和重装应使用的设备类型。

燃料电池盒的设计和制造，应防止在正常运输条件下的燃料泄漏。每种燃料盒的设计型号，包括作为燃料电池一部分的燃料盒，应接受并通过以下试验：

跌落试验：

在四个不同方向从1.8m高度向坚硬表面的跌落试验：

a）垂直方向，在装有封闭阀门装置的一端；

b）垂直方向，在装有封闭阀门装置反面的一端；

c）水平方向，向一个直径38mm的钢制尖端体，钢制尖端体位置向上；

d)从45°角,在装有封闭阀门装置的一端。

在电池盒装至其额定充装压力时,在所有可能发生泄漏的位置,使用肥皂泡溶液或以其他等效方法检查,不得有泄漏。随后,对燃料电池盒进行静水加压,直至破坏。记录的爆裂压力,应高于最低壳体爆裂压力的85%。

耐火试验:

燃料电池盒在装入的氢达到额定容量后,应通过耐火试验。电池盒的设计,本身可包括一个排放装置。如出现以下结果之一,可认为电池盒已通过耐火试验:

a)内部压力排空到零表压,电池盒未出现破裂;

b)电池盒耐火至少达到20min,而未出现破裂。

氢循环试验:

本试验目的是保证在使用过程中不会超出燃料电池盒的设计应力极限。

燃料电池盒应循环充装,从不超过额定氢容量的5%,到不少于额定氢容量的95%,再减到额定氢容量的不超过5%。充装时应使用额定的充装压力,温度保持在作业温度范围。循环充装应继续进行,至少达到100个循环。

循环试验之后,燃料电池盒应当充满,并测量电池盒显示的水容量。如果经过循环测试的电池盒所显示的水容量不超过未经过循环试验的电池盒充装到额定容量95%、压力加到最低外壳破裂压力的75%时所显示的水容量,则可认为电池盒的设计已通过氢循环试验。

产品的防漏试验:

每个燃料电池盒都应在15℃±5℃、压力达到额定负载压力的条件下接受防漏试验。不得出现泄漏,可用肥皂泡沫溶液或其他等效的手段,在一切可能发生泄漏的地方检测确定。

每个燃料电池盒应将以下信息作永久标记:

a)以兆帕(MPa)表示的额定负载压力;

b)制造商的燃料电池序列编号,或唯一的识别码;

c)根据最长使用寿命确定的日期(年份四位数、月份两位数)。

340 化学品箱、急救箱和聚脂树脂箱,在内容器中装有危险货物,但数量不超过《规章范本》第3.2章危险货物一览表例外数量一栏中对具体物质规定的例外数量限值,本类化学品箱和急救箱可按《规章范本》第3.5章运输。5.2项的物质,虽然在《规章范本》第3.2章危险货物一览表中没有作为单项来规定准许运输的例外数量,但可在这类化学品箱和急救箱中运输,划定编码E2(见《规章范本》3.5.1.2)。

341 使用BK1和BK2散装货箱对感染性物质进行散货运输,只允许运输动物材料(系指动物尸体、动物躯体的部分,或动物饲料)中所含的感染性物质。带有感染性物质的动物材料(UN2814、UN2900和UN3373),如满足以下条件,可用散装货箱运输:

a)允许使用帘布散装货箱BK1,但不能装到最大载货量,以避免物质直接接触帘布。也可使用封闭式散装货箱BK2。

b)封闭式和帘布式散装货箱及其开口,在设计上应防止泄漏,或加装适当衬垫防漏。

c)装运前应用适当消毒剂对动物材料进行彻底处理。

d)帘布散货箱应在上部覆盖一层外加衬垫,用经过适当消毒剂处理过的吸收材料压在上面。

e)封闭式或帘布式散装货箱,在经过全面清洁和消毒之前不得再次使用。

注:还应执行国家卫生行政主管部门的有关规定。

342 只在消毒装置中使用的玻璃内贮器(如安瓿或小盒),当每个内容器盛装的环氧乙烷少于30mL、每个外容器不多于300mL时,尽管《规章范本》第3.2章危险货物一览表“有限和例外数量”一栏规定为“E0”,在满足以下条件时,仍可按《规章范本》第3.5章例外数量包装的危险货物规定运输:

a)充装后,每个玻璃内贮器确定无泄漏:将玻璃内贮器放入热水槽中,温度和时间足以保证达到内部压力等于环氧乙烷在55℃时的蒸汽压力。任何玻璃内贮器在此项试验中显示泄漏、变形或其他缺陷,均不得按本项特殊规定的条件运输;

b)除《规章范本》3.5.2要求的包装外,每个玻璃内贮器均应放在一个密封的对环氧乙烷稳定的塑料袋中,塑料袋能够在环氧乙烷发生破裂或泄漏时承载内装物;

c)每个玻璃内贮器均有在万一容器发生损坏的情况下(如挤压)防止塑料袋被刺破的保护措施(如外套或衬垫)。

343 本条适用于含硫化氢的原油,其硫化氢含量足以造成从原油中散发出的气体可引起吸入危险。划定包装类别应根据所呈现的危险程度,按易燃性危险和吸入性危险确定。

344 应符合《规章范本》6.2.4对喷雾器、小型气体贮器(蓄气筒)和装有液化易燃气体的燃料电池盒的要求。

345 装入开放式低温贮器的气体,低温贮器的最大容量为1L,双层玻璃构造,内层和外层之间抽空(真空绝热),此种气体不作为危险货物运输,条件是每个贮器均放在有适当衬垫或吸收材料的外容器中运输,可保护低温贮器不受碰撞损坏。

346 开放式低温贮器,符合《规章范本》包装规范P203的要求,除UN1977,冷冻液态氮外,未盛载其他危险货物,且冷冻液态氮可完全被多孔材料吸收,此种低温贮器不作为危险货物运输。

347 本条只适用于一种情况,即《试验和标准手册》第一部分试验系列6(d)的结果显示,运输中发生的任何危险效应均局限于包件内。

348 2011年12月31日后生产的电池,须在外壳上标记瓦特-小时容量。

349 次氯酸盐与铵盐的混合物禁止运输。UN1791次氯酸盐溶液属第8类物质。

350 溴化铵及其水溶液,以及溴酸盐与铵盐的混合物禁止运输。

351 氯酸铵及其水溶液,以及氯酸盐与铵盐的混合物禁止运输。

352 亚氯酸铵及其水溶液,以及亚氯酸盐与铵盐的混合物禁止运输。

353 高锰酸铵及其水溶液,以及高锰酸与铵盐的混合物禁止运输。

354 本条目物质属吸入毒性。

355 本条目下运输的紧急情况下使用的氧气瓶,可包括安装好的起动弹药筒(1.4项的弹药筒、动力器件,配装组C或S),无需改变2.2项的分类,条件是每个氧气瓶的爆燃(推进)炸药总量不超过3.2g。准备运输的装有起动弹药筒的氧气瓶,应有防止意外启动的有效装置。

356 装在运输工具上,或装在整套运输工具组件上,以及准备装在运输工具上的金属氢贮存系统,在接受运输前应得到有关主管机关的批准。运输单证应包括说明,包件已得到有关主管机关的批准,或每批托运货物均应附带有关主管机关的批文。

357 若原油含有硫化氢,且含量足以造成从原油中散发出的气体可造成吸入危险的,应按"UN3494,含硫原油,易燃,毒性"条目托运。

现已划定可用容器装载的自反应物质一览表

表 B.1

自反应物质	浓度/%	包装方法	控制温度/℃	危急温度/℃	危险货物编号（类属条目）	备注
丙酮－连苯三酚共聚物 2－重氮－1－萘酚－5－磺酸盐	100	OP8			3228	
B 型偶氮甲酰胺配制品,控制温度的	<100	OP5			3232	(1)(2)
C 型偶氮甲酰胺配制品	<100	OP6			3224	(3)
C 型偶氮甲酰胺配制品,控制温度的	<100	OP6			3234	(4)
D 型偶氮甲酰胺配制品	<100	OP7			3226	(5)
D 型偶氮甲酰胺配制品,控制温度的	<100	OP7			3236	(6)
2,2′－偶氮二(2,4－二甲基－4－甲氧基戊腈)	100	OP7	－5	＋5	3236	
2,2′－偶氮二(2,4－二甲基戊腈)	100	OP7	＋10	＋15	3236	
2,2′－偶氮二(2－甲基丙酸乙脂)	100	OP7	＋20	＋25	3235	
1,1′－偶氮二(环己基甲腈)	100	OP7			3226	
2,2′－偶氮二(异丁腈)	100	OP6	＋40	＋45	3234	
2,2′－偶氮二(异丁腈),水基糊状	≤50%	OP6			3224	
2,2′－偶氮二(2－甲基丁腈)	100	OP7	＋35	＋40	3236	
苯－1,3－二磺酰肼,糊状	52	OP7			3226	
苯磺酰肼	100	OP7			3226	
氯化锌－4－苄(乙)氨基－3－乙氧基重氮苯	100	OP7			3226	
氯化锌－4－苄(甲)氨基－3－乙氧基重氮苯	100	OP7	＋40	＋45	3236	
氯化锌－3－氯－4－二乙氨基重氮苯	100	OP7			3226	
2－重氮－1－萘酚－4－磺酰氯	100	OP5			3222	(2)

续上表

自反应物质	浓度/%	包装方法	控制温度/℃	危急温度/℃	危险货物编号（类属条目）	备注
2-重氮-1-萘酚-5-磺酰氯	100	OP5			3222	(2)
D型2-重氮-1-萘酚磺酸酯混合物	<100	OP7			3226	(9)
(2:1)四氯锌酸-2,5-二丁氯基-4-(4-吗啉基)-重氮苯	100	OP8			3228	
氯化锌-2,5-二乙氧基-4-吗啉代重氮苯	67~100	OP7	+35	+40	3236	
氯化锌-2,5-二乙氧基-4-吗啉代重氮苯	66	OP7	+40	+45	3236	
四氟硼酸-2,5-二乙氧基-4-吗啉代重氮苯	100	OP7	+30	+35	3236	
硫酸-2,5-二乙氧基-4-(4-吗啉基)-重氮苯	100	OP7			3226	
氯化锌-2,5-二乙氧基-4-苯磺酰重氮苯	67	OP7	+40	+45	3236	
二甘醇双(碳酸烯丙酯)+过二碳酸二异丙酯	≥88+≤12	OP8	-10	0	3237	
氯化锌-2,5-二乙氧基-4-(4-甲苯磺酰)重氮苯	79	OP7	+40	+45	3236	
1-三氯锌酸-4-二甲氨基重氮苯	100	OP8			3228	
氯化锌-4-二甲氧基-6(2-二甲氨乙氧基)-2-重氮甲苯	100	OP7	+40	+45	3236	
N,*N'*-二亚硝基-*N*,*N'*-二甲基对苯二甲酰胺,糊状	72	OP6			3224	
N,*N'*-二亚硝基五甲撑四胺	82	OP6			3224	(7)
二苯醚-4,4'-二磺酰肼	100	OP7			3226	
氯化锌-4-二丙氨基重氮苯	100	OP7			3226	
氯化锌-2-(*N*-氧羰基苯氨基)-3-甲氧基-4(*N*-甲基环己氨基)重氮苯	63~92	OP7	+40	+45	3236	
氯化锌-2-(*N*-氧羰基苯氨基)-3-甲氧基-4-(*N*-甲基环己氨基)重氮苯	62	OP7	+35	+40	3236	
N-甲酰-2-硝甲基-1,3-全氢化噻嗪	100	OP7	+45	+50	3236	
氯化锌-2-(2-羟乙氧基)-1(吡咯烷-1-基)重氮苯	100	OP7	+45	+50	3236	
氯化锌-3-(2-羟乙氧基)-4(吡咯烷-1-基)重氮苯	100	OP7	+40	+45	3236	
硫酸氢-2-(*N*-乙羰基甲氨基)-4-(3,4-二甲基苯磺酰)重氮苯	96	OP7	+45	+50	3236	
4-甲苯磺酰肼	100	OP7			3226	

续上表

自反应物质	浓度/%	包装方法	控制温度/℃	危急温度/℃	危险货物编号（类属条目）	备注
氟硼酸-3-甲基-4-(吡咯烷-1-基)重氮苯	95	OP6	+45	+50	3234	
4-亚硝基苯酚	100	OP7	+35	+40	3236	
自反应液体试样		OP2			3223	(8)
自反应液体试样,温度控制的		OP2			3233	(8)
自反应固体试样		OP2			3224	(8)
自反应固体试样,温度控制的		OP2			3234	(8)
2-重氮-1-萘酚-4-磺酸钠	100	OP7			3226	
2-重氮-1-萘酚-5-磺酸钠	100	OP7			3226	
硝酸(二份)钯四氨合物	100	OP6	+30	+35	3234	

注:1.“包装方法”编码“OP1”至“OP8”,是指包装规范P520中的包装方法。允许以中型散货箱运输的物质,见包装规范IBC520,允许用罐体运输的物质,见便携式罐体规范T23。包装规范P520、IBC520、T23见《规章范本》第4部分。

注:2.待运输的自反应物质的分类(类属条目)、控制温度和危急温度(源自SADT)如本表所列。

注:3.本表的分类是以工业纯的物质(注明浓度低于100%者除外)为基础的。对于其他浓度的物质,可按照《规章范本》2.4.2.3.3和2.4.2.3.4中的程序作不同分类。

注:4.a)符合《规章范本》2.4.2.3.3.2(b)标准的偶氮甲酰胺配制品。控制温度和危急温度按《规章范本》7.1.5.3至7.1.5.3.1.3规定程序确定。

b)需贴“爆炸品”次要危险标签。

c)符合《规章范本》2.4.2.3.3.2(c)标准的偶氮甲酰胺配制品。

d)符合《规章范本》2.4.2.3.3.2(c)标准的偶氮甲酰胺配制品。控制温度和危急温度按《规章范本》7.1.5.3至7.1.5.3.1.3规定程序确定。

e)符合《规章范本》2.4.2.3.3.2(d)标准的偶氮甲酰胺配制品。

f)符合《规章范本》2.4.2.3.3.2(d)标准的偶氮甲酰胺配制品。控制温度和危急温度按《规章范本》7.1.5.3至7.1.5.3.1.3规定程序确定。

g)加沸点不低于150℃的相容稀释剂。

h)表B.1中未列入的自反应物质或自反应物质配制品的试样,如未有整套试验结果,且待运输作进一步试验或评估,可划归C型自反应物质的一个适当条目,但需符合以下条件:

1)现有数据表明试样的危险性不大于B型自反应物质;

2)试样按照《规章范本》包装方法OP2包装,每一运输装置所载的数量限于10kg以内;

3)已有的数据表明,控制温度(如果有)下限足够低以防止任何危险的分解,上限足够高以防止任何危险的相分离。

i)本条目适用于符合《规章范本》2.4.2.3.3.2(d)标准的2-重氮-1-萘酚-4-磺酸酯和2-重氮-1-萘酚-5-磺酸酯的混合物。

附录2 危险货物有限数量及包装要求

附录2.1 包装、单证、标记、豁免的要求

注:“附录2.1”内容摘自《危险货物有限数量及包装要求》(GB 28644.2—2012),原文如下:

6 包装

6.1 危险货物以有限数量运输时应装在有合适外容器的内容器中,并且可使用中间容器。对于喷雾器或“装气体的小型贮器”等物品,则无须使用内容器。容器应符合附录A和附录B的规定。包件的总毛重不应超过30kg。

6.2 装有危险货物的物品或内容器的外容器,可采用符合附录A规定的收缩包装或拉伸包装托盘。但玻璃、瓷器、粗陶瓷或某些塑料等材料制造的易碎或易破的内容器应放在合适的中间容器中。中间容器应符合附录A和附录B的规定,且包件的总毛重不应超过20kg。

6.3 装有第8类(腐蚀性物质)、Ⅱ类包装液态货物的玻璃、瓷器或粗陶瓷内容器应放在相容的坚硬中间容器内。

6.4 以有限数量包装的不同危险货物可以放在同一外容器中,条件是在发生渗漏时它们不会发生危险反应。

7 单证

7.1 在航空运输和水路运输的情况下,危险货物以有限数量运输时,在危险货物运输单证的危险货物说明中应写入“有限数量"或“LTD QTY”一词。

注:LTD QTY(Limited Quantity)为“有限数量”的英文缩写。

7.2 除航空运输和水路运输外,危险货物以有限数量运输时,无须适用《规章范本》5.4.1中对危险货物运输单证的要求。

8 标记

8.1 除航空运输外,内装有有限数量危险货物的包件不需要以内装物的正式运输名称或联合国编号做出标签或标记,但应显示图1的标记。标记应明显,清晰,并能承受露天暴露而不明显减低效果。标记的上下部分和边线应为黑色,中心区域为白色或适当反差底色;标记的最小尺寸:100mm×100mm;菱形边的最小宽度:2mm;如包件的大小需要,可缩小尺寸,但不得小于50mm×50mm,且标记仍应清晰可见。

8.2 在航空运输的情况下,内装有有限数量危险货物的包件应显示图2的标记。标记应明显,清晰,并能承受露天暴露而不明显减低效果。标记的上下部分和边线应为黑色,中心区域为白色或适当反差底色;标记的最小尺寸:100mm×100mm;菱形边的最小宽度:2mm;符号“Y”置于标记中央,须清晰可见;如包件的大小需要,

可缩小尺寸,但不应小于50mm×50mm,且标记仍应清晰可见。

图1 有限数量包件标记(除航空运输外)

8.3 当装有有限数量危险货物的包件被放在一个外包装内时,除非外包装内每一项危险货物的标记均清晰可见,否则外包装应标明"外包装"或"OVERPACK"一词,以及8.1、8.2所要求的标记。

注:"OVERPACK"为"外包装"的英文表述。

9 豁免

9.1 印有图2所示标记的装有危险货物的包件,视为已符合第6章的规定,无须再印有图1所示标记。

图2 有限数量包件标记(航空运输)

9.2 以有限数量包装的危险货物,在同一辆车或同一个货物集装箱内,无须适用任何隔离要求。

9.3 以有限数量运输危险货物时,无须适用《规章范本》1.4中的安全规定和《规章范本》7.2.4中对公路运输、铁路运输和内河运输的安全规定。

附录2.2 容器的一般要求

注:"附录2.2"内容摘自《危险货物有限数量及包装要求》(GB 28644.2—2012)附录A,原文如下:

附录A

(规范性附录)

容器的一般技术要求

A.1 危险货物应装在质量良好的容器(包括中型散货箱和大型容器)中,容器应足够坚固,能够承受得住运输过程中通常遇到的冲击和荷载,包括运输装置之间和运输装置与仓库之间的转载以及搬离托盘或外包装供随后人工或机械操作。容器(包括中型散货箱和大型容器)的结构和封闭状况,在正常运输条件下,应能防止由于振动或由于温度、湿度或压力变化(例如海拔不同产生的)造成的任何内装物损失。容器(包括中型散货箱和大型容器)应按照制造商提供的资料封闭。在运输过程中不得有任何危险残余物粘附在容器、中型散货箱和大型容器外面。上述规定适用于新的、重复使用的、修整过的或改制的容器、中型散货箱,以及新的、重复使用的或改制的大型容器。

A.2 容器(包括中型散货箱和大型容器)与危险货物直接接触的各个部位:

a)不应受到危险货物的影响,或者其强度不得被危险货物显著减弱;

b)不应在包件内造成危险效应,例如促使危险货物起反应或与危险货物起反应;

c)不应发生危险货物渗透,在正常运输条件下造成危险。

必要时,这些部位应有适当的内涂层或经过适当的处理。

A.3 装有液体的容器(包括中型散货箱和大型容器):

a)应留有足够的未满空间,以保证在运输过程中不会由于温度变化引起液体膨胀而使容器泄漏或永久变形。在没有具体规定的情况下,液体不应在55℃下装满容器。中型散货箱应留有足够的未满空间,以确保在平均整体温度为50℃时,中型散货箱的装载率不超过其水容量的98%。

b)在空运时,拟装液体的容器也应按照国际空运规章的规定,能够承受一定的压差而不泄漏。

A.4 内容器在外容器中的置放方式,应做到在正常运输条件下,不会破裂、被刺穿或其内装物漏到外容器中。装有液体的内容器,包装后封闭装置应朝上,且在外容器内的摆放位置应与方向标记一致。易于破裂或被刺破的内容器,如用玻璃、陶瓷、粗陶瓷或某些塑料制成的内容器,应使用适当衬垫材料固定在外容器中。内装物的任何泄漏,均不应对衬垫材料或外容器的保护性能造成重大破坏。

如组合容器的外容器或大型容器装载不同类型的内容器并顺利通过试验,则这些各不相同的内容器也可以合装在此外容器或大型容器中。此外,在保持性能水平相同的条件下,可不必对包件再作试验,允许内容器进行下列变动:

a)可使用尺寸相同或较小的内容器,条件是:

1)内容器的设计与试验过的内容器相似(例如形状为圆形、长方形等);

2)内容器的制造材料(玻璃、塑料、金属等)承受冲击力和堆码力的能力等于或大于原先试验过的内容器;

3)内容器有相同或较小的开口,封闭装置设计相似(如螺旋帽、摩擦盖等);

4)用足够多的额外衬垫材料填补空隙,防止内容器明显移动;

5)内容器在外容器中放置的方向与试验过的包件相同。

b)使用较少数量的经过试验过的内容器,或a)中所列的替代型号内容器,前提条件是用足够的衬垫材料填补空隙处,防止内容器明显移动。

A.5 如果危险货物与其他货物或其他危险货物之间会起危险反应,并产生下列四种效应,则不应放置在同一个外容器或大型容器中:

a)燃烧和/或放出大量的热;

b)放出易燃、毒性或窒息性气体;

c)产生腐蚀性物质;

d)产生不稳定物质。

A.6 装有潮湿或稀释物质的容器的封闭装置应使液体(水、溶剂或减敏剂)的百分率在运输过程中不会下降到规定的限度以下。如中型散货箱上串联地安装两个以上的封闭系统,应先封闭离所运物质最近的封闭系统。

A.7 如果包件内可能因内装物释放气体(由于温度上升或其他原因)而产生压力,容器或中型散货箱可安装一个通风口,但所释放的气体不应因其毒性、易燃性和排放量等问题而造成危险。如果由于物质的正常分解可能产生超压危险,应安装通风装置。当容器或中型散货箱在预定的运输状态下,通风口的设计应保证在正常运输条件下不会有液体泄漏或异物进入。液体只能装入对正常运输条件下可能产生的内压具有适当承受力的内容器。空运时,不允许包件排气。

附录 2.3 常用包装容器的代码、类别及要求

注:“附录 2.3”内容摘自《危险货物有限数量及包装要求》(GB 28644.2—2012)附录 B,原文如下:

附录 B
(规范性附录)
常用包装容器的代码、类别及要求

表 B.1 给出了各种常用包装容器的代码、类别及要求。

常用包装容器的代码、类别及要求 表 B.1

种类	代码	类别	要 求
钢桶	1A1 1A2	非活动盖 活动盖	a)桶身和桶盖应根据钢桶的容量和用途,使用型号适宜且厚度足够的钢板制造。 b)拟用于装 40L 以上液体的钢桶,桶身接缝应焊接。拟用于装固体或者装 40L 以下液体的钢桶,桶身接缝应用机械方法接合或焊接。 c)桶的凸边应用机械方法接合或焊接。也可以使用分开的加强环。 d)容量超过 60L 的钢桶桶身,通常应至少有两个扩张式滚箍,或者至少两个分开的滚箍。如使用分开式滚箍,则应在桶身上固定紧,不应移位。滚箍不应点焊。 e)非活动盖(1A1)钢桶桶身或桶盖上用于装入、倒空和通风的开口,其直径不应超过 7cm。开口更大的钢桶将视为活动盖(1A2)钢桶。桶身和桶盖的开口封闭装置的设计和安装应做到在正常运输条件下始终是紧固和不漏的。封闭装置凸缘应用机械方法或焊接方法恰当接合。除非封闭装置本身是防漏的,否则应使用密封垫或其他密封件。

续上表

种类	代码	类别	要　求
钢桶	1A1 1A2	非活动盖 活动盖	f)活动盖钢桶的封闭装置的设计和安装,应做到在正常的运输条件下该装置始终是紧固的,钢桶始终是不漏的。所有活动盖都应使用垫圈或其他密封件。 g)如果桶身、桶盖、封闭装置和连接件所用的材料本身与装运的物质是不相容的,应施加适当的内保护涂层或处理。在正常运输条件下,这些涂层或处理层应始终保持其保护性能
铝桶	1B1 1B2	非活动盖 活动盖	a)桶身和桶盖应由纯度至少99%(质量分数)的铝或铝合金制成。应根据铝桶的容量和用途,使用适当型号和足够厚度的材料。 b)所有接缝应是焊接的。凸边如果有接缝的话,应另外加加强环。 c)容量大于60L的铝桶桶身,通常应至少装有两个扩张式滚箍,或者两个分开式滚箍。如装有分开式滚箍时,应安装得很牢固,不应移动。滚箍不应点焊。 d)非活动盖(1B1)铝桶的桶身或桶盖上用于装入、倒空和通风的开口,其直径不应超过7cm。开口更大的铝桶将视为活动盖(1B2)铝桶。桶身和桶盖的开口封闭装置的设计和安装应做到在正常运输条件下,它们始终是紧固和不漏的。封闭装置凸缘应焊接恰当,使接缝不漏。除非封闭装置本身是防漏的,否则应使用垫圈或其他密封件。 e)活动盖铝桶的封闭装置的设计和安装,应做到在正常运输条件下始终是紧固和不漏的。所有活动盖都应使用垫圈或其他密封件
钢或铝以外的金属桶	1N1 1N2	非活动盖 活动盖	a)桶身和桶盖应由钢和铝以外的金属或金属合金制成。应根据桶的容量和用途,使用适当型号和足够厚度的材料。 b)凸边如果有接缝的话,应另外加加强环。所有接缝应按照用于所使用金属或金属合金的最先进技术接合(熔焊、软焊等)。 c)容量大于60L的金属桶桶身,通常应至少装有两个扩张式滚箍,或者两个分开式滚箍。如装有分开式滚箍时,应安装的很牢固,不应移动。滚箍不应点焊。 d)非活动盖(1NL)金属桶的桶身或桶盖上用于装入、倒空和通风的开口,其直径不应超过7cm。开口更大的金属桶将视为活动盖(1N2)金属桶。桶身和桶盖的开口封闭装置的设计和安装应做到在正常运输条件下,它们始终是紧固和不漏的。封闭装置凸缘应按照用于所使用金属或金属合金的最先进技术恰当地接合(熔焊、软焊等),使接缝不漏。除非封闭装置本身是防漏的,否则应使用垫圈或其他密封件。 e)活动盖金属桶的封闭装置的设计和安装,应做到在正常运输条件下始终是紧固和不漏的。所有活动盖都应使用垫圈或其他密封件

续上表

种类	代码	类别	要　　求
钢罐	3A1 3A2	非活动盖 活动盖	a)罐身和罐盖应用钢板和至少99%(质量分数)纯的铝或铝合金制造。应根据罐的容量和用途,使用适当型号和足够厚度的材料。 b)钢罐的凸边应用机械方法接合或焊接。用于容装40L以上液体的钢罐罐身接缝应焊接。用于容装小于或等于40L的钢罐罐身接缝应使用机械方法接合或焊接。对于铝罐,所有接缝应焊接。凸边如果有接缝的话,应另加一条加强环。 c)罐(3A1和3B1)的开口直径不应超过7cm。开口更大的罐将视为活动盖型号(3A2和3B2)。封闭装置的设计应做到在正常运输条件下始终是紧固和不漏的。除非封闭装置本身是防漏的,否则应使用密封垫或其他密封件。 d)如果罐身、盖、封闭装置和连接件等所用的材料本身与装运的物质是不相容的,应施加适当的内保护涂层或处理。在正常运输条件下,这些涂层或处理层应始终保持其保护性能
铝罐	3B1 3B2	非活动盖 活动盖	
胶合板桶	1D		a)所用木料应彻底风干,达到商业要求的干燥程度,且没有任何有损于桶的使用效能的缺陷。若用胶合板以外的材料制造桶盖,其质量与胶合板应是相等同的。 b)桶身至少应用两层胶合板,桶盖至少应用三层胶合板制成。各层胶合板,应按交叉纹理用抗水黏合剂牢固地粘在一起。 c)桶身、桶盖及其连接部位应根据桶的容量和用途设计。 d)为防止所装物质筛漏,应使用牛皮纸或其他具有同等效能的材料作桶盖衬里。衬里应紧扣在桶盖上并延伸到整个桶盖周围外
纤维纸桶	1G		a)桶身应由多层厚纸或纤维板(无绉折)牢固地胶合或层压在一起,可以有一层或多层由沥青、涂蜡牛皮纸、金属薄片、塑料等构成的保护层。 b)桶盖应由天然木、纤维板、金属、胶合板、塑料或其他适宜材料制成,可包括一层或多层由沥青、涂蜡牛皮纸、金属薄片、塑料等构成的保护层。 c)桶身、桶盖及其连接处的设计应与桶的容量和用途相适应。 d)装配好的容器应有足够的防水性,在正常运输条件下不应出现剥层现象
塑料桶和罐	1H1 1H2 3H1 3H2	桶,非活动盖 桶,活动盖 罐,非活动盖 罐,活动盖	a)容器应使用适宜的塑料制造,其强度应与容器的容量和用途相适应。容器应对老化和由于所装物质或紫外线辐射引起的质量降低具有足够的抗力。 b)如果需要防紫外线辐射,应在材料内加入碳黑或其他合适的色素或抑制剂。这些添加剂应是与内装物相容的,并应在容器的整个使用期间保持其效能。当使用的碳黑、色素或抑制剂与制造试验过的设计型号所用的不同时,如碳黑的质量分数不超过2%,或色素的质量分数不超过3%,则可不再进行试验;紫外线辐射抑制剂的含量不限。 c)除了防紫外线辐射的添加剂之外,可以在塑料成分中加入其他添加剂,如果这些添加剂对容器材料的化学和物理性质并无不良作用。在这种情况下,可免除再试验。

续上表

种类	代码	类别	要求
塑料桶和罐	1H1 1H2 3H1 3H2	桶,非活动盖 桶,活动盖 罐,非活动盖 罐,活动盖	d)容器各点的壁厚,应与其容量、用途以及各个点可能承受的压力相适应。 e)对非活动盖的桶(1H1)和罐(3H1)而言,桶身(罐身)和桶盖(罐盖)上用于装入、倒空和通风的开口直径不应超过7cm。开口更大的桶和罐将视为活动盖型号的桶和罐(1H2和3H2),桶(罐)身或桶(罐)盖上开口的封闭装置的设计和安装应做到在正常运输条件下始终是紧固和不漏的。除非封闭装置本身是防漏的,否则应使用垫圈或其他密封件。 f)设计和安装活动盖桶和罐的封闭装置,应做到在正常运输条件下该装置始终是紧固和不漏的。所有活动盖都应使用垫圈,除非桶或罐的设计是在活动盖夹得很紧时,桶或罐本身是防漏的
天然木箱	4C1 4C2	普通 箱壁防 筛漏	a)所用木材应彻底风干,达到商业要求的干燥程度,并且没有会实质上降低箱子任何部位强度的缺陷。所用材料的强度和制造方法,应与箱子的容量和用途相适应。顶部和底部可用防水的再生木,如高压板、刨花板或其他合适材料制成。 b)紧固件应耐得住正常运输条件下经受的振动。可能时应避免用横切面固定法。可能受力很大的接缝应用抱钉或环状钉或类似紧固件接合。 c)箱(4C2):箱的每一部分应是一块板,或与一块板等效。用下面方法中的一个接合起来的板可视与一块板等效:林德曼(Linderman)连接、舌槽接合、搭接或槽舌接合、或者在每一个接合处至少用两个波纹金属扣件的对头连接
胶合板箱	4D		所用的胶合板至少应为三层。胶合板应由彻底风干的旋制、切成或锯制的层板制成,符合商业要求的干燥程度,没有会实质上降低箱子强度的缺陷。所用材料的强度和制造方法应与箱子的容量和用途相适应。所有邻接各层,应用防水黏合剂胶合。其他适宜材料也可与胶合板一起用于制造箱子。应由角柱或端部钉牢或固定住箱子,或用同样适宜的紧固装置装配箱子
再生木箱	4F		a)箱壁应由防水的再生木,例如高压板、刨花板或其他适宜材料制成。所用材料的强度和制造方法应与箱子的容量和用途相适应。 b)箱子的其他部位可用其他适宜材料制成。 c)箱子应使用适当装置牢固地装配
纤维板箱	4G		a)应使用与箱子的容量和用途相适应、坚固优质的实心或双面波纹纤维板(单层或多层)。外表面的抗水性应是:当使用科布(Cobb)法确定吸水性时,在30min的试验期内,质量增加值不大于155g/m²。纤维板应有适当的弯曲强度。纤维板应在切割、压折时无裂缝,并应开槽以便装配时不会裂开、表面破裂或者不应有的弯曲。波纹纤维板的槽部,应牢固地胶合在面板上。 b)箱子的端部可以有一个木制框架,或全部是木材或其他适宜材料。可以用木板条或其他适宜材料加强。 c)箱体上的接合处,应用胶带粘贴、搭接并胶住,或搭接并用金属卡钉钉牢。搭接处应有适当长度的重叠。 d)用胶合或胶带粘贴方式进行封闭时,应使用防水胶合剂。 e)箱子的设计应与所装物品十分相配

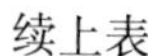

种类	代码	类别	要　求
塑料箱	4H1 4H2	泡沫塑料箱 硬塑料箱	a)应根据箱的容量和用途,用足够强度的适宜塑料制造箱子。箱子应对老化和由于所装物质或紫外线辐射引起的质量降低具有足够的抗力。 b)泡沫塑料箱应包括由模制泡沫塑料制成的两个部分,一为箱底部分,有供放置内容器的模槽;另一为箱顶部分,它将盖在箱底上,并能彼此扣住。箱底和箱顶的设计应使内容器能刚刚好放入。内容器的封闭帽不得与箱顶的内面接触。 c)发货时,泡沫塑料箱应用具有足够抗拉强度的自粘胶带封闭,以防箱子打开。这种自粘胶带应能耐受风吹雨淋日晒,其黏合剂与箱子的泡沫塑料是相容的。可以使用至少同样有效的其他封闭装置。 d)硬塑料箱如果需要防护紫外线辐射,应在材料内添加碳黑或其他合适的色素或抑制剂。这些添加剂应是与内装物相容的,并在箱子的整个使用期限内保持效力。当使用的碳黑、色素或抑制剂与制造试验过的设计型号所使用的不同时,如碳黑的质量分数不超过2%,或色素的质量分数不超过3%,则可不再进行试验;紫外.线辐射抑制剂的含量不限。 e)防紫外线辐射以外的其他添加剂,如果对箱子材料的物理或化学性质不会产生有害影响,可加入塑料成分中。在这种情况下,可免予再试验。 f)硬塑料箱的封闭装置应由具有足够强度的适当材料制成,其设计应使箱子不会意外打开
钢或铝箱	4A 4B	钢箱 铝箱	a)金属的强度和箱子的构造,应与箱子的容量和用途相适应。 b)箱子应视需要用纤维板或毡片作内衬,或有合适材料作的内衬或涂层。如果采用双层压折接合的金属衬,应采取措施防止内装物,特别是爆炸物,进入接缝的凹槽处。 c)封闭装置可以是任何合适类型,在正常运输条件下应始终是紧固的
纺织品袋	5L1 5L2 5L3	无内衬或涂层 防筛漏 防水	a)所用纺织品应是优质的。纺织品的强度和袋子的构造应与袋的容量和用途相适应。 b)防筛漏袋(5L2):袋应能防止筛漏,例如,可采用下列方法: 1)用抗水黏合剂,如沥青、将纸粘贴在袋的内表面上; 2)袋的内表面粘贴塑料薄膜; 3)纸或塑料做的一层或多层衬里。 c)防水袋(5L3):袋应具有防水性能以防止潮气进入,例如,可采用下列方法: 1)用防水纸(如涂蜡牛皮纸、柏油纸或塑料涂层牛皮纸)做的分开的内衬里; 2)袋的内表面粘贴塑料薄膜; 3)塑料做的一层或多层内衬里

续上表

种类	代码	类别	要　求
编织塑料袋	5H1 5H2 5H3	无内衬或涂层 防筛漏 防水	a)袋应使用适宜的弹性塑料袋或塑料单丝编织而成。材料的强度和袋的构造应与袋的容量和用途相适应。 b)如果织品是平织的,袋应用缝合或其他方法把袋底和一边缝合。如果是筒状织品,则袋应用缝合、编织或其他能达到同样强度的方法来闭合。 c)防筛漏袋(5H2):袋应能防筛漏,例如,可采用下列方法: 1)袋的内表面粘贴纸或塑料薄膜; 2)用纸或塑料做的一层或多层分开的衬里。 d)防水袋(5H3):袋应具有防水性能以防止潮气进入,例如,可采用下述方法: 1)用防水纸(例如:涂蜡牛皮纸,双面柏油牛皮纸或塑料涂层牛皮纸)做的分开的内衬里; 2)塑料薄膜粘贴在袋的内表面或外表面; 3)一层或多层塑料内衬
塑料膜袋	5H4		袋应用适宜塑料制成。材料的强度和袋的构造应与袋的容量和用途相适应。接缝和闭合处应能承受在正常运输条件下可能产生的压力和冲击
纸袋	5M1 5M2	多层 多层,防水	a)袋应使用合适的牛皮纸或性能相同的纸制造,至少有三层,中间一层可以是用黏合剂贴在外层的网状布。纸的强度和袋的构造应与袋的容量和用途相适应。接缝和闭合处应防筛漏。 b)袋(5M2):为防止进入潮气,应用下述方法使四层或四层以上的纸袋具有防水性:最外面两层中的一层作为防水层,或在最外面二层中间夹入一层用适当的保护性材料做的防水层。防水的三层纸袋,最外面一层应是防水层。当所装物质可能与潮气发生反应,或者是在潮湿条件下包装的,与内装物接触的一层应是防水层或隔水层,例如:双面柏油牛皮纸、塑料涂层牛皮纸、袋的内表面粘贴塑料薄膜、或一层或多层塑料内衬里。接缝和闭合处应是防水的

附录3　危险货物例外数量及包装要求

附录3.1　例外数量E1～E5的含义

注:"附录3.1"内容摘自《危险货物例外数量及包装要求》(GB 28644.1—2012),原文如下:

4.1　适用例外数量运输的危险货物,用E1～E5表示,其含义见表1,并在第6章"例外数量"一栏列出。

例外数量编码E1～E5的含义

表1

编码	每件内容器的最大净装载量(固体为g,液体和气体为mL)	每件外容器的最大净装载量(固体为g,液体和气体为mL,在混装的情况下为g和mL之总和)
E1	30	1000
E2	30	500
E3	30	300
E4	1	500
E5	1	300

附录3.2　包装、包装测试、标记和单证、豁免的要求

注:"附录3.2"内容摘自《危险货物例外数量及包装要求》(GB 28644.1—2012)原文如下:

7　包装

7.1　危险货物应装在质量良好的容器(包括中型散货箱和大型容器)中,容器应足够坚固,能够承受得住运输过程中通常遇到的冲击和荷载,包括运输装置之间和运输装置与仓库之间的转载以及搬离托盘或外包装供随后人工或机械操作。容器(包括中型散货箱和大型容器)的结构和封闭状况,在正常运输条件下,应能防止由于振动或由于温度、湿度或压力变化(例如:海拔不同产生的)造成的

任何内装物损失。容器(包括中型散货箱和大型容器)应按照制造商提供的资料封闭。在运输过程中不应有任何危险残余物粘附在容器、中型散货箱和大型容器外面。上述规定适用于新的、重复使用的、修整过的或改制的容器、中型散货箱,以及新的、重复使用的或改制的大型容器。

7.2 容器(包括中型散货箱和大型容器)与危险货物直接接触的各个部位:

a)不应受到危险货物的影响,或者其强度不应被危险货物显著减弱;

b)不应在包件内造成危险效应,例如,促使危险货物起反应或与危险货物起反应;

c)不应发生危险货物渗透,在正常运输条件下造成危险。

必要时,这些部位应有适当的内涂层或经过适当的处理。

7.3 装有液体的容器(包括中型散货箱和大型容器):

a)应留有足够的未满空间,以保证在运输过程中不会由于温度变化引起液体膨胀而使容器泄漏或永久变形。在没有具体规定的情况下,液体不应在55℃下装满容器。中型散货箱应留有足够的未满空间,以确保在平均整体温度为50℃时,中型散货箱的装载率不超过其水容量的98%。

b)在空运时,拟装液体的容器也应按照国际空运规章的规定,能够承受一定的压差而不泄漏。

7.4 如果危险货物与其他货物或其他危险货物之间会起危险反应,并产生下列四种效应,则不应放置在同一个外容器或大型容器中:

a)燃烧和/或放出大量的热;

b)放出易燃、毒性或窒息性气体;

c)产生腐蚀性物质;

d)产生不稳定物质。

7.5 危险货物以例外数量运输时应使用内容器,内容器的制造应使用塑料(在用于液体危险货物时,其厚度不应小于0.2mm),或玻璃、瓷器、石器、陶器或金属,每个内容器的封口应使用金属丝、胶带或其他可靠手段紧固;任何带有模压螺纹瓶颈的贮器,应配有防漏的螺纹型瓶盖。封口应能够耐内装物的腐蚀。

7.6 每个内容器都应牢靠地装在带衬垫材料的中间容器中,以确保在正常运输条件下不会破裂、穿孔或内装物泄漏。在发生破裂或泄漏的情况下,不论包件的方向如何,中间容器都应能够完全盛载内装物。装载液态危险货物的中间容器,应含有足够的吸收材料,可吸收内容器的全部内装物。在这种情况下,吸收材料可以是衬垫材料。危险货物不应与衬垫材料、吸收材料和包装材料产生危险反应,或降低材料的完整性或作用。

7.7 中间容器应牢靠地包装在坚固、硬质的外容器内(木材、纤维板或其他同样坚固的材料)。

7.8 危险货物以例外数量运输时,每种型号的包件都应符合第8章的规定。

7.9 危险货物以例外数量运输时,每个包件的尺寸应保证有足够的地方做所有必要的标记。

7.10 危险货物以例外数量运输时,可以使用外包装。外包装可装有危险货物包件,或不按危险货物运输管理的货物。

8 包件测试

8.1 准备运输的完整包件,包括内容器,装载固体物质不小于其容量的95%，或液体物质不小于其容量的98%，经测试并作适当记录，表明能承受以下试验，而不发生任何内容器的破裂或泄漏，不严重影响其使用：

a)从1.8m的高度向坚硬、无弹性、平坦而水平的表面跌落：

1)如试样的形状是方形，应从以下每个方向跌落：

——底部平跌；

——顶部平跌；

——最长侧面平跌；

——最短侧面平跌；

——棱角着地。

2)如试样的形状是鼓形，应从以下每个方向跌落：

——顶部凸边斜着落地，重心在撞击点正上方；

——底部凸边斜着落地；

——侧面平着落地。

注：以上的每次跌落试验，可使用不同但完全一样的包件。

b)向上表面施加压力24h，力度相当于同样包件垛高3m的总质量(包括试验样品)。

8.2 进行8.1规定的试验，容器内准备运输的物质，在保证试验结果有效的前提下，可用其他物质替代。对于固体，在使用其他物质时，应与拟运输的物质具有相同的物理特性(质量、颗粒大小等)。在液体的跌落试验中，在使用其他物质时，其相对密度和黏度，应接近于拟运输的物质。

9 标记和单证

9.1 以例外数量运输的危险货物包件，应做永久、清楚的标记(见图1)。标记应显示主要危险类别，或如果已经划定，包件内所装每一项危险货物所属的项别。如果包件没有在其他地方显示发货人或收货人的姓名，这个信息也应列入标记内。

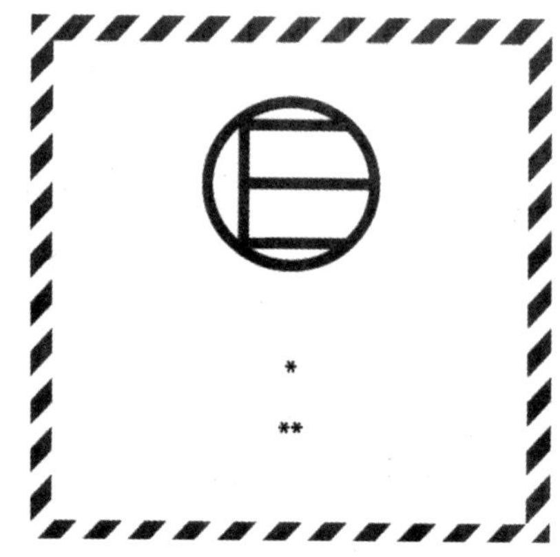

注1：影线和符号使用同一颜色，红或黑，白底或适当反差底色。

注2：*此处显示类别，或如果已经划定，显示项别。

注3：**如果包件没有在其他位置显示发货人或收货人的姓名，则在此处显示。

图1 例外数量标记

9.2 标记的尺寸应至少100mm×100mm。

9.3 装有以例外数量运输危险货物的外包装，也应做9.1所要求的标记，除非可以清楚地从外包装看到包件上的例外数量标记。

9.4 危险货物以例外数量运输时，危险货物运输单证应注明“例外数量的危险货物”，并注明包件的数量。

10　豁免

以例外数量运输的危险货物除了以下 a)、b) 两方面外，满足本标准之规定，可免除危险货物运输的任何其他要求：

a) 从事危险货物运输人员的培训要求，见《规章范本》1.3；

b) 危险货物分类、分类程序和包装组标准，见《规章范本》第 2 部分。

注：对于放射性物质，见《规章范本》1.5.1.5 对放射性物质使用例外包件运输的要求。

附录4 关于危险货物特殊规定、例外数量、有限数量的探讨

由于危险货物的危险性，货物必须在一些特定的条件下方可运输。为了确保运输安全，现实中对危险货物的本身状态以及危险货物的包装、包装件限量、运输量、运输和装卸操作、车辆等做了一系列的限定。根据限定的种类，大体可以分为：特殊规定、例外数量和有限数量。

一、基本情况

1. 特殊规定

在《危险货物品名表》(GB 12268—2012)的表1中(格式见表4.1)，第7栏是“特殊规定”。“特殊规定”规定了“与物品或物质有关的任何特殊规定，其适用于特定物质或物品的所有包装类别”。如表中的“204”表述为：“含有符合第8类标准的具有腐蚀性发烟物质，应贴有‘腐蚀性’次要危险性标签”，具体而言，“特殊规定”可分为限制运输和豁免。

限制运输，即不可以运输或者有特殊运输要求。如“特殊规定”的“48”规定：“如含氰氧酸高于20%，除非经有关主管机关特别批准，否则禁止运输”；“60”规定：“高氯酸，如按质量含酸浓度大于2%，除非经有关主管机关特别批准，否则禁止运输”。

此外，从危险货物自身来说，某些危险货物自身具有不稳定性，会产生各种不同的危险性，如爆炸性，聚合性，遇热分解出易燃、有毒、腐蚀或窒息性气体等。对于大多数危险性物质，自身的不稳定性可以通过适合的包装、稀释、添加稳定剂、添加抑制剂、控制温度或采取其他特殊措施来控制，使用这些技术处理后达到运输要求。例如，未加抑制剂的正丁基乙烯(基)醚、未经稀释或含量大于27%的过氧化(二)丙酰都是禁运物品。“特殊规定”涉及危险货物道路运输的主要问题就是豁免。

豁免，即在道路运输环节其危险货物豁免按普通货物进行运输，“特殊规定”主要涉及的是“全部豁免”。如“特殊规定”中“37”规定：“硅铝粉，如有涂料，即不作为危险货物运输”；“106”规定：“仅在空运时作为危险货物”；“117”规定：“仅海空运时作为危险货物”。这样，上述危险货物在道路运输时不作为危险货物，按普通货物进行道路运输。

在实际工作中，如根据《危险货物品名表》查找“特殊规定”中的豁免条件，比较烦琐且也不便于执法，故针对大批量需要运输的危险货物豁免，建议还是按《道路危险货物运输管理规定》第七十条[1]的规定程序操作办理。同时，可以参考交通运输部下发的《关于同意将潮湿棉花等危险货物豁免按普通货物运输的通知》(交运发字

[1] 《道路危险货物运输管理规定》第七十条　交通运输部可以根据相关行业协会的申请，经组织专家论证后，统一公布可以按照普通货物道路运输管理的危险货物。

〔2010〕141 号,见附件)。

综上所述,特殊规定包括限制运输(禁止运输或有条件运输)及全部豁免。

《危险货物品名表》(GB 12268—2012)**格式**

表 4.1

联合国编号	名称和说明	英文名	类别和项别	次要危险性	包装类别	特殊规定
0004	苦味酸铵,干的,或湿的,按质量含水低于 10%	AMMONIUM PICRATE dry or wetted with less than 10% water, by mass	1.1D			
……	……	……	……	……	……	……
0009	燃烧弹药,带有或不带有起爆装置、发射剂或推进剂	AMMUNITION, INCENDIARY with or without burster, expelling charge or propelling charge	1.2G			
……	……	……	……	……	……	……
0014	武器弹药筒,无弹头或轻武器弹药筒,无弹头	CARTRIDGES FOR WEAPONS, BLANK or CARTRIDGES, SMALL ARMS, BLANK	1.4S			
0015	发烟弹药,带有或不带起爆装置、发射剂或推进剂	AMMUNITION, SMOKE with or without burster, expelling charge or propelling charge	1.2G			204
0016	发烟弹药,带有或不带起爆装置、发射剂或推进剂	AMMUNITION, SMOKE with or without burster, expelling charge or propelling charge	1.3G			204
0018	催泪弹药,带有起爆装置、发射剂或推进剂	AMMUNITION, TEAR - PRODUCING with burster, expelling charge or propelling charge	1.2G	6.18		
0019	催泪弹药,带有起爆装置、发射剂或推进剂	AMMUNITION, TEAR - PRODUCING with burster, expelling charge or propelling charge	1.3G	6.18		

2. 例外数量

《危险货物例外数量及包装要求》(GB 28644.1—2012)的表2中(格式见表4.2),第7栏是“例外数量”。“例外数量”规定了“本栏对按照本标准准许运输的例外数量危险货物,列出了例外数量编码,规定了每个内容器和外容器可以运输的危险货物的最大数量”。

在第7栏“例外数量”中,标注的是“E1~E5”。E是危险货物例外数量,具体数值见表4.3。

危险货物例外数量表格式

表4.2

联合国编号	名称和说明	英文名	类别和项别	次要危险性	包装类别	例外数量
1002	压缩空气	AIR, COMPRESSED	2.2			E1
……	……	……	……	……	……	……
1051	氰化氢,稳定的,含水少于3%	HYDROGEN CYANIDE, STABILIZED containing less than 3% water	6.1	3	Ⅰ	E5
……	……	……	……	……	……	……
1080	六氟化硫	SULPHUR HEXAFLUORIDE	2.2			E1
1088	乙缩醛	ACETAL	3		Ⅱ	E2
1089	乙醛	ACETALDEHYDE	3		Ⅰ	E2
1090	丙酮	ACETONE	3		Ⅱ	E3
……	……	……	……	……	……	……
1558	砷	ARSENIC	6.1		Ⅱ	
1559	五氧化二砷	ARSENIC PENTOXIDE	6.1		Ⅱ	E4
1560	三氯化砷	ARSENIC TRICHLORIDE	6.1		Ⅰ	E4
1561	三氧化二砷	ARSENIC TRIOXIDE	6.1		Ⅱ	E5
1562	砷粉	ARSENICAL DUST	6.1		Ⅱ	E4

例外数量编码 E1 ~ E5 的含义

表 4.3

编号	每件内容器的最大净装载量（固体为 g，液体和气体为 mL）	每件外容器的最大净装载量（固体为 g，液体和气体为 mL，在混装情况下为 g 和 mL 之总和）
E1	30	1000
E2	30	500
E3	30	300
E4	1	500
E5	1	300

（1）例外数量涉及的量很小。

由表 4.3 可以看出，E1 ~ E5 的内容器最大净载装量分别为 30g[1]、1g；而外容器考虑时，最大净载装量分别为 1000g（1kg）、500g、300g。由此可知，例外数量所涉及的危险货物的量很小，尤其 1g 相对载货汽车运输而言其重量是可以忽略的。当按本标准 4.4“道路运输最多不应超过 1000 个外容器”的要求计算，如按最大外容器净装载量 1000g，1 车最多可以载重 1000kg（1t）；如按最小外容器净装载量（300g）算，1 车最多可以载重 300kg（0.3t）。0.3 ~ 1t 的载重，相对大吨位货物道路运输而言，载重量不大。因此，例外数量所涉及的量很小。

（2）例外数量对包装容器要求很高。

①在日常，人们很难想象包装 1g、30g 内容器的形状和封口。但在本标准 7.5 中，对内容器制造提出了较严格的要求，尤其是对内容器封口制造提出的要求更加严格。这些要求，使得制造内容器的成本变得很高。

②由于本标准“7 包装”、“8 包件测试”，对外容器、包件测试提出许多具体要求，这样也就大大提高了包装成本。

综上所述，由于例外数量危险货物要符合载量和内容器、外容器等要求，其载量很小、包装成本很高，故不适合大宗货物的道路运

[1] 为了研究方便，在此我们以 g 为单位进行研究。液体和气体单位为 mL，在此就不再提及。

输，可考虑零担货运。例外数量危险货物，主要应用于航空货物运输。

(3)例外数量的相关要求。

①例外数量运输，也考虑了一个运输工具(载货汽车)在一次装载运送中危险货物的最大允许载运量。标准的4.4规定了“任何货运车辆、铁路货车或多式联运集装箱所能装载的以例外数量运输的危险货物包件，最大数量不应超过1000个”。

②例外数量运输的危险货物包件，应做永久、清楚的标记(图4.1)。

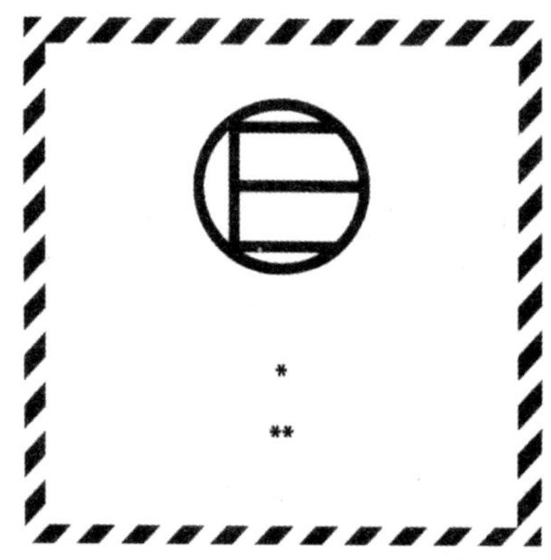

注1：影线和符号使用同一颜色，红或黑，白底或适当反差底色。

注2：＊此处显示类别，或如果已经划定，显示项别。

注3：＊＊如果包件没有在其他位置显示发货人或收货人的姓名，则在此处显示。

图4.1 例外数量标记

③当从事危险货物运输人员的培训要求、危险货物分类、分类程序和包装组标准符合《规章范本》以及以例外数量运输的危险货物满足本标准规定时，可免除危险货物运输的任何其他要求。

最后再从字面上理解“例外数量”，例外就是除外的意思，例外数量，就是危险货物例外、除外的意思。这样，从字面上理解“例外数量危险货物”，就是“在一定数量下，危险货物例外、除外”。若按国人的理解和习惯，“例外数量”应翻译为“小包装豁免”。当然，其中小包装可以理解为，危险货物的数量小到其潜在的危险在道路运输中可以忽略的程度。

3. 有限数量

《危险货物有限数量及包装要求》(GB 28644.2—2012)的表1中(格式见表4.4)，第7栏是“有限数量”。“有限数量”规定了“本栏对按照本标准准许运输的有限数量危险货物，规定了每个内容器或物品所装的最大数量。”具体而言，当满足本标准的“有限数量”要求和本标准关于包装、标记等要求时，有限数量危险货物可以豁免，按普通货物运输。如：小包装5L以下的白酒(乙醇饮料，按体积含乙醇高于24%，但不超过70%，UN3065)，可以豁免按普通货物运输。

由表4.4可知，有限数量最大值为5kg(5L)，有限数量最小值为500g(100mL)。有限数量对其包装、容器也有较高、较明确的要求❶。有限数量危险货物最小值分别为500g(100mL)时，远远大于例外数量“每个内容器的最大净装载量”中最小值为1g的要求。由此可知，有限数量危险货物所涉及的最小重量大于例外数量危险货物所涉及的最小重量500倍，故有限数量危险货物运输主要用于道路运输。也可以说有限数量是危险货物道路运输的“限量豁免”。

---

❶ 见GB 28644.2—2012附录A(规范性附录)容器的一般技术要求。

危险货物有限数量表

表 4.4

联合国编号	名称和说明	英文名	类别和项别	次要危险性	包装类别	有限数量
1002	压缩空气	AIR, COMPRESSED	2.2			120ml
……	……	……	……	……	……	……
1080	六氟化硫	SULPHUR HEXAFLUORIDE	2.2			120ml
1088	乙缩醛	ACETAL	3		Ⅱ	1L
……	……	……	……	……	……	……
1090	丙酮	ACETONE	3		Ⅱ	1L
……	……	……	……	……	……	……
1109	甲酸戊酯	AMYL FORMATES	3		Ⅲ	5L
1110	正甲基·戊基酮	n – AMYL METHYL KETONE	3		Ⅲ	5L
……	……	……	……	……	……	……
1558	砷	ARSENIC	6.1		Ⅱ	550g
1559	五氧化二砷	ARSENIC PENTOXIDE	6.1		Ⅱ	500g
……	……	……	……	……	……	……
1561	三氧化二砷	ARSENIC TRIOXIDE	6.1		Ⅱ	500g
1562	砷粉	ARSENICAL DUST	6.1		Ⅱ	500g
1564	钡化合物,未另列明的	BARIUM COMPOUND, N. O. S.	6.1		Ⅱ	500g
			6.1		Ⅲ	5kg

有限数量运输的标记❶应明显、清晰,并能承受露天暴露而不明显减低效果,有限数量的标记如图 4.2 所示。

❶ 见 GB 28644.2—2012 8 标记。

图 4.2　有限数量包件标记(除航空运输外)

二、相互比较

危险货物道路运输豁免

- 全部豁免——GB 12268 中的“特殊规定”
  - △无容器限制。
    - 如,2807 磁化材料
    - 106 号规定,“仅在空运时作为危险货物”
    - 117 号规定,“仅海空运时作为危险货物”
- 限量豁免——GB 28644.2 中的“有限数量”
  - △内容器限制:500g(100mL)~5000g(5L)。
    - 如,小包装 5L 以下的白酒
- 例外❶(小包装)豁免——GB 28644.1 中的“例外数量”
  - △内容器限制:1g(mL)~30g(mL)。
    - 如,内容器包装的 1g 三氧化二砷❷

说明:全部豁免、限量豁免,在不超过车辆核定载荷的情况下,不受装载量限制;而例外(小包装)豁免,1 辆车最多装载 1t 货物或不应超过 1000 个外容器❸。

❶ Exception:n. 例外,除外;反对,批评。据此,例外数量,可以解释为除外的数量或危险货物除外。

❷

1561	三氧化二砷	ARSENIC TRIOXIDE	6.1		Ⅱ	E5

❸ 外容器的最大净装载量是 1kg;GB 28644.1—2012 4.4 规定“任何货运车辆、铁路货车或多式联运集装箱所能装载的以例外数量运输的危险货物包件,最大数量不应超过 1000 个”。

三、存在的问题及建议

(1)上述3个标准直接引用联合国《规章范本》不妥。如,GB 28644.1—2012的“10 豁免”a)“从事危险货物运输人员的培训要求,见《规章范本》1.3”要求,国人(道路运输企业)很难参照执行。

(2)在翻译引文时,若为直译,则国人很难理解。故建议与国际接轨的同时,也要结合中国国情,要让国人看懂、能用,不能一味地照抄、照搬。尤其是有些人,以与国际接轨为由,取消了在中国长期使用,且适合中国国情的、科学的“危险货物中国编号”,此举并不妥当。

附件

《关于同意将潮湿棉花等危险货物豁免按普通货物道路运输的通知》

关于同意将潮湿棉花等危险货物豁免按普通货物道路运输的通知

交运发〔2011〕141号

各省、自治区、直辖市交通运输厅(委、局)

为更好地满足危险货物道路运输管理需要,提高运输效率,降低运输成本,按照分类管理的原则和区别对待不同危险程度货物运输的要求,根据有关单位申请,经研究,对国家标准《危险货物品名表》(GB 12268—2005)所列潮湿棉花等危险货物(见附件),豁免按普通货物道路运输管理。

上述豁免的危险货物仅适用于道路货物运输环节,其生产、包装、经营、储存、使用等仍应遵照《危险化学品安全管理条例》有关规定执行。

二〇一〇年十一月三十日

主题词　危险货物　道路运输　豁免　通知

附件

危险货物道路运输豁免品名表

序号	UN 编号	名称和说明	包装类别	CN 编号	豁免及其豁免条件
1	UN1365	潮湿棉花	Ⅲ	42505	全部豁免
2	UN1362	活性炭	Ⅲ	42521	全部豁免
3	UN1350	硫	Ⅲ	41501	其中,做成某种形状(如小球、颗粒、丸状、锭状或薄片)的硫磺全部豁免
4	UN3166	内燃发动机或易燃气体发动的车辆或易燃液体发动的车辆	—	—	全部豁免
5	UN1327	干草,禾秆或碎稻草和稻壳	—	—	全部豁免
6	UN3065	乙醇饮料,按体积含乙醇高于24%,但不超过70%	Ⅲ	33551	其中,5L以下的全部豁免
7	UN1373	动物或植物或合成的纤维或纤维织品,未另列明的,含油	Ⅲ	42509	全部豁免
8	UN3360	植物纤维,干的	—	—	全部豁免
9	UN1263	涂料	Ⅲ	32198	其中,20L以下的水性涂料全部豁免
	UN3066			—	
10	UN1210	印刷油墨,易燃,或印刷油墨相关材料,易燃	Ⅲ	32119	其中,20L以下胶印油墨、润版液全部豁免